无师自通西班牙语

Manual de Autoaprendizaje de la Lengua Española

何仕凡 何文君 编著

外语教学与研究出版社
北京

图书在版编目(CIP)数据

无师自通西班牙语 / 何仕凡, 何文君编著. — 北京：外语教学与研究出版社, 2012.6 (2013.4 重印)
(外研社点读书)
ISBN 978-7-5135-2077-5

Ⅰ. ①无… Ⅱ. ①何… ②何… Ⅲ. ①西班牙语—自学参考资料 Ⅳ. ①H34

中国版本图书馆 CIP 数据核字 (2012) 第 129647 号

出 版 人：蔡剑峰
责任编辑：李　丹
封面设计：孙莉明
版式设计：黄　蕊
出版发行：外语教学与研究出版社
社　　址：北京市西三环北路 19 号 (100089)
网　　址：http://www.fltrp.com
印　　刷：北京尚唐印刷包装有限公司
开　　本：889×1194　1/32
印　　张：12
版　　次：2013 年 2 月第 1 版　2013 年 4 月第 2 次印刷
书　　号：ISBN 978-7-5135-2077-5
定　　价：36.00 元 (附赠 MP3 光盘一张)

*　　*　　*

购书咨询：(010)88819929　　电子邮箱：club@fltrp.com
如有印刷、装订质量问题，请与出版社联系
联系电话：(010)61207896　　电子邮箱：zhijian@fltrp.com

物料号：220770001

出版说明

《无师自通西班牙语》MP3 版自 2009 年出版以来，得到了广大西班牙语自学者的厚爱。为了适应各类型读者的需求，我社再次探索开发新产品，将传统出版和数字出版技术相结合，于2013年推出《无师自通西班牙语》点读书，以满足自学者多样化、个性化的学习需求。

外研通点读笔是外语教学与研究出版社采用国际最新光学图像识别技术倾力打造的高科技产品，具有一笔多用、使用方便、小巧便携、配套图书资源丰富的特点，具备超强 MP3 播放、超大容量内存、超强抗干扰力、超长电池续航能力和自动关机的功能。

《无师自通西班牙语》点读书的内容与MP3版相比没有任何变动，只是给原有的 MP3 版图书中所有包含音频内容的部分增加了点读功能（即书中有图标的部分）。读者在使用时只需用外研通点读笔轻轻点触相应位置的文字或图片，就能听到与 MP3 光盘中音频内容完全一致的生硬。如果读者没有购买相应的点读笔，可以使用本书附赠的 MP3 光盘听取录音材料，实现一书在手，无师自通。

最后，衷心希望《无师自通西班牙语》点读书能为广大学习者提供更广阔的学习途径。

外语教学与研究出版社

2013 年 1 月

前言

西班牙语是世界上除英语之外使用范围最广泛的语言之一。近年来，我国与西班牙语国家在经贸和文化等方面的交往日益密切，需要学西班牙语的人越来越多。为了让读者能在短时间内既有效、快捷又较系统地学会这门语言，特编写了这本《无师自通西班牙语》。

本书分为四章：语音、基础会话、专题会话及附录。全书共35课：语音5课，基础会话15课，专题会话15课。前5课打语音基础，后30课通过系列实用会话，系统地学习西班牙语语言知识。每课由课文、词汇表、语法及相关会话练习组成。附录部分包括：西班牙语实用语句300句、西班牙语日常生活分类词汇及总词汇表，以方便查阅和学习。

本书编写形式新颖，内容翔实，不仅较详细介绍西班牙语基础语法，而且把所有语法内容融汇在100余篇生动活泼的实用会话中，让读者一书在手，便可从零开始，循序渐进，在系统地学习西班牙语语法的同时，轻松掌握西班牙语会话。

本书不仅适合西班牙语初学者，而且对于已经具备初级或中级水平的西班牙语进修生、二外学生甚至本科生巩固已学知识，提高会话能力，也会有所帮助。

本书外文部分由广东外语外贸大学西班牙专家Nuria Terrón Ávila审订。在此，表示衷心感谢。

由于编者水平有限，错误或错漏在所难免。不足之处，请各位同行及读者指正。

编者

2009年6月，于广东外语外贸大学

缩写词表

adj.	adjetivo	形容词
adv.	adverbio	副词
art.	artículo	冠词
conj.	conjunción	连词
f.	sustantivo femenino	阴性名词
interj.	interjección	感叹词
intr.	verbo intransitivo	不及物动词
m.	sustantivo masculino	阳性名词
p.p.	participio pasivo	过去分词
prep.	preposición	前置词
prnl.	verbo pronominal	代词式动词
pron.	pronombre	代词
tr.	verbo transitivo	及物动词

目录

第三章 专题会话篇

第四章 附录

第一章　语音篇

Primer capítulo

西班牙语语音简介

西班牙语是从拉丁语发展衍变而来，其书写采用拉丁字母，共有 29 个，分为元音字母和辅音字母。其中 5 个元音字母：a、e、i、o、u；其余 24 个为辅音字母：b、c、ch、d、f、g、h、j、k、l、ll、m、n、ñ、p、q、r、s、t、v、w、x、y、z。辅音字母中，w 是外来字母，只出现在少数的外来词中。r 双写时表示发多击颤音，rr 不单独算作一个字母。

西班牙语字母按字母表的顺序排列，每个字母均有其名称。元音字母因可以单独发音，所以以其读音作为字母名称，例如 a 的名称为 a，e 的名称为 e，以此类推。辅音字母的名称虽然多数都带有元音字母 e，但没有统一的规则可循。因此，需要一个一个地记，例如字母 b 的名称为 be，字母 f 的名称为 efe 等（详见字母表）。

西班牙语的单词可直接拼读出来，无需像英语那样借助音标拼读，所以西班牙语的语音比较容易学。西班牙语单词由音节组成，元音可单独成为音节，而辅音则需与元音组合才构成音节（字母 y 例外）。因此，在练习辅音字母的发音时，我们通常需要加上元音才能练习，例如：ma、me、mi、mo、mu。

字 母			字 母		
大写	小写	名称	大写	小写	名称
A	a	a	N	n	ene
B	b	be	Ñ	ñ	eñe
C	c	ce	O	o	o
Ch	ch	che	P	p	pe
D	d	de	Q	q	cu
E	e	e	R	r	ere
F	f	efe	RR	rr	erre
G	g	ge	S	s	ese
H	h	hache	T	t	te
I	i	i	U	u	u
J	j	jota	V	v	uve
K	k	ca	W	w	doble uve
L	l	ele	X	x	equis
Ll	ll	elle	Y	y	i griega
M	m	eme	Z	z	zeta

Lección 第1课

¿Qué es esto? 这是什么？

Fonética 语音1

元音字母

a e i o u

辅音字母

p (pe) m (eme) t (te) s (ese) l (ele)

n (ene) y (i griega) h (hache) q (cu)

音节练习

a	e	i	o	u
pa	pe	pi	po	pu
ma	me	mi	mo	mu
ta	te	ti	to	tu
sa	se	si	so	su
la	le	li	lo	lu
na	ne	ni	no	nu
ya	ye	yi	yo	yu
ha	he	hi	ho	hu
	que	qui		

注：h是无音字母，它与元音拼读时，读元音即可。字母q只有一个作用：加u分别与e和i组成音节，u不发音。

个别辅音字母可在元音之后与其组成音节，如：

as	es	is	os	us
al	el	il	ol	ul
an	en	in	on	un
ay	ey		oy	uy

单词练习

ama	eme	Ema	mamá	mapa
pipa	Pepe	papa	pato	tapa
tomo	moto	mesa	misa	peso
ese	oso	piso	sala	lata
ene	mano	Ana	hay	soy
queso	quito	aquí	Tomás	tomate
esto	pista	alto	uno	una
té	él	sí	no	león

Diálogo 对话

A: ¿Qué es esto? 这是什么?

B: Esto es un pato. 这是一只鸭子。

A: ¿Es esto un mono? 这是一只猴子吗?

B: Sí, esto es un mono. 对，这是一只猴子。

A: ¿Es esto un oso? 这是一只熊吗?

B: No, esto no es un oso, es un león.
不，这不是一只熊，这是一头狮子。

A: ¿Qué hay en el patio? 院子里有什么?

B: En el patio hay una mesa. 院子里有一张桌子。

A: ¿Qué hay en la mesa? 桌子上有什么？

B: En la mesa hay un tomate. 桌子上有一个西红柿。

Vocabulario 词汇表

qué *pron.*	什么
es	是，这是
esto *pron.*	这个，这
un *art.*	一个（用在阳性单数名词前）
pato *m.*	鸭子
mono *m.*	猴子
sí *adv.*	是的，对
oso *m.*	熊
no *adv.*	不，不是
león *m.*	狮子
hay	有
en *prep.*	在
el *art.*	（阳性单数定冠词）
patio *m.*	院子
una *art.*	一个（用在阴性单数名词前）
mesa *f.*	桌子
la *art.*	（阴性单数定冠词）
tomate *m.*	西红柿

Gramática 语法

分音节规则

西班牙语单词的基本成分是音节。音节的构成有以下几种情况：

1. 由一个元音构成，如：a、e、o。
2. 由辅音加元音组成，如：ma、pa、ta。
3. 由元音加辅音组成，如：es、al、en。

4. 由辅音加元音再加辅音组成，如：los、hay。

在划分音节时，若遇到两个元音之间出现一个辅音字母，该辅音字母则应与后面的元音组成音节，例如：eme（e - *me*）

当两个元音之间出现两个辅音字母时，靠近前面元音字母的辅音跟前面的元音组成音节，靠近后面元音字母的辅音跟后面的元音组成音节（辅音连缀例外），例如：esto（*es* - *to*）

二 重音规则

单词中的音节有重读和轻读之分，一个单词通常只有一个重读音节，其余均为轻读音节。西班牙语单词的重音规则如下：

1. 凡是以元音结尾的单词，重音落在倒数第二个音节上，如：mesa（***me*** - *sa*），重音落在 me 上，tomate（*to* - ***ma*** - *te*），重音落在 ma 上。
2. 以辅音 n、s 结尾的单词，重音也落在倒数第二个音节上，例如：osos（***o*** - *sos*），aman（***a*** - *man*）。
3. 以其他字母结尾的单词，重音落在倒数第一个音节上，例如：hotel（*ho* - ***tel***），total（*to* - ***tal***）。

三 重音符号

部分单词书写时在某个元音字母上带有重音符号（ˊ）。出现重音符号时，表示重音落在指定的音节上，如：papá（*pa* - ***pá***）。

四 大写规则

句首第一个字母必须大写，人名、地名等专有名词的第一个字母也需要大写，其他情况通常用小写字母即可，如：Esto es un mono；Ana、Tomás.

五 标点符号

西班牙语的标点符号与汉语有所不同：

1. 西班牙语句号是一个实心点（.），如：

En el patio hay una mesa. 院子里有一张桌子。

2. 问句和感叹句除了在句末用问号或感叹号之外，在句首还要加用倒写的问号（¿）或感叹号（¡），如：

1) ¿Qué es esto? 这是什么？

2) ¡Qué alto! 真高！

六 名词（1）

西班牙语名词有阴阳性之分。注解其属性时，阳性名词用“*m.*”表示，阴性名词用“*f.*”表示。西班牙语名词的属性是约定俗成的，但一般说来，以 o 结尾的属阳性，以 a 结尾的属阴性，如：patio *m.* 院子（阳性）；mesa *f.* 桌子（阴性）。

当然，也有例外，如：mano *f.* 手（阴性）；mapa *m.* 地图（阳性）；moto *f.* 摩托（全称 motocicleta）（阴性）；foto *f.* 照片（全称 fotografía）（阴性）。

七 定冠词与不定冠词（1）

与英语一样，西班牙语也有定冠词和不定冠词。它们均与名词连用，分别表示特指或泛指。

西班牙语单数定冠词与不定冠词如下：

定冠词	阳性 el	阴性 la
不定冠词	阳性 un	阴性 una

用不定冠词时，表示该名词所代表的事物为泛指，如：Aquí hay **una sala**.（这里有一个客厅。）

用定冠词时，表示该名词所代表的事物为特指（即：不是随便哪一个，而是前面提过的那个，或对于说话者和听者是不言而喻的那个），如：En **la sala** hay una mesa.（客厅里有一张桌子。）

八 句子及语调

以句号结尾的句子称为陈述句（带有命令语气的句子除外）。陈述句的语调通常是：从句首开始语调上升到第一个重读音节，然后保持在同一高度，到句末时降调，例如：

↗————————↘

En la mesa hay un tomate.

以问号结尾的句子是疑问句。疑问句分为一般疑问句（不带疑问词）和特殊疑问句（带疑问词）。

一般疑问句的语序通常是谓语提前，主语置后。此类疑问句的语调通常是：句首声调较高，句中稍微下降，到句末时再升调（句末升调的目的是提示对方不是在陈述，而是在询问），例如：

↗————↗

¿Es esto un tomate?

注：目前在西班牙比较流行直接用“¿Esto es un tomate?”这一语序询问。

特殊疑问句的语序通常是疑问部分（疑问词或疑问词组）置于句首，谓语随后。由于带有疑问词，其询问之意明显，所以句末无需升调，如：

↗————↘

¿Qué es esto?

Ejercicios 会话练习

1 补充词汇

pipa *f.*（烟斗） tapa *f.*（盖子） lata *f.*（罐头） pista *f.*（跑道）

A: ¿Qué es esto? 这是什么？ B: Esto es una pipa. 这是一个烟斗。

A: ¿Qué es esto? 这是什么？ B: Esto es una tapa. 这是一个盖子。

A: ¿Qué es esto? 这是什么？ B: Esto es una lata. 这是一个罐头

A: ¿Qué es esto? 这是什么？ B: Esto es una pista. 这是一条跑道。

2

补充词汇

papá *m.*（爸爸）　mamá *f.*（妈妈 ）　Pepe（贝贝）
Tomás（托马斯）

A: ¿Es papá? 他是爸爸吗？　B: Sí, es papá. 是，他是爸爸。

A: ¿Es mamá? 她是妈妈吗？　B: Sí, es mamá. 是，她是妈妈。

A: ¿Es Pepe? 他是贝贝吗？　B: No, no es Pepe, es Tomás.
不，他不是贝贝，他是托马斯。

A: ¿Es Tomás? 他是托马斯吗？　B: No, no es Tomás, es Pepe.
不，他不是托马斯，他是贝贝。

3

补充词汇

tomate *m.*（西红柿）

A: ¿Qué es esto? 这是什么？　B: Esto es una pipa. 这是一个烟斗。

A: ¿Esto es una tapa?
这是一个盖子吗？
B: Sí, esto es una tapa.
对，这是一个盖子。

A: ¿Esto es una lata?
这是一个罐头吗？
B: No, esto no es una lata, es una pipa.
不，这不是一个罐头，这是一个烟斗。

A: ¿Qué hay en la pista?
跑道上有什么？
B: En la pista hay una lata.
跑道上有一个罐头。

A: ¿Qué hay en la lata?
罐头里有什么？
B: En la lata hay tomate.
罐头里有西红柿。

Lección 第2课

Un dibujo 一幅图画

Fonética 语音2 

辅音字母

d (de)　f (efe)　j (jota)　ll (elle)　ñ (eñe)

b (be)　v (uve)

音节练习

da	de	di	do	du
fa	fe	fi	fo	fu
ja	je	ji	jo	ju
lla	lle	lli	llo	llu
ña	ñe	ñi	ño	ñu
ba	be	bi	bo	bu
va	ve	vi	vo	vu

注：b与v发音相同。当它们出现在停顿后的词首或出现在m、n之后时，发[b]音；在其他情况下发[□]音。

单词练习

dama	dime	dato	duda	dedo
SIDA	anda	nada	todo	mundo

fama	fila	foto	fumo	sofá
jota	paja	bajo	ojo	fijo
llave	silla	ella	pollo	allí
España	español	niño	mañana	montaña

(b 和 v 发 [b] 音)

beso	botella	búfalo	bomba	bambú
vaso	veo	vino	invento	invita

(b 和 v 发 [□] 音)

suba	sabe	nube	lobo	dibujo
iva	uva	pavo	lavabo	aviso

A: ¿Ves una foto en la mesa? 你看见桌子上有一张相片吗？

B: No, no veo nada en la mesa.
没有，我没看见桌子上有任何东西。

A: ¿Esto no es una foto? 这不是一张相片吗？

B: No, esto no es una foto. Es un dibujo.
不，这不是一张相片，这是一幅图画。

A: ¿Qué hay en el dibujo? 图画里有什么？

B: En el dibujo hay una montaña, un niño y un búfalo.
图画里有一座山、一个小孩和一头水牛。

A: ¿Dónde está la montaña? 山在哪里？

B: Aquí está la montaña. 山在这里。

A: ¿Dónde está el niño? 小孩在哪里?

B: Aquí está el niño. 小孩在这里。

A: ¿Y dónde está el búfalo? 水牛在哪里?

B: El búfalo está a su lado. 水牛在小孩旁边。

Vocabulario 词汇表

ves	你看见	búfalo *m.*	水牛
foto *f.*	相片	dónde *adv.*	哪里
veo	我看见	está	在
nada *pron.*	(没有)任何东西	aquí *adv.*	这里
dibujo *m.*	图画;图案	allí *adv.*	那里
montaña *f.*	山	a *prep.*	(前置词)
niño *m.*	孩子,小孩	su *adj.*	他(她、您)的
y *conj.*	和	lado *m.*	旁边

Gramática 语法

一 前置词

前置词(preposición;英语和汉语称为介词)是一种十分常用的词类。它本身没有独立的词义,在句中与名词、形容词和动词等连用,表示词与词之间的各种语法关系。西班牙语的前置词不重读(según例外)。

其中，前置词 en 可表示具体的位置或地点，如：en la foto（在相片里）、en el vaso（在水杯里）。

前置词 a 可表示方位（即：相对于某一物体而言的大约位置），如：a mi lado（在我旁边）。

二 句子成分及语序

句子通常由三个部分组成：主语、谓语及谓语的补语。主语是谓语陈述的对象，如：Yo veo una foto（我看见一张相片），句中的“我”是主语，“看见”是谓语，而“相片”则是谓语的直接宾语。

在陈述句里，一般按此次序排列，即主语在前，谓语随后，然后是谓语的各种补语，例如：

Ana	ve	una llave	en la mesa.
主语	谓语	直接宾语	地点状语

（安娜看见桌子上有一把钥匙。）

三 地点状语

地点状语是句子中常见的成分，用于表示所谈之事发生的地点或位置。地点状语可由现成的地点副词或根据情况组合的地点副词词组构成。

西班牙语现成的地点副词有：aquí（这里）、allí（那里）或 allá（那里）等。

根据情况组合地点副词词组的办法是：利用可表示地点的前置词加名词，如：en el dibujo（在图画里）、en la montaña（在山上）、a tu lado（在你旁边）。

四 疑问词

西班牙语疑问词有：qué（什么）、quién（谁）、cómo（怎么样）、dónde（哪里）、cuándo（什么时候）、cuánto（多少）和 cuál（哪个）。

疑问词均需在其重读音节上打重音符号。在特殊疑问句里，疑问词应置于句首，如：

¿Qué es esto? 这是什么?

¿Dónde está la foto? 相片在哪里?

⑤ 否定词与否定句

谓语前面使用否定词，可组成否定句。西班牙语常见的否定词有：no（不）、nada（任何东西）、nadie（任何人）等，如：

No es Pepe.（他不是贝贝。）

Nada veo.（我什么也看不见。）

Nadie está en la sala.（谁也不在客厅里。）

其中，nada 和 nadie 可置于谓语之后，但此时谓语前面须加上否定词，如：

No veo **nada**.（我什么也看不见。）

Nadie dice **nada**.（谁也不说话。）

Ejercicios 会话练习

1

补充词汇

vaso *m.*（水杯） lavabo *m.*（盥洗室） toalla *f.*（毛巾）
silla *f.*（椅子）

A: ¿Qué es esto? 这是什么?

B: Esto es un vaso. 这是一个水杯。

A: ¿Esto es una toalla? 这是一条毛巾吗?

B: Sí, esto es una toalla. 对，这是一条毛巾。

A: ¿Dónde está el vaso? 水杯在哪里?

B: El vaso está en la silla. 水杯在椅子上。

A: ¿Dónde está la toalla? 毛巾在哪里?

B: La toalla está en el lavabo. 毛巾在盥洗室里。

2 A: ¿Qué hay en el vaso? 水杯里有什么？

B: En el vaso hay tomate. 水杯里有西红柿。

A: ¿Hay un tomate en la silla? 椅子上有一个西红柿吗？

B: No, en la silla no hay nada. 不，椅子上什么也没有。

A: ¿Está la silla en el lavabo? 椅子在盥洗室里吗？

B: Sí, la silla está en el lavabo. 对，椅子在盥洗室里。

A: ¿Está la toalla en la silla? 毛巾在椅子上吗？

B: No, la toalla está en la sala. 不，毛巾在客厅里。

3 A: ¿Ves un vaso en la silla? 你看见椅子上有一个水杯吗？

B: No, no veo nada en la silla. 没有，我没看见椅子上有什么东西。

A: ¿Esto no es una silla? 这不是一张椅子吗？

B: No, esto no es una silla. Es una mesa.

不，这不是一张椅子。这是一张桌子。

A: ¿Qué hay en la mesa? 桌子上有什么？

B: En la mesa hay un vaso, una pipa y una toalla.

桌子上有一个水杯、一个烟斗和一条毛巾。

A: ¿Dónde está la toalla? 毛巾在哪里？

B: Allí está la toalla. 毛巾在那里。

A: ¿Qué hay en la toalla? 毛巾里有什么？

B: En la toalla no hay nada. 毛巾里什么也没有。

Lección 第3课

Los hoteles 宾馆

Fonética 语音3

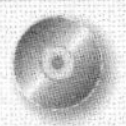

辅音字母

k (ka)　w (doble uve)　ch (che)　x (equis)

c (ce)　z (zeta)　g (ge)　r (ere)

音节练习

ka	ke	ki	ko	ku
wa	we	wi	wo	wu
cha	che	chi	cho	chu
xa	xe	xi	xo	xu
ca			co	cu
za	ce	ci	zo	zu

(c 与 a、o、u 组合时发 [k] 音；与 e、i 组合发 [z] 音)

ga	gue	gui	go	gu
	güe	güi		
	ge	gi		

(g 与 a、o、u 组合时发 [g] 音，加 u 与 e、i 组成 gue、gui 时也发 [g] 音。gue 和 gui 中的 u 不发音；若 u 上加 "¨" 则表示 u 要发音。g 与 e、i 组合时发音与 j 相同)

ra	re	ri	ro	ru

(r 在词首时发多击颤音，其要领是：发音时舌尖抬起，与上齿龈接触，气流通过，使舌尖颤动)

(c 还可在元音之后与其组成音节，此时 c 发 [k] 音。此外，r、z 和 x 也常出现在元音之后与其组成音节)

ac	ec	ic	oc	uc
ar	er	ir	or	ur
az	ez	iz	oz	uz
ax	ex	ix	ox	ux

单词练习

kilo | kilotón | whisky | Washington

(k 和 w 是外来字母，只用在个别外来单词中)

ducha	leche	coche	chico	China
cama	casa	cosa	coco	Cuba
taza	cena	cine	cita	cima
zona	pozo	gozo	zumo	azul
gato	diga	sigue	pague	guisa
lago	amigo	tengo	gusto	alguno
desagüe	lingüística	lingüísticos		
gente	gesto	ginete	Argentina	
examen	léxico	éxito	máximo	exacto

(x 出现在两个元音之间时发 [ks] 音)

r 在词首或 n、l、s 之后以及双写（rr）时发多击颤音：

rama	rana	resto	risa	río
ropa	rosa	Roma	ruso	repito

Enrique	alrededor	Israel		
torre	perro	barro	arriba	terreno

r 在其他情况下发单击颤音：

bar	amor	ser	estar	tener
Teresa	María	Perú	arte	torta

acto	victoria	técnica	octavo	dictado
faz	paz	tenaz	pez	feliz
sexto	texto	expone	extenso	excelente

Diálogo 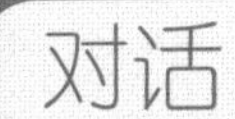 

A: ¿Qué hay en esta zona? 这个地方有些什么？

B: En esta zona hay algunos hoteles lujosos y algunas universidades famosas. 这个地方有一些豪华宾馆和著名的大学。

A: ¿Qué hay en los hoteles? 宾馆里有什么？

B: En los hoteles hay restaurantes, bares y muchos coches.
宾馆里有餐厅、酒吧，还有很多小汽车。

A: ¿Qué hay en las universidades? 大学里有什么？

B: En las universidades hay oficinas, aulas y muchos árboles.
大学里有办公室、教室，还有很多树木。

A: ¿Hay mucha gente en las universidades? 大学里有很多人吗？

B: Sí, hay muchos muchachos y muchachas.
对，有很多男生和女生。

A: ¿Cómo son los muchachos y las muchachas?
这些男生和女生怎么样？

B: Los muchachos son fuertes y las muchachas, guapas.
男生很健壮，女生很漂亮。

Vocabulario 词汇表

esta *adj.*	这个	oficina *f.*	办公室
zona *f.*	地区	aula *f.*	教室
alguno *adj.*	某个；某些	mucho *adj.*	很多
hotel *m.*	宾馆	árbol *m.*	树
lujoso *adj.*	豪华的	gente *f.*	人
universidad *f.*	大学	muchacho *m.*	小伙子
famoso *adj.*	著名的	cómo *adv.*	怎么样
restaurante *m.*	餐厅	son	（他们）是
bar *m.*	酒吧	fuerte *adj.*	健壮的
coche *m.*	小汽车	guapo *adj.*	漂亮的

Gramática 语法

定冠词与不定冠词（2）

西班牙语复数定冠词与不定冠词如下：

定冠词	阳性 los	阴性 las
不定冠词	阳性 unos	阴性 unas

例如：

En la mesa hay unos vasos y unas copas.

桌子上有一些水杯和酒杯。

Los vasos son usados y las copas son nuevas.

水杯是旧的，酒杯是新的。

二 名词（2）

西班牙语名词有单数和复数两种形式，如：un cine（一间电影院），dos cines（两间电影院）。名词由单数转为复数规则如下：

1. 以元音结尾的名词，在词尾加 s 变为复数，如：

   vaso 水杯 → vaso**s**（两个以上）

   silla 椅子 → silla**s**（两张以上）

2. 以辅音结尾的名词，在词尾加 es 变为复数（该名词原来的重读音节不变），如：

   hotel （一间） → hotel***es***（两间以上）

   árbol （一棵） → árbol***es***（两棵以上）

三 形容词（1）

形容词用于修饰名词。由于名词有阴、阳性及单、复数之分，所以形容词在修饰名词时必须与名词在性和数方面保持一致，如：

un edificio nue**vo** 一栋新楼

una casa nue**va** 一间新屋

much**os** edificios 很多楼房

much**as** oficinas 很多办公室

西班牙语形容词阴、阳性及单、复数变化规则如下：

1. 以 o 结尾的形容词，把 o 改为 a 即为阴性，例如：

   famoso（阳性） → famosa（阴性）

   lujoso（阳性） → lujosa（阴性）

2. 除了以 an、on、or 结尾的形容词以及表示籍贯和国籍的形容词在词尾加 a 构成阴性之外，以其他字母结尾的形容词无性的变化，如：

un muchacho fuert**e** 一个强壮的小伙子

una muchacha fuert**e** 一个强壮的姑娘

3. 形容词变为复数的情况与名词的规则相同。以元音字母结尾的，在词尾加 s 变为复数；以辅音字母结尾的，在词尾加 es 变为复数，如：

un coche lujos**o** 一辆豪华小轿车

unos coches lujos**os** 一些豪华小轿车

un coche gri**s** 一辆灰色小轿车

unos coches gris**es** 一些灰色小轿车

西班牙语形容词的位置比汉语的灵活。除个别因使用习惯而位置受限之外，大部分形容词可置于名词之后或之前。一般说来，形容词置于名词之后为原义，置于名词之前为引申义，如：

mi casa **nueva** 我的新房子（新建造的）

mi **nueva** casa 我的新居（不一定新建造）

una muchacha **pobre** 一个贫穷的姑娘

una **pobre** muchacha 一个可怜的姑娘

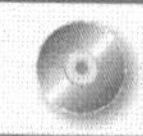

Ejercicios 会话练习

1

补充词汇

parque *m.*（公园） cine *m.*（电影院） tienda *f.*（商店） poco *adj.*（少的） turista *m., f.*（游客）

A: ¿Qué hay en esta calle? 这条街上有什么？

B: En esta calle hay un parque, un cine y unas tiendas.
这条街有一个公园、一个电影院和一些商店。

A: ¿Qué hay en el parque? 公园里有什么？

B: En el parque hay muchos árboles. 公园里有很多树。

A: ¿Hay mucha gente en el cine? 电影院里有很多人吗?

B: No, en el cine hay poca gente, pero en las tiendas sí hay muchos turistas.
不，电影院里人不多，但是商店里倒是有很多游客。

2

补充词汇

nuevo *adj.*（新的） viejo *adj.*（旧的） grande *adj.*（大的） pequeño *adj.*（小的） camarero *m.*（服务员）

A: ¿Hay restaurantes en esta zona? 这个地方有餐厅吗?

B: Sí, en esta zona hay algunos restaurantes y bares famosos.
有，这个地方有一些著名的餐厅和酒吧。

A: ¿Cómo son los restaurantes? 这里的餐厅怎么样?

B: Los restaurantes son nuevos y grandes. 餐厅都是新的，而且很大。

A: ¿Cómo son los bares? 酒吧是怎么样的?

B: Los bares son viejos y pequeños. 酒吧都是旧的，而且很小。

A: ¿Y cómo son los camareros? 服务员怎么样?

B: Los camareros son fuertes y las camareras, guapas.
男服务员很健壮，女服务员很漂亮。

3

补充词汇

etcétera *f.*（等等） también *adv.*（也）

A: ¿Qué hay en esta zona? 这个地方有些什么?

B: En esta zona hay muchos hoteles, restaurantes, bares, parques, cines, tiendas, oficinas, etcétera.
这个地方有很多宾馆、餐厅、酒吧、公园、电影院、商店和写字楼，等等。

A: ¿Hay mucha gente en la calle? 大街上有很多人吗?

B: No, en la calle hay poca gente, pero en los restaurantes y bares sí hay muchos turistas.

不，大街上人不多，但是餐厅和酒吧里倒是有很多游客。

A: ¿También hay muchos turistas en los hoteles?

宾馆里也有很多游客吗?

B: Sí, en los hoteles hay muchos turistas y coches.

对，宾馆里有很多游客，还有很多小汽车。

Lección 第4课

La escuela 学校

Fonética 语音4

二重元音

西班牙语五个元音当中，a、e、o是强元音，i、u是弱元音。二重元音由一个强元音和一个弱元音组成，也可由两个弱元音组成，读音上算作一个音节。西班牙语二重元音如下：

ai　ei　oi　au　eu　ou　ia

ie　io　ua　ue　uo　ui　iu

注：ai、ei、oi在词尾时通常写成ay、ey、oy（由动词变位产生的词除外）。

三重元音

当强元音的前后均出现一个弱元音时，便构成三重元音。三重元音算作一个音节。西班牙语三重元音如下：

iai　iei

uai　uei

音节练习

ai	ei	oi	au	eu	ou
ia	ie	io	ua	ue	uo
iu	ui	iai	iei	uai	uei

单词练习

aire	baile	hay	peino	veinte	ley
sois	hoy	voy	auto	causa	pausa
deuda	feudal	Europa	piano	Asia	gracias
viejo	fiesta	bien	patio	limpio	avión
adiós	guapo	cuál	agua	bueno	nuevo
luego	juego	cuota	antiguo	arduo	Luis
ruido	cuidado	Suiza	muy	viuda	ciudad
estudiáis	confiéis	Paraguay	Uruguay		

注：当弱元音带重音符号时，与强元音不构成二重元音，此时算作两个音节，如：tío（tí - o），salía（sa - lí - a）。

Diálogo 对话

A: ¿De quién es este piano? 这个钢琴是谁的？

B: Es de aquel chico. 是那个男孩的。

A: ¿Quién es aquel chico? 那个男孩是谁？

B: Es mi compañero de escuela. 是我同学。

A: ¿Cómo se llama? 他叫什么名字？

B: Se llama Luis. 他叫路易斯。

A: ¿Quién es aquella chica? 那个女孩是谁？

B: Es su novia. Se llama Juana. 是他女朋友，名叫胡安娜。

A: ¿Cómo es tu escuela? 你的学校怎么样？

B: Mi escuela es muy antigua. En ella hay varios edificios viejos.
我的学校很古老，里面有好几幢旧楼。

A: ¿Cómo son las aulas? 教室怎么样？

B: Las aulas son pequeñas, pero modernas.
教室很小，但布置得很现代。

Vocabulario 词汇表

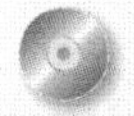

quién *pron.*	谁
este *adj.*	这个
chico *m.*	男孩
mi *adj.*	我的
compañero *m.*	同伴，同学
de *prep.*	（表示从属）……的
escuela *f.*	学校
se llama	（他、她）叫……名字
Luis	路易斯
ese *adj.*	那个
novio *m.*	情侣
Juana	胡安娜
tu *adj.*	你的
muy *adv.*	非常
bonito *adj.*	漂亮的
ella *pron.*	她
varios *adj.*	好几个
edificio *m.*	楼房
antiguo *adj.*	古老的
pequeño *adj.*	小的
moderno *adj.*	现代的

Gramática 语法

一 名词（3）

西班牙语名词除了有数的变化之外，以o和以辅音字母l、n、r、s结尾的指人或动物的名词还有性的变化。其规则如下：

以o结尾的，把o改为a即为阴性，例如：

chic**o** 男孩 → chic**a** 女孩

novi**o** 未婚夫 → novi**a** 未婚妻

mon**o** 公猴 → mon**a** 母猴

若以辅音字母l、n、r、s结尾，则在词尾直接加上a转为阴性，例如：

españo**l** 西班牙人（男） → españo**la** 西班牙人（女）

leó**n** 雄狮 → leo**na** 母狮

seño**r** 先生 → seño**ra** 女士

inglé**s** 英国人（男） → ingle**sa** 英国人（女）

二 疑问代词 quién

疑问代词quién（谁）由于指人，而且以n结尾，所以有复数的变化。其复数形式是quiénes, 如：

¿**Quién** es este muchacho? 这个小伙子是谁？

¿**Quiénes** son estas muchachas? 这些姑娘是什么人？

三 前置词 de

前置词de可表示从属关系。名词前面加de，可使该名词起形容词作用，如：

Este coche es **de** Luis. 这辆小汽车是路易斯的。

¿**De** quién es esta toalla? 这条毛巾是谁的？

La casa **de** Juana es muy bonita. 胡安娜的家很漂亮。

㊃ 指示形容词

este（这个）、ese（那个）和 aquel（那个）与名词连用时，称为指示形容词。其中 este 指离说话者较近的人或物，ese 指离听者较近的人或物，而 aquel 通常指离说话者和听者都较远的人或物。

指示形容词有单、复数和阴、阳性之分：

阳性单数	阴性单数	阳性复数	阴性复数
este	esta	estos	estas
ese	esa	esos	esas
aquel	aquella	aquellos	aquellas

例如：

este dibujo 这张图画
esta copa 这个酒杯
estos dibujos 这些图画
estas copas 这些酒杯
ese patio 那个院子
esa sala 那个客厅
esos patios 那些院子
esas salas 那些客厅
aquel edificio 那栋大楼
aquella escuela 那所学校
aquellos edificios 那些大楼
aquellas escuelas 那些学校

㊄ 非重读物主形容词

西班牙语非重读物主形容词如下：

mi 我的	nuestro 我们的
tu 你的	vuestro 你们的
su 他的（她的、您的）	su 她们的（他们的、诸位的）

非重读物主形容词除了有数的变化之外，nuestro 和 vuestro 还有性的变化，如：

mi vaso 我的水杯
mi toalla 我的毛巾
mis amigos 我的朋友
nuestr**o** hijo 我们的儿子
nuestr**a** hija 我们的女儿
nuestr**os** hijos 我们的孩子

Ejercicios 会话练习

1

补充词汇

tío *m.*（叔叔） señor *m.*（先生） abuelo *m.*（爷爷）
vecino *m.*（邻居） además *adv.*（此外）

A: ¿Es tu tío ese señor? 那位先生是你叔叔吗？

B: No, es mi abuelo. 不，那是我爷爷。

A: ¿Es tu vecina aquella señora? 那位女士是你邻居吗？

B: Sí, y además, es mi novia. 对，而且她还是我女朋友。

A: ¿De quién es este coche? 这辆小汽车是谁的？

B: Es de mi tío. 是我叔叔的。

A: ¿Es de tu tío esta casa? 这座房子是你叔叔的吗？

B: No, es de mis abuelos. 不，是我爷爷和奶奶的。

2

补充词汇

maestro *m.*（老师） joven *adj.*（年轻的） alegre *adj.*（开朗的）

A: Es muy bonita esta escuela. 这所学校很漂亮。

B: Sí, y además, es moderna. 对，而且很有现代感。

A: ¿Dónde está la oficina de tu tío? 你叔叔的办公室在哪里？

B: La oficina de mi tío está en el edificio nuevo. 我叔叔的办公室在新楼里。

A: ¿Dónde está vuestra aula? 你们的教室在哪里？

B: Nuestra aula está en aquel edificio antiguo.
我们的教室在那栋旧楼里。

A: ¿Cómo son vuestros maestros? 你们的老师们怎么样?

B: Nuestros maestros son jóvenes y alegres.
我们的老师们既年轻又开朗。

3 A: ¿De quién es esta casa? 这座房子是谁的?

B: Es de aquella señora. 是那位女士的。

A: ¿Quién es aquella señora? 那位女士是谁?

B: Es la novia de mi amigo. 是我朋友的女友。

A: ¿Cómo se llama tu amigo? 你朋友叫什么名字?

B: Mi amigo se llama Luis. 我朋友叫路易斯。

A: ¿Cómo es la casa de Luis? 路易斯的家怎么样?

B: Es vieja y pequeña, pero la casa de su novia es nueva y moderna.
他家又旧又小，但他女朋友的家很新，很现代。

Lección 第5课

Al centro 去市中心

 Fonética 语音5

辅音连缀

辅音字母p、b、t、d、c、g、f常与l或r组合，与元音字母构成音节，称为辅音连缀。发音时，从第一个辅音字母迅速转向第二个辅音字母，中间不停顿。

以下组合均属辅音连缀：

pl	bl	cl	gl	fl	pr
br	tr	dr	cr	gr	fr

音节练习

pla	ple	pli	plo	plu
bla	ble	bli	blo	blu
cla	cle	cli	clo	clu
gla	gle	gli	glo	glu
fla	fle	fli	flo	flu
pra	pre	pri	pro	pru
bra	bre	bri	bro	bru
tra	tre	tri	tro	tru
dra	dre	dri	dro	dru
cra	cre	cri	cro	cru
gra	gre	gri	gro	gru
fra	fre	fri	fro	fru

单词练习

playa	pleno	simple	soplo	pluma
blanco	blando	blinda	bloque	blusa
habla	tabla	cable	posible	Pablo
claro	clase	clima	chicle	club
regla	inglés	globo	siglo	glucosa
flaco	flecha	flor	flojo	florecer
prado	premio	primero	pronto	prudente
bravo	breve	brindis	broma	brusco
obra	obrero	abril	abrir	abrumador
trabajo	tren	triste	trozo	nosotros
drama	madre	Madrid	Pedro	madrugada
crema	crecer	crimen	cruz	cruzar
grande	alegre	gritar	grosero	grupo
frase	frente	frío	África	fruta

Diálogo 对话

A: ¿Cuántos sois en vuestro grupo? 你们组有多少人？

B: En nuestro grupo somos cuatro: Pedro, Pablo, Cristina y yo. 我们组有四个人：我、佩德罗、巴勃罗和克里斯蒂娜。

A: ¿Estáis en la playa ahora? 你们现在在海滩吗？

B: No, ahora estamos en la biblioteca. 不，我们现在在图书馆。

A: ¿Adónde vais esta tarde? 你们今天下午去哪里？

B: Esta tarde vamos al centro. 我们今天下午去市中心。

A: ¿Vais al teatro esta noche? 你们今晚去看戏吗？

B: Sí, esta noche vamos al teatro. 对，我们今晚去看戏。

A: ¿Y después? 然后呢？

B: Después, Pedro, Pablo y Cristina van al club, y yo voy al trabajo. 然后，佩德罗、巴勃罗和克里斯蒂娜去俱乐部，我去上班。

Vocabulario 词汇表

cuánto *adj.*	多少
ser *intr.*	是
vuestro *adj.*	你们的
grupo *m.*	小组，班
nuestro *adj.*	我们的
cuatro *adj.*	四
Pedro	佩德罗
Pablo	巴勃罗
Cristina	克里斯蒂娜
yo *pron.*	我
estar *intr.*	在
ahora *adv.*	现在
playa *f.*	海滩
biblioteca *f.*	图书馆
adónde *adv.*	往哪里
tarde *f.*	下午
centro *m.*	市中心
teatro *m.*	剧院
noche *f.*	晚上
después *adv.*	然后
club *m.*	俱乐部
trabajo *m.*	工作

Gramática 语法

一 基数词（1）

西班牙语基数词 1 – 15 均为独立词（非组合词），分别是：

uno	1	nueve	9
dos	2	diez	10
tres	3	once	11
cuatro	4	doce	12
cinco	5	trece	13
seis	6	catorce	14
siete	7	quince	15
ocho	8		

基数词除 uno 有单、复数和阴、阳性变化外，其余均无此变化，如：

un teatro 一间剧院　　**unas** bibliotecas 一些图书馆

una biblioteca 一个图书馆　　**cuatro** platos 四个碟子

unos teatros 一些剧院　　**cuatro** oficinas 四间办公室

基数词作名词用时与名词一样有数的变化，例如：

tres siet**es** 三个七　　cinco och**os** 五个八

二 疑问形容词 cuánto

cuánto（多少）是疑问形容词，有阴、阳性及单、复数之分，如：

cuánt**o** tiempo 多少时间　　cuántos alumn**os** 多少学生

cuánt**a** gente 多少人　　cuántas maestr**as** 多少女教师

cuánto 不与名词连用时，转为疑问代词，如：

¿Cuántos sois en tu familia? 你家有几口人？

Somos tres. 我家有三口人。

三 人称代词（1）

西班牙语作主语用的人称代词属重读人称代词。其中，tú 和 él 要打重音符号，因为轻读的 tu 意为“你的”，而 el 则是阳性单数定冠词。此外，“我们”和“你们”指女性时有阴性形式。

由于 usted（您）和 ustedes（诸位）在动词变位时与第三人称同用一种词尾，所以语法上习惯把它们列入第三人称。

西班牙语作主语用的人称代词如下：

	单数		复数	
第一人称	yo	我	nosotros nosotras	我们
第二人称	tú	你	vosotros vosotras	你们
第三人称	él ella usted	他 她 您	ellos ellas ustedes	他们 她们 诸位

四 动词与动词变位

根据动词所表达的意思，动词可分为行为动词和联系动词。例如：进来、出去、唱歌、跳舞等是行为动词。个别用于描述主语的性质、特征或情况的动词，如：ser（是）、estar（在）等属联系动词，也称作系动词。

西班牙语动词用作谓语时有词形变化。这种变化称为动词变位。

动词变位除表示出不同的人称之外，还反映出说话者说话的方式（陈述、命令或虚拟）以及动作发生的时间（过去、现在或将来）。因此，动词变位就有“陈述式现在时”、“陈述式现在完成时”、“陈述式简单过去时”等诸多不同的名称。

西班牙语动词变位有一定的规则。当然，也有个别是不规则的。

动词 ir（去）、ser（是）和 estar（在）的陈述式现在时变位不规则。详情如下：

ir（去）：

yo voy	nosotros vamos
tú vas	vosotros vais
él va	ellos van

ser（是）：

yo soy	nosotros somos
tú eres	vosotros sois
él es	ellos son

estar（在）：

yo estoy	nosotros estamos
tú estás	vosotros estáis
él está	ellos están

由于动词变位可反映出人称，所以主语常常会省略，尤其是第一人称和第二人称。在前后文明确的情况下，第三人称也常省略。例如：

¿Adónde vas? 你去哪里？

Voy al supermercado. 我去超市。

¿Eres Juan? 你是胡安吗？

No, soy Pedro. 不，我是佩德罗。

¿Dónde está Juan? 胡安在哪里？

Está en su casa. 在家里。

㊄ 前置词 a

前置词 a 可表示去向，如：a Europa（往欧洲）、a la biblioteca（往图书馆）、a dónde（往哪里）等。此类词组可用作 ir（去）或 venir（来）等动词的补语。例如：

¿Adónde vais? 你们去哪里？

Vamos a la oficina. 我们去办公室。

注：a后面出现el时，合写为一个词（al），如：Voy al centro.（我去市中心）。此外，a dónde（去哪里）可合写为一个词（adónde）。

Ejercicios 会话练习

1

补充词汇

libro *m.*（书） revista *f.*（杂志） más *adv.*（加） a ver（让我看看） en total（一共）

A: ¿Cuántos son dos más uno? 2加1等于多少？

B: Dos más uno son tres. 2加1等于3。

A: ¿Cuántos son cinco más cuatro? 5加4等于多少？

B: Cinco más cuatro son nueve. 5加4等于9。

A: ¿Cuántos libros hay en la mesa? 桌子上有多少本书？

B: En la mesa hay seis libros. 桌子上有6本书。

A: ¿Cuántas revistas hay en la sala? 客厅里有多少本杂志？

B: A ver, siete, ocho, nueve y diez. Hay en total diez revistas en la sala.
让我看看，7、8、9、10。客厅里一共有10本杂志。

2

补充词汇

mañana *f.*（上午） farmacia *f.*（药店）
mercado *m.*（市场） discoteca *f.*（舞厅）

A: ¿Dónde estás ahora? 你现在在哪里？

B: Estoy en casa. 我在家里。

A: ¿Adónde vas esta mañana? 你今天上午去哪里？

B: Esta mañana voy a la farmacia. 今天上午我去药店。

A: ¿Adónde vas esta tarde? 你今天下午去哪里？

B: Esta tarde voy al mercado. 今天下午我去市场。

A: ¿Vas a casa de tu amigo esta noche? 你今晚去你朋友家吗？

B: No, esta noche voy a la discoteca. 不，今晚我去舞厅。

3 A: ¿Eres Ana? 你是安娜吗？

B: No, soy María. 不，我是玛丽亚。

A: ¿Dónde estás ahora? 你现在在哪里？

B: Estoy en la oficina. 我在办公室。

A: ¿Cuántos sois en la oficina? 你们办公室有多少人？

B: Somos cinco. 有5人。

A: ¿Quiénes sois? 有哪些人？

B: Pedro, Manuel, Ana, Sofía y yo.
我、佩德罗、曼努埃尔、安娜和索菲娅。

A: ¿Adónde vais esta tarde? 你们今天下午去哪里？

B: Esta tarde vamos a la universidad. 今天下午我们去学校。

A: ¿Vais a la discoteca esta noche? 你们今晚去舞厅吗？

B: No, esta noche vamos al cine. 不，我们今晚去看电影。

第二章　基础会话篇

Segundo capítulo

Lección 第6课

¡Hola! 你好!

A: ¡Hola! Buenos días. 嗨，早上好!

B: Buenos días. 早上好!

A: Soy Juan. Y tú, ¿cómo te llamas?
我是胡安。你呢，你叫什么名字?

B: Me llamo Ana. 我叫安娜。

A: Mucho gusto. 很高兴认识你。

B: Encantada. 我也很高兴认识你。

A: ¿Eres estudiante? 你是学生吗?

B: Sí, soy estudiante. ¿Y tú? 是，我是学生。你呢?

A: Soy empleado. Trabajo en una compañía china. ¿Estudias en la universidad?
我是职员，我在一家中国公司工作。你在大学学习吗?

B: No, estudio en una escuela de idiomas.
不，我在一所语言学校学习。

A: ¿Qué estudias? 学什么?

B: Estudio español. 学西班牙语。

A: ¿Desayunas en la escuela? 你在学校吃早餐吗?

B: No, desayuno y ceno en casa, pero almuerzo en la escuela.
不，早餐和晚餐我都在家里吃，但午餐是在学校里吃。

Vocabulario 词汇表

¡Hola! *interj.*	喂；你好！
bueno *adj.*	好的
día *m.*	日子
buenos días	早上好
te llamas	你叫（……名字）
me llamo	我叫（……名字）
gusto *m.*	高兴；爱好
encantado *adj.*	很高兴
estudiante *m., f.*	大学生
empleado *m.*	职员
trabajar *intr.*	工作
compañía *f.*	公司
chino *m.*	中国人；汉语
estudiar *tr., intr.*	学习
idioma *m.*	语言
español *m.*	西班牙人；西班牙语
desayunar *tr., intr.*	吃早餐
cenar *tr., intr.*	吃晚餐
pero *conj.*	但是
almorzar *tr., intr.*	吃午餐

Gramática 语法

一 原形动词（1）

未经变位的动词称为原形动词（infinitivo）。西班牙语原形动词词尾很有规律，共分为三类，一是以 ar 结尾，二是以 er 结尾，三是以 ir 结尾，如：llegar（到达）、comer（吃）、subir（上去）。

二 陈述式现在时变位规则（1）

以 ar 结尾的动词，其陈述式现在时变位规则是：先去掉词尾 ar，然后根据人称分别换用相应的词尾。见下表：

yo -o	nosotros –amos
tú -as	vosotros –áis
él (ella, usted) -a	ellos (ellas, ustedes) -an

变位范例：

trabajar（工作）：

yo	trabajo	nosotros	trabajamos
tú	trabajas	vosotros	trabajáis
él	trabaja	ellos	trabajan

㈢ 陈述式现在时的用法

陈述式现在时用于描述现在的时间里发生的事。例如：

¿Dónde **trabajas**? 你在哪里工作？

Trabajo en una compañía española. 我在一家西班牙公司工作。

㈣ 系动词 ser

系动词 ser（是）可用于表明某人的身份、职业等。此时，表明身份或职业的部分称为表语。由于指人的名词有性和数的变化，因此，表语部分应与主语在性与数方面保持一致。例如：

Soy amig**o** de Ana. 我是安娜的朋友（说话人为男性）。

Soy herman**a** de Juan. 我是胡安的姐姐。

El es maestr**o**. 他是老师。

Ella no es camarer**a**. 她不是服务员。

Ellos son amig**os**. 他们是朋友。

㈤ 不规则动词变位

动词 almorzar（吃午饭）变位不规则，其陈述式现在时变位如下：

yo almuerzo	nosotros almorzamos
tú almuerzas	vosotros almorzáis
él almuerza	ellos almuerzan

基础用语介绍

㈠ 打招呼用语

人们见面时总会打一声招呼。西班牙语最常用的打招呼用语是hola，它相当于汉语的“喂”或“你好”，也等于现代年轻人常说的“嗨”。此外，还可加用“¿Qué tal?（你好吗？）”或“¡Qué tal!（你好啊！）”表示问候。

“¡Buenos días!（早上好）”、“¡Buenas tardes!（下午好）”和“¡Buenas noches!（晚上好，晚安）”也是常用的打招呼用语，可用于正式或非正式场合。在非正式场合里，它们也常与“¡Hola!”一起使用。

㈡ 常用词 mucho gusto 与 encantado

认识一个人时，人们常用“mucho gusto”或“encantado”表示“很高兴（认识对方）”。其中，“encantado”是形容词，有性与数的变化。男性用“encantado”，女性则应把它改为“encantada”。把“认识对方”也说出来时，“mucho gusto”用前置词“en”引出；而“encantado”则用“de”引出。例如：

Mucho gusto **en** conocerlo.

(Encantado **de** conocerlo.)

很高兴认识您。

语句练习

补充词汇

hermano *m.*（兄弟） amigo *m.*（朋友） inglés *m.*（英语） chino *m.*（汉语）

Soy hermano de Enrique. 我是恩里克的兄弟。

Mi hermano es amigo de Sofía. 我兄弟是索菲娅的朋友。

Sofía es vecina de mi maestro. 索菲亚是我老师的邻居。

Somos amigos. 我们是朋友。

Mi maestro trabaja en una escuela de idiomas.
我的老师在一所语言学校工作。

Yo no trabajo. Estudio español en la escuela.
我不工作，我在学校学习西班牙语。

Mi hermano y Sofía también estudian. Pero mi hermano estudia inglés, y Sofía estudia chino.
我兄弟和索菲亚也学习。但是我兄弟学英语，索菲娅学汉语。

Almorzamos en la escuela, pero desayunamos y cenamos en casa.
我们在学校吃午餐，但早餐和晚餐在家里吃。

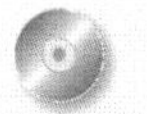

Ejercicios 会话练习

1 A: ¡Hola! Soy Fernando. ¿Y tú? 你好！我是费尔南多。你呢？

B: Soy Isabel. 我是伊莎贝尔。

A: Mucho gusto, Isabel. 很高兴认识你，伊莎贝尔。

B: Encantada, Fernando. 我也很高兴认识你，费尔南多。

2 补充词汇

jefe *m.*（负责人） entonces *adv.*（那么） bien *adv.*（好） invitar *tr.*（邀请）

A: ¡Hola! Buenas tardes. 嗨！下午好。

B: Buenas tardes. 下午好。

A: ¿Trabajas aquí? 你在这里工作吗？

B: Sí, soy empleada de esta compañía. ¿Y tú?
对，我是这家公司的员工。你呢？

A: Soy camarero. Trabajo en un restaurante. Pero mi hermano trabaja en esta compañía.
我是服务员。我在一间餐厅工作，但是我兄弟在这家公司工作。

B: ¿Quién es tu hermano? 谁是你兄弟？

A: Aquel muchacho alto. 那个长得很高的小伙子。

B: ¡Él es nuestro jefe! 他是我们的经理。

A: Yo también soy jefe. Soy el jefe del restaurante.
我也是经理，我是餐厅的经理。

B: Entonces esta noche cenamos en tu restaurante.
那么今晚我们在你的餐厅吃饭好了。

A: Muy bien. Yo invito. 很好，我请客。

Lección 第7课

¡Adiós! 再见！

A: ¡Buenas tardes, Ana! 安娜，下午好！

B: ¡Buenas tardes, Juan! ¿Cómo estás?
下午好，胡安！最近好吗？

A: Bien, gracias. ¿Y tú? 好，谢谢。你呢？

B: Yo también, gracias. ¿Qué tal tus padres?
我也很好，谢谢。你父母身体怎么样？

A: Regular. Mi padre ya no trabaja, descansa en casa y lo acompaña mi madre todos los días.
一般。我父亲已经不工作了，在家里休息。我母亲每天都陪着他。

B: Entonces debes estar en casa para cuidar a tus padres. ¿Adónde vas con tanta prisa?
那你就应该在家里照顾父母。你这么急要去哪里？

A: Voy al mercado para comprar algo. En casa ya no hay comida ni bebida. Bueno, ya llega el autobús. Charlamos otro día. Hasta luego, Ana.
我去市场买点东西，家里食品和饮料都没有了。好，公交车来了，咱们改天再聊。再见，胡安。

B: Adiós, Juan. 再见，胡安。

Vocabulario 词汇表 

¡Adiós!	再见！
también *adv.*	也
gracias *f. (pl.)*	谢谢
qué tal	怎么样
padre *m.*	父亲
ni *conj.*	也不
mal *adv.*	糟糕，不好
ya *adv.*	已经
descansar *intr.*	休息
acompañar *tr.*	陪伴
madre *f.*	母亲
todos los días	每天
entonces *adv.*	那么；当时
deber *tr.*	应该
para *prep.*	为了
cuidar *tr.*	照顾；看管
con tanta prisa	如此匆忙
mercado *m.*	市场
comprar *tr.*	购买
algo *pron.*	某物，一点东西
comida *f.*	食品
bebida *f.*	饮料
llegar *intr.*	到达
autobús *m.*	公交车
charlar *intr.*	聊天
otro día	改天
hasta *prep.*	至；到……为止
luego *adv.*	之后，然后

Gramática 语法

㊀ 直接宾语

谓语的补语可细分为直接宾语，间接宾语和景况补语。所谓直接宾语，是指动词所涉及的直接对象，例如：买菜、做饭、带孩子等。当中的菜、饭和孩子分别是买、做、带三个动词所涉及的直接对象，因此称为直接宾语。如果再加入信息，如：给我买菜、为你做饭、帮邻居带孩子，那么，“给我”、“为你”和“帮邻居”则称为间接宾语。若还说明时间、地点、原因、方式和目的等，这类说明语就是景况补语，也称为状语。

西班牙语动词的直接宾语或间接宾语指人时，直接宾语或间接宾语前面须加前置词 a。例如：

Debes cuidar **a** tu hermano. 你应该照顾你兄弟。

Esperamos **a** Ana. 我们等安娜。

二 人称代词（2）

与汉语不同，西班牙语人称代词划分得较细，分为重读人称代词和非重读人称代词两类，共 5 种。

这里先介绍其中一种：代直接宾语用的非重读人称代词。

	单数		复数	
第一人称	me		nos	
第二人称	te		os	
第三人称	lo	la	los	las

其用法如下：

1. 第一和第二人称代词没有阴、阳性之分，而且所代表的人一目了然，可在第一时间使用。例如：

   El **me** acompaña. 他陪我。

   Te ayudamos. 我们帮助你。

   El jefe **nos** espera en la oficina. 经理在办公室等我们。

2. 第三人称的代词有单、复数和阴、阳性之分，可代人或物，通常要有明确的情景或前后文才使用。例如：

   a) Ella está en el hospital. **La** cuida su hermano.
   她现在在医院，她兄弟在照顾她。

   b) El español es muy útil. Ahora mucha gente **lo** estudia.
   西班牙语很有用，现在很多人学。

3. 根据现代西班牙语语法规则，非重读人称代词置于变位动词之前。若动词没有变位，则置于其后并与之连写。例如：

Os ayudo. 我帮助你们。

Debes esperar**nos**.（或：**Nos** debes esperar.）

你应该等我们。

㊂ 前置词 para

前置词 para 可表示目的或对象。表示目的时，后面接原形动词；表示对象时，后面加指人的名词。例如：

Vamos al restaurante para almorzar. 我们去餐厅吃午饭。

Esto es fácil para Ana. 对安娜来说，此事不难。

基础用语介绍

㊀ 问候用语

熟人之间的问候语，使用频率较高的是："¿Cómo estás?（你好吗？）"。此句由疑问词"cómo（怎么样？）"加系动词"estar（处于……状态）"组成，意思是"你近来怎么样？"。如需用尊称，可改用："¿Cómo está usted?（您好吗？）"。

对于别人的问候，可根据具体情况回答，如：Muy bien（很好）；Regular（一般）；Así, así…（马马虎虎）。

㊁ 告别用语

在西班牙，常见的告别用语有：adiós（再见）、hasta luego（回头见）等。

hasta 是前置词，可表示"到某一时间为止"。因此，可根据情况灵活使用，如：hasta mañana（明天见）、hasta el lunes（星期一见）、hasta la vista（再见）等。

语句练习

补充词汇

hospital *m.*（医院） mañana *f.*（上午） esperar *tr.*（等待）

Esta es la foto de mis padres. 这是我父母的相片。

Él es Manuel y ella es Carmen. 他是曼努埃尔，她是卡门。

Manuel es mi padre y Carmen es mi madre.
曼努埃尔是我父亲，卡门是我母亲。

Mis padres ya no trabajan. 我父母已经不上班。

Charlan en casa todos los días. 他们每天都在家里闲聊。

Ahora mi padre está en el hospital. 现在我父亲在医院。

Lo cuida mi hermana. 我姐姐照顾他。

Mi madre está en casa 我母亲在家里。

La acompañamos mi hermano y yo. 我和我兄弟陪伴她。

En casa ya no hay ni comida ni bebida.
家里已经没有吃的，也没有喝的。

Debemos comprarlas esta mañana. 今天上午我们要去买了。

Yo voy al mercado con prisa. 我赶紧去市场。

Me esperan mi madre y mi hermano en casa.
我母亲和兄弟在家里等着我呢。

Ejercicios 会话练习

1

补充词汇

colega *m.,f.*（同事） necesitar *tr.*（需要） ayuda *f.*（帮助） ayudar *tr.*（帮助） consolar *tr.*（安慰） es decir（也就是说）

A: ¿Esperas al jefe? 你在等经理吗？

B: No, el jefe está en su oficina. No lo espero.
不，经理在他自己办公室，我不是等他。

A: Entonces, ¿a quién esperas? 那么，你等谁呢？

B: Espero a Sofía. 我等索菲娅。

A: ¿Quién es Sofía? 索菲娅是谁？

B: Sofía es mi colega. Su madre está en el hospital y necesita ayuda.
索菲娅是我同事。她母亲在医院，所以她需要帮助。

A: ¿Cómo la ayudas? 你怎么帮她？

B: Charlo con ella para consolarla. 我跟她聊天，安慰她。

A: ¿Quién cuida a su madre en el hospital? 谁在医院照顾她母亲？

B: Su padre y sus hermanos la cuidan. 她父亲和兄弟姐妹照顾她母亲。

A: Es decir, ¿cuidas a Sofía en casa? 也就是说，你在家里照顾索菲娅？

B: No, la acompaño al supermercado ahora. 不，我现在陪她去超市。

2

A: ¡Hola, Elena! 你好，埃莲娜！

B: Buenos días, Carlos. 早上好，卡洛斯。

A: ¿Cómo estás? 你最近怎么样？

B: Muy bien, gracias. ¿Y tú? 我很好，谢谢。你呢？

A: Yo también, gracias. ¿Cómo están tus padres?
我也很好，谢谢。你父母身体好吗？

B: Mi padre está muy bien, pero mi madre está en el hospital.
我父亲身体很好，但是我母亲住在医院。

A: Entonces debes estar en el hospital para acompañarla y cuidarla. ¿Necesitas ayuda?
那么你应该在医院陪在你母亲身边照顾她。你需要帮助吗？

B: No. Gracias, Carlos. 不用。谢谢你，卡洛斯。

A: ¿Vas al hospital ahora? 你现在去医院吗？

B: Sí. Y tú, ¿adónde vas? 对。你呢？你去哪里？

A: Voy a la oficina. 我去办公室。

B: Entonces, ¡hasta luego, Carlos! 那么，回头见，卡洛斯。

A: ¡Hasta la vista, Elena! 再见，埃莲娜。

El español 西班牙语

A: Llegas muy temprano. ¿Eres japonés o coreano?
你来得很早。你是日本人还是朝鲜人？

B: No soy japonés ni coreano, soy chino.
我不是日本人，也不是朝鲜人，我是中国人。

A: ¿Trabajas en esta empresa española?
你在这间西班牙公司上班吗？

B: Sí, por eso ahora aprendo español.
对，所以我现在学西班牙语。

A: ¿Dónde lo aprendes? 你在哪里学？

B: Lo aprendo en una escuela nocturna. 在一间夜校学。

A: ¿Es fácil el español? 西班牙语容易学吗？

B: No, para los chinos, el español es bastante difícil.
不，对中国人来说，西班牙语相当难。

A: ¿Quién os enseña? 谁教你们？

B: Nos enseñan un profesor chino y una profesora española. Hablamos mucho en clase y leemos mucho en casa.
一名中国教师和一名西班牙教师教我们。我们在课堂上总是讲西班牙语，在家里则大量阅读。

A: ¿Leéis novelas españolas? 你们看西班牙语小说吗？

B: No, las novelas y revistas españolas son difíciles. No las entendemos.
不，西班牙语小说和杂志都很难，我们看不懂。

A: Entonces, ¿qué leéis? 那你们看什么？

B: Sólo leemos libros de texto y hacemos algunos ejercicios.
我们只看教科书，还做一些练习。

Vocabulario 词汇表

temprano *adv.* 早
japonés *m.* 日本人；日语
o *conj.* 或者
coreano *m.* 朝鲜人；朝鲜语
empresa *f.* 公司，企业
por eso 所以
aprender *tr.* 学，学会
nocturno *adj.* 夜间的
fácil *adj.* 容易的
bastante *adv., adj.* 相当；足够的
difícil *adj.* 困难的
enseñar *tr.* 教；出示
profesor *m.* 教师，教授
hablar *intr., tr.* 说话；讲（……语言）
en clase 课堂上
leer *tr.* 读，阅读
novela *f.* 小说
revista *f.* 杂志
entender *tr.* 懂，明白
sólo *adv.* 仅仅
libro *m.* 书
texto *m.* 课文
hacer *tr.* 做

Gramática 语法

一 陈述式现在时变位规则（2）

以 er 结尾的动词，其陈述式现在时变位规则是：先去掉词尾 er，然后根据人称选用以下相应的词尾：

yo -o	nosotros -emos
tú -es	vosotros -éis
él（ella, usted）-e	ellos（ellas, ustedes）-en

变位范例：

aprender（学习）：

yo aprendo	nosotros aprendemos
tú aprendes	vosotros aprendéis
él aprende	ellos aprenden

二 副词（1）

副词有两大作用：一是修饰形容词或副词，说明其程度，如：**bastante** difícil（相当难）、**muy** bien（很好）；二是修饰动词，如：El llega **a tiempo**（他准时到达）。

西班牙语副词没有性与数的变化。副词修饰形容词或副词时，置于形容词或副词之前；副词修饰动词时，通常置于动词之后。修饰动词的副词可分为时间副词、地点副词、方式副词等。其中，有些时间副词和地点副词等也常置于动词之前。例如：

Hoy vamos a la playa. 今天我们去海边。

Aquí hay una piscina. 这里有一个游泳池。

三 短语

由两个或两个以上单词组成的固定词组称为短语，如：por eso（因此）、un poco（一点儿）等。

本课介绍的短语 un poco 可加前置词 de 表示内容。例如：

un poco de café 一点咖啡

un poco de agua 一点水

un poco de tiempo 一点时间

㊃ 不规则动词变位

动词 hacer（做）和 entender（明白）变位不规则，其陈述式现在时变位如下：

yo hago	nosotros hacemos
tú haces	vosotros hacéis
él hace	ellos hacen

yo entiendo	nosotros entendemos
tú entiendes	vosotros entendéis
él entiende	ellos entienden

语句练习

补充词汇

rápido *adv.*（快） muy poco（很少）

Estos muchachos trabajan en una empresa española.
这些小伙子在一家西班牙企业工作。

Por eso ahora aprenden español. 所以他们现在学西班牙语。

Lo aprenden en la escuela nocturna de la empresa.
他们是在这家企业的夜校里学。

Pero para ellos el español no es nada fácil.
但是对他们而言，西班牙语一点儿也不容易。

Es decir, es bastante difícil. 也就是说相当难学。

El profesor habla muy rápido. 老师说话很快。

Y ellos entienden muy poco. 他们只听懂一点点。

En la empresa hay muchos empleados españoles.
这家企业有很多西班牙员工。

Los muchachos llegan muy temprano a la empresa.
小伙子们很早就来到公司。

Hablan español con los empleados. 他们跟那些员工讲西班牙语。

Hacen muchos ejercicios en clase y leen mucho en casa.
他们在堂上做很多练习，而且在家里大量阅读。

Ejercicios 会话练习

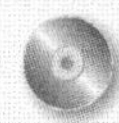

1

补充词汇

alguien *pron.*（某人） ¿por qué?（为什么？） porque *conj.*（因为） llevar *tr.*（带去）

A: ¿Esperas a alguien? 你在等人吗？

B: Sí, espero a mi maestro. 对，我在等我的老师。

A: ¿Por qué lo esperas aquí? 你为什么在这里等你的老师呢？

B: Porque él me lleva en su coche a la escuela.
因为他要开车带我去学校。

A: ¿Qué haces en la escuela? ¿Aprendes inglés?
你在学校做什么？学英语吗？

B: No, aprendo español. 不，我学西班牙语。

A: ¿Por qué lo aprendes? 你为什么学西班牙语？

B: Porque mi novia es española. 因为我女朋友是西班牙人。

A: ¿Hablas español con tu novia? 你跟你女朋友讲西班牙语吗?

B: Sí, pero lo hablo muy mal y ella no me entiende.
是的，但是我讲得不好，她听不懂。

A: Entonces, ¿por qué no hablas inglés o chino con tu novia?
那么，你为什么不跟你女朋友讲英语或汉语呢?

B: Porque ella sólo habla español. 因为她只会讲西班牙语。

2 补充词汇

un poco（一点儿） todo el mundo（所有人）

A: ¿Hablas español? 你讲西班牙语吗?

B: Sí, un poco. 对，我可以讲一点点。

A: Lo hablas muy bien. 你讲得很好。

B: Gracias. 谢谢。

A: ¿Dónde lo aprendes? 你在哪里学西班牙语?

B: Lo aprendo aquí, en China. 我在中国学。

A: Pero aquí todo el mundo habla chino y nadie habla español.
可是在这里所有人都讲汉语，谁也不讲西班牙语。

B: Sí, pero ahora hay muchos españoles en China, y mucha gente aprende español.
没错，但是现在在中国有很多西班牙人，所以很多人都学西班牙语。

A: ¿Lo aprendéis con profesores chinos? 你们是跟中国老师学吗?

B: Sí, lo aprendemos con profesores chinos, pero también con profesores españoles. 对，我们跟中国老师学，但也跟西班牙老师学。

La hora 钟点

A: Juan, ¿qué hora es? 胡安，现在几点？

B: Son las ocho y cuarto. ¿Vas a salir ya?
现在8点一刻。你要出门了吗？

A: Sí, hoy tengo que llegar a la oficina antes de las nueve.
对，我今天要9点前赶到办公室。

B: ¿A qué hora vuelves? 你几点回来？

A: No sé. Quizá a las diez. 我不知道，也许10点。

B: ¿A las diez de la mañana? 是上午10点吗？

A: No, a las diez de la noche. 不，是晚上10点。

B: ¿Por qué? 为什么？

A: Porque tengo una cita con un cliente.
因为我约了一个客户。

B: ¿No vas a cenar en casa? 你不在家吃晚饭吗？

A: No. Ya es tarde, tengo que salir. Adiós.
对。已经晚了，我得出门了。再见。

B: Adiós. 再见。

Vocabulario 词汇表

hora *f.*	小时	volver *intr.*	返回
ocho *adj.*	八	saber *tr.*	知道
cuarto *m.*	一刻钟	quizá *adv.*	也许
ir *intr.*	去	diez *adj.*	十
salir *intr.*	出去	mañana *f.*	上午
hoy *adv.*	今天	¿por qué?	为什么？
tener *tr.*	有	porque *conj.*	因为
tener que	必须	cita *f.*	约会
antes de	在……之前	cliente *m., f.*	顾客，客户
nueve *adj.*	九	tarde *adv.*	迟，晚
¿a qué hora?	几点钟？		

Gramática 语法

（一）基数词 16—100

西班牙语基数 10—100 整数词如下：

diez	10	sesenta	60
veinte	20	setenta	70
treinta	30	ochenta	80
cuarenta	40	noventa	90
cincuenta	50	cien	100

在基数词中，1 – 15 为独立词（见语音 5）。从 16 起，非整数的两位数与汉语一样，由十位数加个位数组合而成，十位数和个位数之间用连词 y 连接。例如：

treinta y uno	31	setenta y cinco	75
cuarenta y dos	42	ochenta y seis	86
cincuenta y tres	53	noventa y siete	97
sesenta y cuatro	64	noventa y nueve	99

按上述规则，虽然 16 – 29 可以用 diez y seis、veinte y nueve 等表示，但人们习惯使用合写的方式。合写时 y 转为元音 i，个位数的重读音节不变。详情如下：

dieciséis	16	veinticuatro	24
diecisiete	17	veinticinco	25
dieciocho	18	veintiséis	26
diecinueve	19	veintisiete	27
veintiuno	21	veintiocho	28
veintidós	22	veintinueve	29
veintitrés	23		

数词 uno 有阴、阳性的变化。该词用在阳性单数名词前时应去掉词尾 o；在阴性单数名词前则把 o 改为 a。凡带尾数 uno 的数词均有此变化，如：veintiún osos（21 只熊）、ochenta y una sillas（81 张椅子）等。

ciento 直接与名词连用时，应去掉词尾 to，如：cien coches（100 辆小汽车）、cien oficinas（100 间办公室）等。ciento 不与名词连用时，也可以去掉词尾 to，如：cien por cien（100%）。

二 钟点表达法

西班牙语钟点用阴性定冠词加基数词表示。其中，“1 点钟”用单数定冠词，其余用复数定冠词，如：**la** una（1 点钟）、**las** dos（2 点钟）、**las** doce（12 点钟）等。

说“现在是……点钟”时，动词用 ser（是）表示。其中，说“1

点钟”时，动词用第三人称单数（es），2 点至 12 点改用复数（son）。例如：

Es la una. 现在是 1 点。 **Son** las diez. 现在是 10 点。

Son las dos. 现在是 2 点。 **Son** las doce. 现在是 12 点。

Son las cinco. 现在是 5 点。

若要强调“正”，可加短语 en punto（正点）表示，例如：

Es la una **en punto**. 现在是 1 点正。

Son las once **en punto**. 现在是 11 点正。

加分钟时，与汉语一样，也有多种表达方法。最简单易记的办法是直接加上分钟数。例如：

Son las diez y cinco. 现在是 10 点零 5 分。

Son las diez y quince. 或 y cuarto（一刻）现在是 10 点 15 分。

Son las diez y veinte. 现在是 10 点 20 分。

Son las diez y treinta. 或 y media （半）现在是 10 点 30 分。

Son las diez y cuarenta. 现在是 10 点 40 分。

Son las diez y cincuenta y nueve. 现在是 10 点 59 分。

也可采用“差……分到……点”的说法。例如：

Son las cinco menos diez. 现在差 10 分到 5 点。

Son las cinco menos cuarto. 现在差一刻到 5 点。

Son las cinco menos veinticinco. 现在是 4 点 35 分。

问“现在几点钟？”，可用疑问词 qué 加 hora（钟点）组成疑问词组，动词用 es。例如：

¿Qué hora es? 现在几点钟？

Son las nueve y diez. 现在是 9 点 10 分。

钟点作时间副词用时，用前置词 a 表示，如：a la una（1 点钟的时候）、a las cuatro（4 点钟的时候）、a qué hora（几点钟的时候）等。例如：

¿**A** qué hora vas al mercado? 你几点钟去市场？

Voy al mercado **a** las diez. 我 10 点钟去市场。

㊂ 前置词 con

前置词 con 可表示"和(某人)一起"或"跟(某人)"。例如:

Voy al cine con Juan. 我和胡安去看电影。

Ella aprende español con un mexicano.

她跟一个墨西哥人学西班牙语。

㊃ 不规则动词变位

动词 tener(有)、volver(返回)和 saber(知道)变位不规则,其陈述式现在时变位如下:

yo tengo	nosotros tenemos
tú tienes	vosotros tenéis
él tiene	ellos tienen
yo vuelvo	nosotros volvemos
tú vuelves	vosotros volvéis
él vuelve	ellos vuelven
yo sé	nosotros sabemos
tú sabes	vosotros sabéis
él sabe	ellos saben

㊄ 短语 tener que

短语 tener que 意为"必须",后面接动词,表示"必须做(某事)"。由于前后两个动词主语相同,所以与之连接的动词不再变位。类似的情况还有:deber(应该)、poder(可以)、querer(愿意)等。例如:

Tengo que **volver** a casa ahora. 我现在要回家。

Debes **descansar**. 你应该休息。

No podemos **salir**. 我们不能外出。

¿Por qué no queréis **comprar** un coche?

你们为什么不想买一辆小汽车?

Ejercicios 会话练习

1

补充词汇

menos *adv.*（减去）

¿Cuánto es veinte más diez? 20加10等于多少？

Son treinta. 等于30。

¿Cuánto es cincuenta más cuarenta? 50加40等于多少？

Son noventa. 等于90。

¿Cuánto es cien menos ochenta? 100减80等于多少？

Son veinte. 等于20。

¿Cuánto es noventa menos sesenta? 90减60等于多少？

Son treinta. 等于30。

¿Cuánto es treinta y tres más treinta y siete? 33加37等于多少？

Son setenta. 等于70。

2

补充词汇

hambre *f.*（饥饿） sed *f.*（口渴） llave *f.*（钥匙）
íntimo *adj.*（亲密的） es que ...（问题是……）

A: ¿Qué hora es? 现在几点？

B: Son las doce y media. 现在是12点半。

A: Ya es tarde. Tengo que volver a casa. 已经很晚，我要回家了。

B: ¿Ya tienes hambre? 你肚子饿了吗？

A: Sí, tengo mucha hambre y sed. 是的，我又饿又渴。

B: ¿Por qué no almuerzas con nosotros?
你为什么不跟我们一起吃午饭?

A: Es que alguien me espera en casa ahora.
问题是现在有人在家里等我。

B: ¿Quién te espera en casa a esta hora? 这个时候谁在家里等你?

A: Un amigo mío. 我的一个朋友。

B: ¡Y tiene la llave de tu casa! ¡Ja, ja! Debe ser un amigo íntimo.
他还有你家的钥匙! 哈哈! 那一定是你的密友了。

3 补充词汇

contar *intr.* (数数字)　excelente *adj.* (优秀的)

A: Chico, ¿sabes contar? 小孩子，你会数数吗?

B: Sí: uno, dos, tres, cuatro, cinco, seis, siete, ocho, nueve y diez.
会：1、2、3、4、5、6、7、8、9、10。

A: ¿Cuánto es ochenta y ocho menos treinta y tres? 88减33等于多少?

B: Son cincuenta y cinco. 等于55。

A: ¿Qué hora es? 现在几点?

B: Son las once y veintinueve. 现在是11点29分。

A: ¿A qué hora desayunas? 你几点吃早餐?

B: A las siete de la mañana. 早上7点。

A: ¿A qué hora vas a la escuela? 你几点上学?

B: A las ocho menos veinte. 7点40。

A: ¿A qué hora almuerzas? 你几点吃午饭?

B: Almuerzo a las doce y media. 我12点半吃午饭。

A: ¿A qué hora vuelves a casa? 你几点回家?

B: A las cinco de la tarde. 下午5点。

A: ¿Y a qué hora cenas con tus padres? 你几点跟你父母一起吃晚饭？

B: Cenamos antes de las siete de la noche. 我们晚上7点前吃晚饭。

A: Eres un chico excelente. 你是一个很出色的孩子。

Mucho gusto 幸会

A: ¿Es usted el señor López? 您是洛佩斯先生吗?

B: Sí, soy López. Vengo de España.
对，我是洛佩斯。我从西班牙来。

A: Mucho gusto en conocerlo, señor López. Soy Elena, su intérprete.
洛佩斯先生，很高兴认识您。我叫埃莱娜，是您的翻译。

B: Encantado. Le voy a dar una tarjeta. 幸会。我给您一张名片。

A: Gracias. Esta es mi tarjeta. ¿Son suyas estas maletas?
谢谢。这是我的名片。这些行李箱是您的吗?

B: Sí, son mías. El camarero me las va a subir en seguida a la habitación. 对，是我的。服务员会给我送到房间去。

A: ¿En qué piso está su habitación? 您的房间在几楼?

B: En el quinto piso, número 606. 在六楼，606号。

A: Entonces subimos en el ascensor. Usted, primero.
那我们坐电梯上去。您先走。

B: Gracias. 谢谢。

A: De nada. 别客气。

Vocabulario 词汇表

usted *pron.* 您
señor *m.* 先生
López 洛佩斯
venir *intr.* 来
de *prep.* 从（某地）
España 西班牙
conocer *tr.* 认识；了解
intérprete *m.,f.* 翻译
dar *tr.* 给
tarjeta *f.* 名片，卡片
suyo *adj.* 您（他、她）的
maleta *f.* 行李箱
mío *adj.* 我的
camarero *m.* 服务员
en seguida 随后，马上
subir *tr., intr.* 拿上去；上去
amable *adj.* 和蔼的
piso *m.* 楼层；地板；套间
habitación *f.* 房间
quinto *adj.* 第五
número *m.* 号码，数字
cero *adj.* 零
ascensor *m.* 电梯
primero *adj.* 第一
de nada 不用谢

Gramática 语法

一 陈述式现在时变位规则（3）

以 ir 结尾的动词，其陈述式现在时变位规则是：先去掉词尾 ir，然后根据人称换用以下相应的词尾：

yo -o	nosotros -imos
tú -es	vosotros -ís
él（ella, usted） -e	ellos（ellas, ustedes）-en

变位范例：

subir（上去）：

yo subo	nosotros subimos
tú subes	vosotros subís
él sube	ellos suben

二 序数词（第一至第十）

西班牙语序数词“第一”至“第十”如下：

primero 第一	sexto 第六
segundo 第二	séptimo 第七
tercero 第三	octavo 第八
cuarto 第四	noveno 第九
quinto 第五	décimo 第十

西班牙语序数词有性和数的变化，变化规则与以 o 结尾的形容词相同。例如：

el segund**o** año 第二年　　los primer**os** minutos 头几分钟

la segund**a** semana 第二周　　las primer**as** horas 头几个小时

其中，primero 和 tercero 用在阳性单数名词前时，去掉词尾 o，如：primer curso（一年级）、tercer piso（三楼）

序数词通常用在名词之前（也可以置于名词之后）。例如：

primera lección 第一课　　lección **primera** 第一课

表示楼层时，大部分拉美国家的说法与中国的相同。例如：

primer piso（或 piso bajo）一楼（或楼下）

segundo piso 二楼　　quinto piso 五楼

西班牙和个别拉美国家使用欧洲的说法。例如：

piso bajo 一楼　　quinto piso 六楼

primer piso 二楼

三 重读物主形容词

西班牙语重读物主形容词如下：

mío 我的	nuestro 我们的
tuyo 你的	vuestro 你们的
suyo 他的（她的、您的）	suyo 他们的（她们的、诸位的）

用法：

1. 与系动词 ser（是）连用，作其表语。例如：

   Este móvil es **mío**. 这个手机是我的。

   Esta maleta es **tuya**. 这个皮箱是你的。

2. 修饰名词，但必须置于其后。例如：

   Un hermano **tuyo** lo sabe. 你的一个兄弟知道此事。

3. 与定冠词连用，组成代词。例如：

   Hay varias bicicletas a la puerta. Pero **la mía** no está allí y **la tuya**, tampoco.

   门口有好几辆自行车。但我的那辆不在那里，你的那辆也不在。

（注：非重读物主形容词无上述用法，只能用在名词前，如：**mi** maleta、**tu** bicicleta等。）

四 人称代词（3）

前面介绍了代直接宾语的非重读人称代词。这里介绍代间接宾语用的非重读人称代词。

所谓间接宾语，指的是动词所涉及的间接对象。例如在“他给我一本书”这个句子里，动词“给”有两个宾语，一个是“我”，另一个是“一本书”。由于给出的内容不是“我”，而是“一本书”，所以“一本书”是直接宾语，而“我”则是间接宾语。

西班牙语代间接宾语用的非重读人称代词如下：

	单数	复数
第一人称	me	nos
第二人称	te	os
第三人称	le	les

此组代词在句中的位置与代直接宾语用的非重读人称代词相同（置于变位动词前面，或置于原形动词后面并与之连写）。例如：

Le voy a dar una tarjeta.

（或：Voy a dar**le** una tarjeta.）

我给您一张名片。

如果代直接宾语和代间接宾语的非重读人称同时出现，则间接宾语代词在前，直接宾语代词随后。例如：

Estas dos maletas son mías. El camarero **me las** va a subir en seguida a la habitación.

（或：El camarero va a subír**melas** en seguida a la habitación.）

这两个皮箱是我的。服务员会马上给我搬到房间。

㊄ 前置词 en

前置词 en 可表示乘坐。例如：

Subimos en el ascensor. 我们坐电梯上去。

Ellos vienen en tren. 他们坐火车来。

㊅ 不规则动词变位

动词 venir（来）、salir（出去）和 decir（说）的陈述式现在时变位不规则：

yo vengo	nosotros venimos
tú vienes	vosotros venís
él viene	ellos vienen
yo salgo	nosotros salimos
tú sales	vosotros salís
él sale	ellos salen
yo digo	nosotros decimos
tú dices	vosotros decís
él dice	ellos dicen

其中动词 venir（来）和 salir（出去）可与前置词 a 或 de 搭配使用。前者表示去向，后者表示起点。例如：

Venimos **a** China. 我们来中国。

Mi amigo viene **de** España. 我的朋友来自西班牙。

Salgo **a** la calle. 我上街。

Ellos salen **de** la oficina. 他们离开办公室。

语句练习

补充词汇

abrir *tr.*（打开） puerta *f.*（门） carta *f.*（信）
preguntar *tr.*（问） escribir *tr.*（写） amar *tr.*（爱）
Dios *m.*（上帝）

Hoy es mi primer día de trabajo. 今天是我第一天上班。

Llego muy temprano a la oficina. 我很早就到办公室。

Me abre la puerta una muchacha alta. 一位高大的姑娘给我开门。

Ella es inglesa y sólo habla un poco de español.
她是英国人，只会讲一点儿西班牙语。

Me dice: Hay una carta para usted. 她跟我说："桌上有您的一封信。"

Me da la carta y le pregunto: ¿Quién me la escribe?
她把信交给我。我问她："是谁写给我的？"

¡Quién sabe! –me dice. 谁知道！——她说。

Abro la carta y la leo: Soy Luisa, te escribo porque eres un buen muchacho y te amo.
我打开信看："我是路易莎。我之所以给你写信，是因为你是一个很好的小伙子。我爱你。"

¡Dios mío! ¿Quién es Luisa? No la conozco.
我的天啊！谁是路易莎？我不认识。

Le pregunto a la muchacha alta: ¿Conoce usted a Luisa?
我问那位高个儿的姑娘："您认识路易莎吗？"

Ella me dice: Sí, la conozco. Tiene un coche lujoso y su oficina está en el segundo piso.
她回答说："认识，我认识她。她有一辆豪华轿车。她的办公室在三楼。"

Ejercicios 会话练习

1

补充词汇

por favor（劳驾） farmacia *f.*（药店） manzana *f.*（街区） amable *adj.*（和蔼）

A: Por favor, ¿hay una farmacia en esta calle?
请问，这条街上有药店吗？

B: Sí, señor. En esta calle hay muchas farmacias. En esta manzana hay una vieja, en la segunda y tercera manzana no hay, pero en la cuarta y quinta sí, y en la sexta hay una pequeña, en la séptima hay una grande, en la octava hay una nueva, en la novena hay otra pequeña y en la décima hay otra muy grande.
有，先生。这条街上有很多药店。这个街区有一间老的，前面第二和第三个街区没有，但是第四和第五个街区有，第六个街区有一间小的，第七个街区有一间大的，第八个街区有一间新的，第九个街区有另外一间小的，第十个街区有另外一间大的。

A: Gracias. Es usted muy amable. 您真热心，谢谢。

B: De nada, señor. 不用谢，先生。

2 补充词汇

hijo *m.*（儿子） simpático *adj.*（可爱） esquina *f.*（街角） en busca de...（寻找） primo *m.*（堂兄弟，表兄弟） traer *tr.*（带来）

A: ¿Es tuya esta foto? 这张相片是你的吗?

B: No, no es mía. Es de mi compañero. 不，不是我的，是我同学的。

A: ¿Quién es este señor? 这位先生是谁?

B: Es su tío. Viene de España. Y ésta es su tía.
是他的叔叔。他叔叔从西班牙来。这位是他的婶婶。

A: ¿Son españoles? 他们是西班牙人吗?

B: Su tío sí, pero su tía es china. Ahora los dos trabajan en una empresa china. 他叔叔是西班牙人，但他婶婶是中国人。他俩现在在一家中国企业工作。

A: Y este chico, ¿es su hijo? 这个小孩是他们的儿子吗?

B: Sí, es su tercer hijo. Viene con sus padres a China.
是，这是他们的第三个孩子。他跟父母一起来中国。

A: Es muy simpático. 这孩子真可爱。

B: Sí. Sale a la calle todos los días. Va a la tienda de la esquina y luego viene a nuestra compañía. Sube y baja en busca de su primo y nos trae comida y bebida.
是的。他每天都上街。先去街角那家商店，然后来我们公司，跑上跑下找他的堂兄弟，还给我们带来食品和饮料。

De acuerdo 同意

A: Ya estamos en el quinto piso, señor López.
洛佩斯先生，我们已经到六楼了。

B: Pues muy bien, por fin hemos llegado. ¡Qué bonito es el paisaje! ¿Cuántos pisos tiene este hotel?
很好，我们终于到了。这里的景色真美！这间宾馆有多少层？

A: Tiene 33 pisos. Es un hotel nuevo. Se ha construido hace poco tiempo. 有33层。这是一间新宾馆，刚落成不久。

B: ¿Tiene piscina? 有游泳池吗？

A: Sí, tiene una muy grande en la planta baja, al lado del jardín. ¿Le gusta nadar?
有，在一楼花园旁边有一个很大的游泳池。您喜欢游泳吗？

B: Claro, no sólo me gusta nadar, sino también cantar y bailar.
当然喜欢。我不仅喜欢游泳，而且还喜欢唱歌跳舞。

A: Pero usted ha hecho un viaje muy largo y debe descansar ahora.
可是您长途劳累，现在该先休息。

B: No importa. Vamos a nadar después de la cena. ¿De acuerdo?
没关系。我们吃完晚餐之后去游泳，好不好？

A: De acuerdo. 好，没问题。

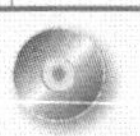

Vocabulario 词汇表

de acuerdo 同意

pues *conj.* 那么；因为

por fin 终于

paisaje *m.* 风景，景色

nuevo *adj.* 新的

construir *tr.* 建设

hace poco tiempo 不久；不久前

piscina *f.* 游泳池

grande *adj.* 大的

planta *f.* 层

bajo *adj.* 矮的

al lado de 在……旁边

gustar *intr.* 喜欢

nadar *intr.* 游泳

claro *adv.* 当然

sino *conj.* 而是

cantar *tr., intr.* 唱歌

bailar *intr.* 跳舞

viaje *m.* 旅行

largo *adj.* 长的

importar *intr.* 重要；要紧

después de 在……之后

cena *f.* 晚餐

¿vale? 好不好？

Gramática 语法

一 陈述式现在完成时

陈述式现在完成时由助动词 haber 的陈述式现在时加动词的过去分词构成。

助动词 haber 的陈述式现在时变位如下：

yo he	nosotros hemos
tú has	vosotros habéis
él ha	ellos han

动词变为过去分词规则如下：

1. 以 ar 结尾的动词，把词尾 ar 改为 -ado，如：

cantar → cantado

llegar → llegado

2. 以 er 和 ir 结尾的动词，词尾改为 -ido，如：

tener → tenido

salir → salido

3. 个别动词的过去分词变化不规则，如：

decir → dicho

hacer → hecho

abrir → abierto

escribir → escrito

volver → vuelto

ver（看见） → visto

poner（摆放） → puesto

变位范例：

llegar:

yo he llegado	nosotros hemos llegado
tú has llegado	vosotros habéis llegado
él ha llegado	ellos han llegado

tener:

yo he tenido	nosotros hemos tenido
tú has tenido	vosotros habéis tenido
él ha tenido	ellos han tenido

salir:

yo he salido	nosotros hemos salido
tú has salido	vosotros habéis salido
él ha salido	ellos han salido

二 陈述式现在完成时的用法

陈述式现在完成时表示在现在的时间里（例如：今天、本周、这个月、今年、本世纪等）发生过的事。例如：

Hoy **he comprado** un coche. 今天我买了一辆小汽车。

Esta semana **hemos aprendido** treinta palabras.

这周我们学了 30 个单词。

Este ano ella **ha salido** con sus padres. 今年她跟她父母出去了。

三 自复被动句

自复被动句是西班牙语较为常见的一种句型。这种句型由自复代词 se 加及物动词的第三人称（单数或复数）变位构成（主语只能指物）。例如：

Hoy **se han vendido** diez coches. 今天卖了 10 辆小汽车。

Se **han abierto** las puertas y ventanas. 门窗都被打开了。

Se vende este piso. 此套间出售。

注：物体自身不会有“卖”、“打开”等行为。因此，物体作此类及物动词的主语时，只能从被动的角度讲（被卖、被打开）才能说得通。由于此被动意义由代词 se 表示，而 se 在语法上称为自复代词，所以此类句子称为自复被动句。“自复”二字的意思可以理解为：及物动词的动作落在主语身上。

个别不及物动词也有加用 se 的结构。例如：

Ha caído el vaso.（或：Se ha caído el vaso）

水杯掉下来了。

由于这种用法的前提是不用 se 也说得通，所以 se 在这里没有被动之意。

四 感叹词 qué

感叹词 qué 置于名词、形容词或副词前，可表示“多么……”。例如：

¡Qué calor! 真热!

¡*Qué* bonito (es el paisaje)! （风景）真美！

¡*Qué* bien (lo has hecho)! （你做得）真好！

㈤ 动词 gustar

动词 gustar 的意思是：使（某人）喜欢。由于是不及物动词，不能有直接宾语，所以“某人”使用代间接宾语的非重读人称代词表示。例如：

Me gusta nadar. 我喜欢游泳。

Te gusta cantar. 你喜欢唱歌。

A María le gusta bailar. 玛丽娅喜欢跳舞。

注：由于“某人”是间接宾语，根据语法规则，动词的直接宾语或间接宾语指人时需要加a表示，所以例3在María前面加前置词a。

㈥ 前置词 de

前置词 de 后面出现 el 时，须合写为 del，如：al lado del jardín（花园旁边）；las habitaciones del hotel（宾馆的房间）。

基础用语介绍

赞同别人的意见或提议，可用 de acuerdo（同意）表示。如需表明人称，则需用动词 estar 相应的变位，如：Estoy de acuerdo（我同意）；Estamos de acuerdo（我们同意）等。

在西班牙，用得较多的是 vale。当然，也可以先说 vale，再加用 de acuerdo，以加强语气。例如：

Tienes que esperarme en la oficina. 你必须在办公室等我。

Vale, de acuerdo. 好，没问题。

Ejercicios 会话练习

1

补充词汇

periódico *m.*（报纸）

A: ¿Qué has hecho esta mañana? 你今天上午做了什么？

B: Esta mañana no he hecho nada. 今天上午我什么也没做。

A: ¿A qué hora has salido de casa? 你几点出门？

B: He salido a las ocho y media. 我8点半出门。

A: ¿A qué hora has llegado a la oficina? 你几点到达办公室？

B: He llegado a las nueve menos cinco. 我8点55分到达。

A: Es decir, no has llegado tarde. 也就是说，你没有迟到。

B: No, he llegado temprano. 没有，我到得早。

A: ¿Has desayunado? 你吃早餐了吗？

B: Claro, he desayunado en casa. 那当然，我在家吃了早餐。

A: ¿Has subido ya a la oficina del jefe? 你上去经理办公室了吗？

B: Sí, he subido a su oficina, pero el jefe no ha llegado.
上了，我上去他办公室了，但是经理还没有到。

A: ¿Has leído el periódico de hoy? 今天的报纸你看了吗？

B: No, sólo he leído una carta. 没有，我只看了一封信。

A: ¿Una carta de tu novio? 是你男友的信吗？

B: No, una carta del jefe. 不，是经理的信。

A: ¿Qué te ha dicho en la carta? 他在信里跟你说了什么？

B: Me ha dicho que mañana ya no tengo que venir a la oficina.
他跟我说明天我不用来办公室了。

A: ¿Por qué? 为什么？

B: Porque dice que no he hecho nada de nada esta semana.
因为他说我这周什么工作也没有做。

2 补充词汇

oscuro *adj.*（黑暗） calor *m.*（热） cerrar *tr.*（关闭） caer *intr.*（跌落） ventilador *m.*（风扇） romper *tr.*（弄破） reparar *tr.*（修理） viento *m.*（风） cortar *tr.*（切断） electricidad *f.*（电） marcharse *prnl.*（离开） seguir *intr.*（继续） quedarse dormido（睡着）

A: ¡Uy! ¡Qué oscuro y qué calor! ¿Se han cerrado las puertas?
哎哟！伸手不见五指，还热得要命！门都被关上了吗？

B: No, se ha caído el ventilador. 不，是风扇掉下来了。

A: ¿Y se ha roto? 摔坏了吗？

B: Sí, pero ya está reparado. 是的，但已经修好了。

A: ¿Por qué no hay viento? 为什么没有风？

B: Porque se ha cortado la electricidad. 因为停电了。

A: ¿Se ha acabado el trabajo? 已经下班了吗？

B: Sí, y todos se han marchado. 对，大家都走了。

A: ¿Por qué sigo en la oficina? 为什么我还在办公室？

B: Porque te has quedado dormido. 因为你刚才睡着了。

注1：romper的过去分词：roto。
注2：seguir的陈述式现在时变位：sigo、sigues、sigue、seguimos、seguís、siguen。

3 A: ¿Te gusta nadar? 你喜欢游泳吗?

B: Sí, me gusta mucho nadar. Pero a mi hermano no. Sólo le gusta charlar con chicas. Y a mi hermana le gusta cantar y bailar.
喜欢，我非常喜欢游泳。但是我哥哥不喜欢。他只喜欢跟女孩子聊天，而我姐姐则喜欢唱歌跳舞。

A: ¿Cuándo se ha construido esta piscina?
这个游泳池是什么时候建的?

B: Se ha construido hace poco tiempo. 刚建好不久。

A: ¿Vienes a nadar todos los días? 你每天都来游泳吗?

B: No, sólo he venido dos veces. 不，我只来过两次。

A: ¿Por qué? 为什么?

B: Porque me gusta más nadar en el mar. 因为我更喜欢在海里游。

A: ¿Hay playas por aquí? 这附近有海滩吗?

B: Sí, aquí hay playas muy bonitas. 有，这里有非常漂亮的海滩。

A: ¿Podemos ir a la playa esta noche? 我们今晚可以去海滩吗?

B: No, esta noche no, porque no se ve nada.
不，今晚不行，因为什么也看不见。

A: Entonces vamos mañana por la tarde. 那么，我们明天下午去好了。

B: Vale, de acuerdo. 好，没问题。

Lección 第12课

¡Buenos días! 早上好！

A: ¡Buenos días, señor López! 洛佩斯先生，早上好！

B: ¡Buenos días, Ana! Has venido muy temprano.
早上好，安娜！你来得很早。

A: Pues sí, he salido de casa a las siete. 是，我七点就出门了。

B: ¿Has venido en taxi o en autobús?
你打的来还是坐公交车来？

A: He venido en metro, porque hay mucho tráfico a esta hora. Y usted, ¿cómo ha amanecido? 我坐地铁来，因为这个时候交通很拥挤。您昨晚睡得好吗？

B: Muy bien, gracias. He dormido casi diez horas.
很好，谢谢。我差不多睡了10个小时。

A: ¿A qué hora se ha levantado? 您几点起床？

B: Me he despertado a las ocho y acabo de levantarme.
我八点就醒了，刚刚起床。

A: ¿Se ha aseado ya? 已经盥洗好了吗？

B: Sí, me he afeitado, me he lavado y me he peinado, pero todavía no he desayunado. Sólo he bebido un vaso de agua fría aunque en el minibar hay café, leche, cerveza, etcétera.
盥洗好了。我刮了胡子，洗了脸，还梳了头，但还没有吃早餐。虽然小冰箱里有咖啡、牛奶、啤酒等，可是我只喝了一杯凉水。

A: Entonces vamos a desayunar ahora mismo.
那我们现在就去吃早餐。
B: Muy bien. Vamos al restaurante.
很好。咱们去餐厅。

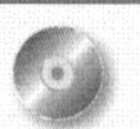

Vocabulario 词汇表

amanecer *intr.*	天亮
taxi *m.*	的士
metro *m.*	地铁
tráfico *m.*	交通
dormir (se) *intr.,prnl.*	睡觉
casi *adv.*	几乎
levantar (se) *tr., prnl.*	使……起来；起床
despertar (se) *tr., prnl.*	叫醒；睡醒
acabar de	刚刚
asearse *prnl.*	盥洗
afeitarse *prnl.*	刮胡子
lavar (se) *tr., prnl.*	冲洗；洗（脸、手等）
peinarse *prnl.*	梳头
todavía *adv.*	仍然
beber *tr.*	喝
vaso *m.*	杯子
agua *f.*	水
aunque *conj.*	虽然
minibar *m.*	迷你冰箱
café *m.*	咖啡
leche *f.*	牛奶
cerveza *f.*	啤酒
etcétera *f.*	等等
ahora mismo	立刻，马上
amigo *m.*	朋友

注：etcétera（等等）一词常略写为etc.。

Gramática 语法

一 自复动词与自复代词

当及物动词的动作落在主语身上（即：动词的主语同时又是其直接宾语或间接宾语）时，称为自复动词（verbo reflexivo）。自复动词在原形动词词尾加自复符号 se 表示，如：afeitarse（刮胡子）、peinarse（梳头）等。

自复动词在变位时，需根据人称，使用与主语一致的自复代词。

自复代词属非重读人称代词，在句中的位置与代直接宾语和间接宾语的非重读人称代词相同。

西班牙语表示自复的非重读人称代词如下：

	单数	复数
第一人称	me	nos
第二人称	te	os
第三人称	se	se

自复动词变位范例：

peinarse（梳头）：

yo me peino	nosotros nos peinamos
tú te peinas	vosotros os peináis
él se peina	ellos se peinan

例如：

Me levanto a las siete. 我 7 点起床。

¿Por qué no **te afeitas**? 你为什么不刮胡子？

Ella **se peina** antes de salir. 她出门之前先梳头。

由于自复代词只有第三人称在形式上与代直接宾语和间接宾语的非重读人称代词不同，所以学习重点可放在第三人称上。使用与主语不一致的非重读人称代词时，意思会发生变化。例如：

¿Por qué no **me** levant**as**? 你为什么不拉我起来？

¿Quién **te** afeit**a**? 谁给你刮胡子？

Su madre **la** peina en la sala. 她妈妈在客厅给她梳头。

注：虽然例3也用了第三人称代词，但由于没使用表示自复的se，所以句中的第三人称与主语不是同一人。试比较：

Ana **le** pregunta. 安娜问他。

Ana **se** pregunta. 安娜问自己。

㊁ 让步状语从句

由连词 aunque（“虽然……但是……”）引导的从句称为让步状语从句。让步状语从句可置于主句之前或之后。例如：

Ella ha ido a la discoteca con sus amigos aunque no le gusta bailar.

（或：Aunque a ella no le gusta bailar, ha ido a la discoteca con sus amigos.）

虽然她不喜欢跳舞，但还是跟朋友去了舞厅。

㊂ 前置词 en

前置词 en 除了表示具体的地点或位置之外，还可表示乘坐某种交通工具。例如：

¿Has venido **en** autobús? 你是坐公交车来吗？

No, he venido **en** taxi. 不，我是坐的士来的。

㊃ 动词短语 acabar de

动词短语 acabar de 后面加原形动词，表示“刚做完（某事）”。由于该短语已含“完成”之意，动词不用完成时态。例如：

El jefe **acaba** de salir. 上司刚出去。

Acabamos de llegar. 我们刚到达。

㊄ 动词 amanecer

动词 amanecer 除表示“天亮”之外，还可表示某人或某地方天亮时的情况。例如：

La ciudad ha amanecido inundada. 天亮时，全城一片汪洋。

Salimos por la noche y amanecimos en Valencia.
我们晚上出发，天亮时已经在瓦伦西亚。
¿Cómo ha amanecido usted? 您昨晚睡得好吗？

Ejercicios 会话练习

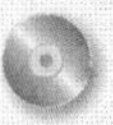

1

补充词汇

tan *adv.*（如此） examen *m.*（考试） pronto *adv.*（很快） cocina *f.*（厨房） preparar *tr.*（准备）

A: ¿Por qué has llegado tan temprano? 你为什么这么早来？

B: Porque hoy mi hermano se ha despertado a las cinco.
因为今天我弟弟5点就醒了。

A: ¿Por qué se ha despertado a esa hora? 他为什么这么早就醒了？

B: Porque tiene un examen en la escuela y me ha despertado a esa hora.
因为他要去学校参加考试，所以5点就把我叫醒了。

A: ¿Te has levantado pronto? 你很快就起床了吗？

B: Sí, me he levantado pronto y en seguida me ha llevado a la cocina.
是的，我很快就起床。随后，他就把我拉进厨房。

A: ¿Por qué te ha llevado a la cocina? 他为什么把你拉进厨房？

B: Porque he tenido que prepararle la comida aunque yo no quería hacer nada de nada.
因为我要给他做早餐，虽然我当时什么也不想做。

A: ¿A qué hora habéis salido de casa? 你们几点出门？

B: Hemos salido a las siete y media. 我们七点半出门。

A: ¿Has venido en el coche de tu hermano?
你是坐你弟弟的车来的吗？

B: Sí, me ha llevado en su coche a la oficina.
对，他开车送我到办公室。

注：quería 是动词querer（想）的陈述式过去未完成时第一人称单数变位。

2 补充词汇

ducharse *prnl.*（淋浴） rato *m.*（片刻）

A: ¡Buenos días! 早上好！

B: ¡Buenos días! 早上好！

A: ¿Cómo has amanecido? 你昨晚睡得好吗？

B: Bien. ¿Y tú? 好。你呢？

A: Yo también. He dormido casi doce horas.
我也睡得很好。我睡了将近12个小时。

B: ¿Acabas de levantarte? 你刚起床吗？

A: Hace un rato y ya me he duchado. 起来有一会儿了，我还洗完澡了。

B: ¿Has desayunado ya? 你吃早餐了吗？

A: Todavía no, porque todavía no me he afeitado.
还没有，因为我还没刮胡子。

B: ¿Te afeitas antes de desayunar? 你是吃早餐之前刮胡子的吗？

A: No, me afeito antes de salir de casa. 不，我是出门之前刮胡子。

B: ¿No vas a desayunar en casa? 你不在家里吃早餐吗？

A: No, voy a desayunar en casa de mi novia.
不在，我在我女朋友家里吃早餐。

3 补充词汇

terminar *tr.*（结束） dejar *tr.*（丢下，留下） billetero *m.*（钱包）

A: ¿Sabes qué hora es? 你知道现在几点吗？

B: Sí, son las once de la noche. 知道，现在是晚上11点。

A: Hoy has vuelto muy tarde. 你今天回来得很晚。

B: Es que he tenido una cita con un cliente.
那是因为我跟一个客户有个约会。

A: ¿A qué hora has terminado el trabajo? 你今天几点下班？

B: He terminado el trabajo a las seis. 我今天6点下班。

A: ¿Y luego? 下班之后呢？

B: Luego el cliente me ha invitado al restaurante.
下班之后那位客户请我去吃饭了。

A: ¿Has cenado con él? 你跟他一起吃晚饭了吗？

B: Sí, y he vuelto en autobús. 对，后来我是坐公交车回来的。

A: ¿Por qué no has vuelto en taxi? 你为什么不坐出租车回来？

B: Porque me he dejado el billetero en la oficina.
因为我把钱包忘在办公室了。

Lección 第 13 课

Las costumbres 风俗习惯

A: ¿Por dónde bajamos? ¿Por el ascensor o por la escalera?
我们从哪里下去？坐电梯还是走楼梯？

B: Por la escalera. Es que prefiero caminar un poco por la mañana. Acabo de charlar con la camarera y me ha dicho que aquí la gente se levanta con el sol. No sé si es cierto.
走楼梯吧，因为早上我喜欢走一走。我刚和服务员聊了一会儿。她告诉我，这里的人天一亮就起床。我不知道是不是真的。

A: Es cierto. Aquí la gente se levanta muy temprano y tiene la costumbre de tomar té en el restaurante.
是真的。这里的人很早就起床，而且习惯到餐厅喝早茶。

B: ¿A qué hora abren los restaurantes?
餐厅几点开门？

A: A eso de las seis de la mañana, y a las seis y media los restaurantes ya están llenos de gente.
早上六点左右开门，六点半餐厅就全坐满了。

B: ¿Qué suelen tomar en el desayuno?
早餐一般吃什么？

A: Eso depende del gusto de cada uno. Pero hay de todo: tallarines, fideos, ravioles, tortas, empanadas, panecillos, sopa de arroz, etc.

这要看每个人的口味，反正什么都有：面条、米粉、饺子、糕点、包子、馒头、稀饭等。

B: Entonces, hoy voy a probar té y los ravioles chinos.
那今天我要品茶和尝尝中国的饺子。

Vocabulario 词汇表

abrir *tr., intr.*	打开；开门	desayuno *m.*	早餐
bajar *tr., intr.*	拿下去；下去	depender *intr.*	取决于
preferir *tr.*	更喜欢，宁可	cada uno	每一个人
caminar *intr.*	走路	de todo	应有尽有
escalera *f.*	楼梯	tallarín *m.*	面条
sol *m.*	太阳；阳光	fideo *m.*	米粉
cierto *adj.*	真实的	raviol *m.*	饺子
costumbre *f.*	习惯	torta *f.*	糕点
tomar *tr.*	拿，取；吃，喝	empanada *f.*	包子
té *m.*	茶	panecillo *m.*	馒头
a eso de	大约（在某钟点）	sopa *f.*	汤
lleno *adj.*	满的	arroz *m.*	大米
soler *intr.*	惯于	probar *tr.*	品尝；尝试

Gramática 语法

一 直接宾语从句

当谓语的直接宾语是一个句子时，称为直接宾语从句。此时，从句用连词 que 与主句的谓语连接。例如：

Me dice **que** ya ha llegado el taxi. 他告诉我，出租车已经来了。

Yo sé **que** esto no es cierto. 我知道这事不是真的。

若直接宾语从句含“是否”之意时，改用连词 si 连接。例如：

Me pregunta **si** acabo de levantarme. 他问我是否刚起床。

No sabemos **si** quiere venir. 我们不知道他是否愿意来。

如果直接宾语从句带疑问词，则无需加任何连词连接。例如：

Le pregunto **cuánto** es. 我问他一共是多少钱。

No sé **dónde** está la salida. 我不知道出口处在哪里。

二 指示代词

西班牙语 este、ese、aquel 等与名词连用时称为指示形容词。若名词被省略，则称为指示代词。此时，指示代词的重读音节应打上重音符号。例如：

¿Es tuyo este móvil? 这个手机是你的吗？

No, **éste** no es mío. 不，这不是我的。

三 中性指示代词

西班牙语有中性指示代词，分别是：esto（这个）、eso（那个）和 aquello（那个）。中性指示代词无词尾变化，用于指所谈的某件事情或某个物体。例如：

Esto no es cierto. 这件事不是真的。

Por **eso** no quiero venir. 因此我不想来。

¿Qué es **esto**? 这是什么？

四 中性代词 lo

中性代词 lo 也用于指所谈的某件事情（包括某个概念），但它属非重读人称代词，所以只能用作动词的宾语或表语。例如：

El ha ido a España. ¿**Lo** sabes? 他去了西班牙，你知道吗？

¿Quién te **lo** ha dicho? 这件事是谁跟你说的？

¿Es usted el jefe? 您是负责人吗？

Sí, **lo** soy. 是的，我就是。

代间接宾语与直接宾语的非重读人称代词均为第三人称时，代间接宾语的代词 le 或 les 须改为 se。例如：

Yo no tengo móvil. **Se** lo he dado a mi hermano.

我没有手机。我把手机给我兄弟了。

五 前置词 por 用法小结

前置词 por 可用于以下几种情况：

1. 表示原因。例如：

   ¿**Por** qué has llegado tarde? 你为什么迟到？

   Por el tráfico. 因为路上拥堵。

2. 表示地点（沿着或经过某地）。例如：

   Vamos **por** aquí. 我们从这里走。

   Bajamos **por** la escalera. 我们从楼梯下去。

3. 表示目的。例如：

   Ellos luchan **por** el petróleo. 他们为石油而战。

4. 表示时间。例如：

   Ella suele venir **por** la tarde. 她通常下午来。

六 系动词 estar

系动词 estar 除了表示地点或位置之外，还常与形容词连用，表示主语的状态。此时，应注意形容词与主语在性和数方面保持一致。例如：

Juan está content**o**. /Ana está content**a**. 胡安很高兴。/ 安娜很高兴。

El hotel está llen**o**. / La maleta está llen**a**.

宾馆已经满客。/ 皮箱装满了。

形容词 lleno（满）可加前置词 de 表明内容。例如：

La tienda está llena **de** gente. 商店里挤满了人。

㊆ 助动词 soler

soler 是助动词，加原形动词组成动词短语，表示惯于做某事。例如：

Él suele dar un paseo después de la cena.

他吃完晚饭之后，习惯散散步。

㊇ 不规则动词变位

动词 probar、soler 和 preferir 陈述式现在时变位如下：

yo pruebo	nosotros probamos
tú pruebas	vosotros probáis
él prueba	ellos prueban
yo suelo	nosotros solemos
tú sueles	vosotros soléis
él suele	ellos suelen
yo prefiero	nosotros preferimos
tú prefieres	vosotros preferís
él prefiere	ellos prefieren

语句练习

补充词汇

servir el té（上茶） hombre *m.*（男人） mujer *f.*（女人） viejo *m.*（老人） niño *m.*（小孩） al mismo tiempo（同时） animado *p.p.*（热闹）

Por aquí hay muchos restaurantes. 这附近有很多餐厅。

La gente tiene la costumbre de tomar el té por la mañana.
当地人有早上喝茶的习惯。

Los restaurantes se abren muy temprano. 餐厅很早就开门。

A eso de las siete ya están llenos de gente. 7点左右就坐满了人。

Los camareros van y vienen, suben y bajan, sirven el té y traen comida a los clientes.
服务员出出进进，上上下下，忙着给茶客斟茶和上茶点。

Hombres y mujeres, viejos y niños desayunan y charlan al mismo tiempo.
男女老少边吃早餐边聊天。

¡Qué animados están los restaurantes a esa hora!
此时餐厅真是热闹非凡！

Ejercicios 会话练习

1

补充词汇

tampoco *adv.*（也不） llamar *tr.*（打电话）

A: ¿Sabes si hay una piscina por aquí?
你知不知道这附近有没有游泳池？

B: No, no lo sé. Voy a preguntárselo al camarero.
不，我不知道。我去问服务员吧。

A: ¿Qué le has preguntado? 你问了他什么？

B: Le he preguntado si hay una piscina en esta calle.
我问他这条街上有没有游泳池。

A: ¿Qué te ha dicho? 他怎么跟你说的？

B: Me ha dicho que tampoco lo sabe. 他说他也不知道。

A: Entonces, ¿qué hacemos? 那现在怎么办？

B: Voy a llamar a mi amigo para preguntárselo.
我打电话问问我朋友吧。

A: ¿Ya se lo has preguntado a tu amigo? 你已经问过你朋友了吗？

B: Sí, acabo de llamarlo. 对，我刚给他打了电话。

A: ¿Y qué te ha dicho? 他怎么跟你说？

B: Me ha dicho que hay una en la tercera esquina.
他告诉我在第三个街区有一个。

2 补充词汇

menos *adv.*（更少） siempre *adv.*（总是） taza *f.*（茶杯） galleta *f.*（饼，饼干） tipo *m.*（种类） chileno *adj.*（智利的） desde *prep.*（从……） Chile 智利

A: ¿A qué hora sales de casa? 你几点出门？

B: Suelo salir a las siete. 我一般7点出门。

A: ¿Por qué? 为什么？

B: Porque a esa hora hay menos tráfico. Las tiendas todavía no se abren y las calles no están llenas de coches.
因为这个时候交通顺畅。商店还没有开门，路上也没那么多车。

A: ¿Dónde desayunas? ¿En casa o en el restaurante?
你在哪里吃早餐？在家里还是在餐厅？

B: Prefiero desayunar en casa porque el restaurante siempre está lleno de gente.
我喜欢在家里吃早餐，因为餐厅人太多。

A: ¿Qué tomas en el desayuno? 你早餐吃些什么？

B: Suelo tomar una taza de café con leche y unas galletas.
我一般喝一杯牛奶咖啡，还吃些饼干。

A: ¿Sabes qué es esto? 你知道这是什么吗？

B: No. ¿Qué es? 不知道。是什么？

A: Es un tipo de bebida chilena. Me lo ha traído un amigo desde Chile. ¿Quieres probarlo?
这是一种智利的饮料，是我的一个朋友从智利给我带来的。你想尝一尝吗？

B: Sí, por favor. 好，请给我尝一尝。

Lección 第14课

¡Pase usted! 请进！

A: ¡Pase usted! Mire, allí hay una mesa libre. Venga conmigo. ¡Qué animado!
请进！您看，那里有一张空桌子。请跟我来。这里真热闹！

B: Gracias. ¿Qué le has pedido al camarero?
谢谢。你向服务员要了什么？

A: Le he pedido té de jazmín. 我叫他上茉莉花茶。

B: Pues muy bien. ¿Y qué te ha dicho? 很好。他怎么跟你说？

A: Me ha dicho que nos lo va a traer ahora mismo. Además, le he pedido dos platos de ravioles.
他说马上就给我们上茶。我还叫了他拿两盘饺子来。

B: Oye, he visto que los chinos manejáis muy bien los palillos.
喂，我看见你们中国人筷子用得很灵巧。

A: Exacto. Los chinos comemos con palillos. ¿Necesita usted un cubierto? 对，我们中国人吃饭用筷子。您需要刀叉吗？

B: No, tengo que aprender a manejar los palillos.
不，我要学会用筷子。

A: Aquí está el té de jazmín chino. A ver, ¿qué le parece?
这是中国的茉莉花茶，看看您喜不喜欢。

B: Está muy rico. Pero, pregúntale al camarero si hay azúcar.

真香！你问问服务员有没有糖。

A: ¿Quiere usted azúcar? 您想要糖吗？

B: Sí, prefiero tomarlo con azúcar si hay.
对。如果有糖的话，我喜欢加糖。

A: Vale. Espere un momento. 好，请稍等。

Vocabulario 词汇表

pasar *tr., intr.* 度过；进入；发生

libre *adj.* 自由的，空闲的

animado *p.p.* 热闹的，繁华的

asiento *m.* 座位

tomar asiento 坐下

pedir *tr.* 请求；向（某人）要

jazmín *m.* 茉莉花

decir *tr.* 说

traer *tr.* 带来，拿来

además *adv.* 此外

plato *m.* 碟子

oye 喂

ver *tr.* 看，看见

manejar *tr.* 操作，使用

palillo *m.* 筷子；牙签

exacto *adj.* 准确的

necesitar *tr.* 需要

cubierto *m.* （西餐）餐具，刀叉

a ver 看一看，试一试

parecer *intr.* 使（某人）觉得

rico *adj.* 丰富的；富有的

preguntar *tr.* 问

si *conj.* 如果

azúcar *m., f.* 蔗糖，白糖

querer *tr.* 想（做某事）；想（要某物）

esperar *tr.* 等待

momento *m.* 时刻；片刻

Gramática 语法

一 命令式变位规则

命令式用于表示命令或请求，如：¡Sal de aquí!（你出去！）、¡Pase usted!（请进！）等。

命令式动词变位没有第一人称单数。为便于集中学习，此课同时介绍以 ar、er 及 ir 结尾的动词变位规则。见下表：

	-ar	-er	-ir
tú	**a**	**e**	**e**
usted	**e**	**a**	**a**
nosotros	**emos**	**amos**	**amos**
vosotros	**ad**	**ed**	**id**
ustedes	**en**	**an**	**an**

表中的 ar、er 和 ir 分别代表以 ar、er 和 ir 结尾的动词。黑体字部分表示各人称使用的词尾。

命令式动词变位范例：

pasar:

	pasemos nosotros
pasa tú	pasad vosotros
pase usted	pasen ustedes

aprender:

	aprendamos nosotros
aprende tú	aprended vosotros
aprenda usted	aprendan ustedes

subir:

	subamos nosotros
sube tú	subid vosotros
suba usted	suban ustedes

二 用法

在使用命令式的句子中，主语通常调至谓语之后。例如：

Pasen **ustedes**. 诸位请进。

有非重读人称代词时，非重读人称代词置于命令式变位动词之后并与之连写，变位动词的重读音节不变（必要时加重音符号）。例如：

Levánta**te**. 你起床吧。

Espére**me**, por favor. 请您等我一会儿。

如果是自复动词， nosotros 及 vosotros 这两个人称末尾的辅音字母 s 及 d 应去掉。例如：

Levanté**mo**nos. 我们起床吧。

Levant**a**os. 你们起床吧。

三 条件状语从句（1）

条件状语从句可由连词 si（如果）引导，其位置可出现在主句之前或之后。例如：

Espérame **si** terminas temprano el trabajo. 如果你早下班就等我吧。

Si no hay palillos, voy a comer con una cuchara.

如果没有筷子，我就用勺子吃。

四 前置词 con

前置词 con 除了表示“和（某人）一起”或“跟（某人)”之外，还可表示方式。例如：

Comemos **con** palillos. 我们用筷子吃饭。

表示“跟我”或“跟你”时，分别用合写词 conmigo 和 contigo，其他人称无此要求。例如：

No puedo ir **contigo**. 我不能跟你一起去。

¿Vas al cine **conmigo**? 你跟我一起去看电影吗？

Hemos venido **con** ellas. 我们是跟她们一起来的。

⑤ 不规则动词

动词 pedir、traer、querer 和 ver 陈述式现在时变位如下：

yo pido	nosotros pedimos
tú pides	vosotros pedís
él pide	ellos piden

yo traigo	nosotros traemos
tú traes	vosotros traéis
él trae	ellos traen

yo quiero	nosotros queremos
tú quieres	vosotros queréis
él quiere	ellos quieren

yo veo	nosotros vemos
tú ves	vosotros veis
él ve	ellos ven

动词 venir 的命令式变位不规则：

	vengamos nosotros
ven tú	venid vosotros
venga usted	vengan ustedes

动词 ver 的过去分词不规则：visto。

Ejercicios  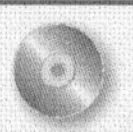

1

补充词汇

conducir *intr.*（开车） problema *m.*（问题）

A: ¿Has dicho que quieres aprender español?
你刚才说你想学西班牙语吗？

B: Sí, exacto. Y también quiero aprender a conducir.
对，没错，而且我还想学开车。

A: ¿Con quién lo aprendes? 你跟谁学西班牙语？

B: Contigo, si quieres.
跟你啊，如果你愿意的话。

A: Bueno, no hay problema. Puedes aprender español conmigo. Pero, ¿por qué quieres aprenderlo?
好，没问题，你可以跟我学西班牙语。可是，你为什么想学西班牙语呢？

B: Porque yo quiero estar contigo. 因为我想跟你在一起。

A: Vale. Entonces apréndelo conmigo aunque no soy maestro.
好，那你就跟我学吧，虽然我不是老师。

2

补充词汇

cuchara *m.*（勺子） perdón *m.*（对不起） par *m.*（一双） tenedor *m.*（叉子）

A: Oye, he visto que siempre comes con una cuchara.
喂，我看见你总是用勺子吃东西。

B: Pues sí, porque mi madre también come con cuchara.
是啊，因为我母亲也是用勺子吃东西。

A: ¿Con qué comes si no hay cuchara? 如果没有勺子，你会用什么吃？

B: Bueno, entonces como con un palillo. 那我就用一根筷子。

A: ¿Puedes comer con un palillo? 你可以用一根筷子吃东西吗？

B: Uy, perdón, con un par de palillos. 哦，对不起，是用一双筷子。

A: ¿Si no hay palillos? 如果没有筷子呢？

B: Si no hay palillos, como con un tenedor.
如果没有筷子，我就用一把叉子吃。

A: ¿Y si no hay tenedor? 如果没有叉子呢？

B: Entonces voy a comer con las manos. 那我就用手抓。

3 补充词汇

adelante *adv.*（请进） molestar *tr.*（打扰） plan *m.*（计划） juntos *adj.*（一起） brindar *intr.*（举杯） proyecto *m.*（项目）

A: ¿Se puede? 可以进来吗？

B: Sí. ¡Pase, adelante! Tome asiento. 可以，请进！请坐。

A: Gracias. ¿Le molesto? 谢谢。我会妨碍您工作吗？

B: No, ya he terminado el trabajo. ¿Quiere té o café?
不会，我已经忙完了。喝茶还是喝咖啡？

A: Café, por favor, porque acabo de tomar té.
请给我来点儿咖啡吧，因为我刚喝过茶。

B: ¿En la oficina? 在办公室喝吗？

A: No, en el restaurante. 不，在餐厅。

B: ¿Con quiénes? 跟哪些人？

A: Con mis colegas. 跟我的同事们。

B: ¿No han tenido que trabajar esta tarde? 今天下午不用上班吗？

A: Sí, hemos trabajado hasta ahora. Mire este plan, a ver, ¿qué le parece?
要，我们一直忙到现在。请看一下这份计划，看看您有什么意见。

B: Muy bien, buen trabajo han hecho. Cenemos juntos esta noche y brindemos por este nuevo proyecto.
很好，做得非常出色。今晚我们一起吃饭，为这个新项目干一杯。

Lección 第15课

En China 在中国

A: ¿Es la primera vez que viene usted a China?
您是头一次来中国吗？

B: No, ésta es la tercera vez. Pero es la primera vez que vengo a Guangzhou. 不，这是第三次了，但我是第一次来广州。

A: Es decir, usted conoce otras ciudades de China.
也就是说，您去过中国其他的城市？

B: Exacto. Conozco Beijing, Tianjing y Shanghai, que son ciudades grandes y modernas. La capital de China me ha causado una profunda impresión con su agradable ambiente y excelente servicio durante los Juegos Olímpicos del año 2008. He visto que China ha cambiado mucho en los últimos años.
没错，我去过北京、天津和上海。这些都是很现代的大都市。中国的首都2008年举办奥运会期间，环境优美，服务周到，给我留下深刻印象。我看到中国近年来变化很大。

A: Pues sí, el nivel de vida del pueblo se ha elevado notablemente. Ahora en China también se trabaja cinco días a la semana.
对，人民生活水平提高了。现在在中国也是每周工作5天。

B: ¿Cuántos hijos tienes? 你有几个孩子？

A: Sólo tengo una hija. 我只有一个女儿。

注："2008"西班牙语读作：dos mil ocho。

Vocabulario 词汇表 

vez *f.*	次	cambiar *tr., intr.*	改变；变化
otro *adj.*	另外的；另一个	último *adj.*	最后的，最近的
ciudad *f.*	城市	nivel *m.*	水平
capital *f.*	首都	vida *f.*	生活
causar *tr.*	产生，引起	pueblo *m.*	人民
profundo *adj.*	深的	elevar *tr.*	提高
impresión *f.*	印象	notable *adj.*	明显的
agradable *adj.*	令人愉快的	semana *f.*	周，星期
ambiente *m.*	气氛，环境	permitir *tr.*	允许
excelente *adj.*	出色的，优秀的	hijo *m.*	儿子，孩子
servicio *m.*	服务	pareja *f.*	一对
durante *prep.*	在……期间	aplicar *tr.*	实行
Juegos Olímpicos	奥运会	política *f.*	政策；政治
año *m.*	年	matrimonio *m.*	夫妇

Gramática 语法

一 无人称句

无人称句是西班牙语一种常用句型。人们在说话时，如果不想具体表明句中的主语（例如：不能确定主语或只想泛指），就可以用无人称形式。无人称句有以下两种常见形式：

1. 由代词 se 加动词的第三人称单数变位构成。例如：

   En China también **se** trabaj**a** 5 días a la semana.

   在中国也是每周工作 5 天。

   Se dic**e** que va a subir el precio de la gasolina.

   据说汽油价格要涨。

2. 用动词第三人称复数变位表示。例如：

   Dic**en** que esto no es cierto. 据说这不是真的。

   Ana, te llaman. 安娜，有人打电话找你。

二 形容词转为副词

西班牙语大部分形容词均可在词尾加 mente 转为副词。其转化规则是：以 o 结尾的形容词，先把 o 改为 a 再加 mente；以其他字母结尾的形容词，直接加 mente 即可，形容词原来的重读音节不变。例如：

solo（单独的）	→	solamente（仅仅）
profundo（深的）	→	profundamente（深刻地）
notable（明显的）	→	notablemente（明显地）
libre（自由的）	→	libremente（自由地）
feliz（幸福的）	→	felizmente（幸福地）

个别形容词可直接用作副词，如：claro（清楚地）、fuerte（有力地）、rápido（快速地）、sólo（仅仅）等。

三 简单句与复合句

只有一个变位动词的句子称为简单句。例如：

Aprendemos español en una escuela nocturna.

我们在一所夜校学西班牙语。

Tienes que levantarte temprano mañana. 你明天要早点起床。

有两个以上变位动词的句子称为复合句。例如：

Ella **canta** y **baila** con sus compañeros. 她和同学一起唱歌跳舞。

No **voy** al trabajo porque hoy **es** domingo.

因为今天是星期天，所以我不去上班。

Conozco Beijing y Shanghai, que **son** ciudades grandes y modernas.

我去过北京和上海，那都是现代的大都市。

复合句分为并列复合句和主从复合句两种。

并列复合句构造较简单，在两个简单句之间用并列连词 y（和）、ni（也不）、o（或者）、pero（但是）等连接即可。例如：

Ese niño va **y** viene en busca de su hermano. 那小孩到处找他兄弟。

El no se ducha **ni** se afeita. 他不洗澡也不刮胡子。

¿Subes **o** bajas? 你上去还是下来？

Quiero ir contigo, **pero** no puedo. 我想跟你一起去，但是不行。

主从复合句由主句加从句构成。从句的名称主要根据从句在句中的作用命名。例如：

1. 条件状语从句：

   Te espero **si terminas temprano el trabajo**.

   如果你早下班，我就等你。

2. 时间状语从句：

   Cuando yo vuelvo a casa, ella va al trabajo.

   我回家的时候，她去上班。

3. 原因状语从句：

   No voy contigo **porque no me gusta nadar**.

   我不喜欢游泳，所以我不跟你去。

4. 让步状语从句：

La han llevado al hospital **aunque no está enferma**.

虽然她没生病，但还是把她送去医院了。

5. 直接宾语从句：

   Me ha dicho **que va a aprender francés**. 他说他要学法语。

   Le pregunto **si quiere ir a Francia**. 我问他是否想去法国。

6. 主语从句：

   Parece **que no va a venir**. 看来他不会来了。

7. 定语从句：

   No es nada interesante la película **que hemos visto esta noche**.

   我们今晚看的电影一点儿也不好看。

语句练习

补充词汇

regresar *intr.*（返回） poner *tr.*（开启） tele *f.*（电视） luz *f.*（电） parece que（看来……） enfermo *adj.*（生病） voz *f.*（声音）

Mi vecina es una chica simpática. 我邻居是一个很可爱的女孩。

Todos saben que se levanta con el sol y sale de casa temprano.
大家都知道她天亮就起床，一大早就出门。

Va al trabajo en metro, pero regresa en autobús.
她上班坐地铁，下班改坐公交车。

Dice que prefiere volver en autobús porque no se puede ver nada en el metro, aunque éste es más rápido.
她说她喜欢坐公交车回家，因为坐地铁什么也看不到，虽然坐地铁更快。

Cuando llega a casa, primero pone la tele. 她一回到家就先打开电视。

Si no hay luz, canta y baila en la sala.
如果没有电，她就在客厅唱歌跳舞。

Parece que hoy está enferma, porque no se oye su voz aunque otra vez no hay luz.
看来今天她生病了，因为今天虽然再次停电，但却听不见她的歌声。

Ejercicios 会话练习

1 补充词汇

tono *m.*（语调） con el tiempo（随着时间推移）
normalmente *adv.*（一般情况下） a veces（有时候）
prisa *f.*（急事）

A: Se dice que tu profesor habla muy rápido.
听说你的老师说话语速很快。

B: Sí, y solamente su mujer lo entiende cuando habla.
没错，只有他妻子听懂他在说什么。

A: ¿Qué haces si no lo entiendes en clase?
要是在课堂上听不懂他在说什么，你怎么办？

B: Yo no digo nada, pero mis compañeros le dicen claramente que no lo entienden.
我什么也不说，但我的同学会直说听不懂他在说什么。

A: ¿Y qué hace el profesor? 老师会怎么做？

B: Cambia notablemente de tono y dice despacio y claro: No importa, muchacho, habla más con tus compañeros, y con el tiempo me vas a entender.

他会明显地改变语气，放慢语速并且清清楚楚地说：没关系，小伙子，请多跟你的同学交谈，慢慢地你就能听懂我说的话。

A: ¿Crees que tu profesor habla muy rápido?
你觉得你的老师说话语速很快吗？

B: No. Normalmente habla despacio y todos lo entendemos. Pero es cierto que a veces habla muy rápido.
没有。他一般说得很慢，大家都能听明白。但有时候他的确说得很快。

A: ¿Por qué? 为什么？

B: No lo sé. Quizá porque tiene prisa.
我不知道。也许因为他有急事吧。

2

补充词汇

Barcelona（巴塞罗那） mundo（世界） soltero（单身汉） casado（已婚的）

A: Oye, ¿es la primera vez que vienes a España?
喂，你是第一次来西班牙吗？

B: No, ésta es la segunda vez que vengo. 不，我这是第二次来。

A: ¿Conoces Barcelona? 你去过巴塞罗那吗？

B: Sí, he estado allí una semana y me ha dejado una profunda impresión.
去过，我在那里呆了一个星期。巴塞罗那给我留下了深刻印象。

A: Se dice que hay muchos turistas chinos en España en los últimos años.
据说最近几年西班牙有很多中国游客。

B: Sí, porque el nivel de vida se ha elevado y todos quieren salir para conocer el mundo.
对，因为大家的生活水平提高了，所以都想走出国门，了解世界。

A: ¿Se puede saber cuántos hijos tienes?

可以问一下你有几个孩子吗？

B: Hombre, soy soltera, todavía no estoy casada.

好家伙，我是单身，我还没有结婚。

Lección 第16课

¡La cuenta, por favor! 请结账！

A: ¿Qué tal los ravioles? 饺子好吃吗？

B: Están riquísimos. Me gustan mucho. 好吃极了，我很喜欢吃。

A: ¿Le apetece probar algo más? 想再尝点别的吗？

B: No, he comido bastante y estoy satisfecha.
不用了，我吃了不少，已经饱了。

A: ¿Qué toma usted en el desayuno normalmente?
您早餐一般吃什么？

B: Una taza de café con leche y unas tostadas o unas galletas con mermelada.
一杯牛奶咖啡，再抹点果酱吃几片烤面包或饼干。

A: Ustedes comen muy poco en el desayuno. 您们早餐吃得很少。

B: Pero comemos mucho en el almuerzo: pollo, pescado, bistec, etc. Comemos mucha carne.

可是我们午餐吃得很多：鸡、鱼、牛排等。我们吃很多肉。

A: Creo que en China también se consume mucha carne. Bueno, esta mañana vamos a visitar un museo. ¿Pedimos ahora la cuenta?
我认为在中国肉食也吃得很多。好，今天上午我们去参观一个博物馆。咱们现在结账吗？

B: Sí, pídele al camarero la cuenta, por favor. ¿Cuánto es?
好，请叫服务员结账。一共是多少钱？

C: Son 35 yuanes en total, señora. 女士，一共是35元。

B: Aquí los tiene, camarero. 服务员，给您钱。

Vocabulario 词汇表

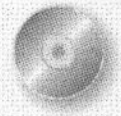

cuenta *f.*	账目	almuerzo *m.*	午餐
por favor	劳驾，请	pollo *m.*	鸡
apetecer *intr.*	想（做某事）	pescado *m.*	鱼
más *adv.*	更；更多	bistec (bisté) *m.*	牛排
satisfecho *adj.*	满意的，满足的	creer *tr.*	认为；相信
normalmente *adv.*	一般情况下	consumir *tr.*	消费；食用
taza *f.*	茶杯	carne *f.*	肉
tostada *f.*	烤面包片	visitar *tr.*	参观；拜访
galleta *f.*	饼；饼干	museo *m.*	博物馆
mermelada *f.*	果酱	en total	一共，总共

Gramática 语法

一 基数词（2）

西班牙语基数词 100 至 1000 如下：

cien	100	seiscientos	600
doscientos	200	setecientos	700
trescientos	300	ochocientos	800
cuatrocientos	400	novecientos	900
quinientos	500	mil	1000

其中，百位数 200 至 900 有阴性变化。例如：

doscient**os** asientos　　200 个座位

doscient**as** mesas　　200 张桌子

novecient**os** un mercados　　901 个市场

novecient**as** una escuelas　　901 间学校

基数词 mil（1 千）无性与数的变化，如：mil años（1 千年）、mil niñas（1 千个女孩）。

千位数字表达范例：

mil novecientos ochenta y cinco　　1985

dos mil ocho　　2008

tres mil ciento veintiún hoteles　　3121 间宾馆

cinco mil trecientos treinta y un vasos　　5331 个水杯

mil quinientas cuarenta y una copas　　1541 个酒杯

二 形容词的级

形容词可根据其使用情况，划分为三个级。

1. **原级**，如：

Esta maleta es bonita. 这个皮箱漂亮。

2. **比较级**，如：

Pero ésa es **más** bonita **que** ésta. 但那个比这个漂亮。

3. **最高级**，如：

Y aquélla es la más bonita. 那个是最漂亮的。

三 形容词最高级

形容词最高级分为以下两种：

1. 绝对最高级

所谓绝对，指的是：不拿某人或某物作比较，只强调“非常”或“极其”，如：这座塔高极了；安娜漂亮极了。汉语通常用“极了”表示，而西班牙语是在形容词后面加入词尾 -ísimo 表示。由于该词尾首个字母是元音 i，因此，如果形容词以元音结尾，则应先去掉形容词词尾最后的元音，然后加入 -ísimo；如果以辅音字母结尾，则直接加入 -ísimo。例如：

alto	→	alt**ísimo**
bajo	→	baj**ísimo**
guapo	→	guap**ísimo**
interesante	→	interesant**ísimo**
fácil	→	facil**ísimo**
difícil	→	dificil**ísimo**

此外，在形容词前面加一个表示程度的副词（如：muy（非常）、extraordinariamente（极其）等），也可以表示上述意思。例如：

Esta torre es **muy** alta. 这座塔很高。

Ella es **muy** guapa. 她长得非常漂亮。

2. 相对最高级

相对最高级指的是：在有比较（比较部分可省略）的情况下说“最”，如：这座塔最高；安娜最漂亮。这种情况汉语通常用“最……”表示，而西班牙语是用“定冠词 + más + 形容词”表示。例如：

Ella es **la más** guapa de su grupo. 她是全班长得最漂亮的。

Esta torre es **la más** alta. 这座塔最高。

④ 命令式不规则动词变位

个别动词的命令式变位不规则（但 vosotros 这一人称的变位全部规则）。例如：

	tú	usted	ustedes	nosotros
hacer:	haz	haga	hagan	hagamos
venir:	ven	venga	vengan	vengamos
ir:	ve	vaya	vayan	vayamos
salir:	sal	salga	salgan	salgamos
tener:	ten	tenga	tengan	tengamos
decir	di	diga	digan	digamos

有些动词因陈述式现在时变位不规则，所以命令式变位也不规则。例如：

	tú	usted	ustedes	nosotros
volver:	vuelve	vuelva	vuelvan	volvamos
dormir	duerme	duerma	duerman	durmamos
pedir	pide	pida	pidan	pidamos
oír	oye	oiga	oigan	oigamos
servir:	sirve	sirva	sirvan	sirvamos

⑤ 常用语"Aquí lo tiene."

"Aquí lo tiene."是一个常用语，适用于把东西递给某人时使用，意为"请拿着"或"给您"。其中，直接宾语代词"lo"有阴阳性（lo、la）和单复数（los、las）的变化。使用时，可视所代物品而定。例如：

-Su pasaporte, por favor. 请出示您的护照。

-Aquí **lo** tiene. 这是我的护照。

-Deme la llave, por favor. 请把钥匙给我。

-Aquí **la** tiene. 请拿着。

Ejercicios 会话练习

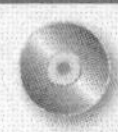

1

补充词汇

dormitorio *m.*（卧室） acá *adv.*（这边） minuto *m.*（分钟） litro *m.*（公升） cajón *m.*（抽屉） sobrecito *m.*（一小袋） amor *m.*（宝贝）

A: Oye, Juan. 喂，胡安。

B: Sí, dime. 什么事？请说。

A: Sal de tu dormitorio y ven acá. 请离开你的卧室，过来这边。

B: Haz el favor de esperar un minuto. Ahora mismo voy.
请稍等一会儿，我马上过来。

A: Ve a la cocina para traerme un poco de azúcar.
你去厨房帮我拿一点糖来。

B: ¿No sabes que se ha acabado el azúcar esta mañana?
你不知道今天上午糖已经用完了吗？

A: Entonces ve al supermercado para comprarlo. Pídeles también un litro de leche. Pero vuelve en seguida.
那你就去超市买吧。你顺便买1公升牛奶，但是要马上回来。

B: ¿Por qué? 为什么？

A: Porque no puedo tomar el café sin azúcar.
因为我喝咖啡不能没有糖。

B: En mi cajón hay un sobrecito de azúcar. Ten, mi amor.
我的抽屉里有一小袋糖。请拿着，亲爱的。

A: Sírveme una taza de café con azúcar. 你给我泡一杯加糖咖啡。

B: Perdón, me llaman. 对不起，有人打电话找我。

2 补充词汇

feliz *adj.*（幸福的） cumpleaños *m.*（生日） señorita *f.*（小姐） listo *adj.*（准备好） amargo *adj.*（苦的） salado *adj.*（咸的） echar *tr.*（放入） sal *f.*（盐） en vez de（而不是）

A: ¿Sabes cuánto es trescientos más doscientos?
你知道300加200等于多少吗？

B: Sí, esto es facilísimo. Son quinientos.
知道。这太简单了，等于500。

A: ¿Cuánto es seiscientos más cuatrocientos? 600加400等于多少？

B: Son mil. 等于1000。

A: ¿Y mil más mil? 1000加1000呢？

B: Son dos mil. 等于2000。

A: ¿En qué año estamos? 今年是哪一年？

B: Estamos en el año dos mil ocho. 今年是2008年。

A: ¿No sabes que hoy es mi cumpleaños?
你不知道今天是我的生日吗？

B: Ah, sí. ¡Feliz cumpleaños! 哦，对。生日快乐！

A: Por eso tienes que servirme. Sírveme ahora una taza de café con azúcar. 所以你要为我服务。你现在给我泡一杯加糖咖啡。

B: Sí, señorita. Ya está listo el café con azúcar. Pruébelo.
是，小姐。加糖咖啡已经泡好了，请尝一下。

A: ¡Uy, qué amargo y salado! 哎哟！怎么又苦又咸？

B: Uy, perdón, parece que le he echado sal en vez de azúcar.
哦，对不起，看来我加的是盐，而不是糖。

3

A: ¿Qué le has pedido al camarero? 你跟服务员要了什么?

B: Le he pedido un té de jazmín. 我跟他要了一份茉莉花茶。

A: ¿Te apetece probar algo más? 你还想再来点儿什么吗?

B: No, ya he comido mucho y estoy satisfecha.
不用了，我吃了很多，已经饱了。

A: Entonces, ¿pedimos la cuenta? 那我们叫服务员结账吗?

B: No. Espera un momento, tengo que acabar el té.
不，请稍等一会儿，我要把茶喝完。

A: ¿Qué tal el té de jazmín? 这茉莉花茶味道怎么样?

B: Está riquísimo. ¿Quieres probarlo? 香极了。你想尝一尝吗?

A: No, gracias. He tomado mucho café y estoy lleno. Ya no puedo más.
不用了，谢谢。我喝了很多咖啡，肚子很饱，不能再喝了。

B: Bien, ahora pídele la cuenta, por favor. ¿Cuánto es?
好，现在请你叫服务员结账。一共多少钱?

C: Son ciento cincuenta y un yuanes. 一共是151元。

A: Aquí los tiene. 给您。

Lección 第17课

La ciudad 城市

A: Esta mañana vamos a visitar uno de los museos más antiguos de la ciudad. 今天上午我们要去参观本市最古老的一座博物馆。

B: ¿Está lejos el museo que vamos a visitar?
我们参观的这座博物馆离这里远吗?

A: No, está cerca. 不远，就在附近。

B: ¿Hace falta coger un taxi? 需要打的去吗?

A: No es necesario. Podemos ir caminando si usted quiere.
不用。如果您愿意，我们可以走路去。

B: Vale, entonces vamos a pie. ¿En qué parte de la ciudad estamos?
好，那我们走路去。我们现在在市区什么位置?

A: Estamos en el Norte. Esta es la avenida principal que cruza de Este a Oeste toda la ciudad.
我们在北部。这条是东西走向贯穿全市的主干道。

B: Es decir, para allá está el Sur. 也就是说，那边是南部。

A: Correcto. Este es un barrio nuevo. Tres manzanas más allá se ve un río. A las orillas del río se han construido varios hoteles de cinco estrellas. Esta ciudad va creciendo rápidamente en los últimos años.
对。这是一个新区。那边再过去3个街区有一条河，河的两岸建了几座五星级宾馆。这个城市近年来在迅速扩张。

B: ¿Qué población tiene? 有多少人口?

A: Tiene 9 millones de habitantes. 有九百万人口。

Vocabulario 词汇表

lejos *adv.*	远	este *m.*	东，东部
cerca *adv.*	近，附近	oeste *m.*	西，西部
hacer falta	需要	norte *m.*	北，北部
coger *tr.*	拿，取；乘坐	correcto *adj.*	正确的
necesario *adj.*	必须的	barrio *m.*	区
a pie	步行	manzana *f.*	街区
poder *tr.*	能够，可以；可能；也许	río *m.*	河流
		orilla *f.*	岸边
parte *f.*	部分	estrella *f.*	星星
sur *m.*	南，南部	crecer *intr.*	成长；生长
avenida *f.*	大道	rápido *adj., adv.*	快的；快
principal *adj.*	主要的	población *f.*	人口
cruzar *tr.*	穿越，穿过	millón *m.*	百万
todo *adj.*	所有的；整个	habitante *m.*	居民

Gramática 语法

一 形容词与定语从句

形容词的作用是修饰名词，如：un barrio nuevo（一个新区）、mi casa（我的家）等。

此外，由前置词 de 加名词组合的词组或由关系代词 que 引导的句子也可起形容词作用。例如：

el coche **de Juan**	胡安的小汽车
la oficina **del jefe**	经理的办公室
los alumnos **de la escuela**	学校的学生
el museo **que visitamos**	我们参观的博物馆
la película **que habéis visto**	你们看过的电影
el té **que has probado**	你刚才品尝的茶

上述充当形容词作用的句子称为定语从句（或形容词副句）。其中，被定语从句修饰的词称为先行词，而引导从句用的 que 称为关系代词。

二 副动词

副动词由原形动词转变而来，其转变规则如下：

1. 以 ar 结尾的动词，去掉结尾 ar，换上 ando：

cruzar → cruz**ando**

bajar → baj**ando**

llegar → lleg**ando**

2. 以 er 和 ir 结尾的动词，去掉结尾 er 或 ir，换上 iendo：

aprender → aprend**iendo**

hacer → hac**iendo**

escribir → escrib**iendo**

abrir → abr**iendo**

3. 个别动词不规则。例如：

poder	→	pudiendo
leer	→	leyendo
creer	→	creyendo
ir	→	yendo
venir	→	viniendo
decir	→	diciendo
pedir	→	pidiendo
servir	→	sirviendo

副动词的用法：

1. 起副词作用，修饰动词。例如：

Ellos trabajan **charlando**. 他们一边工作一边聊天。

Mi hermano se ducha **cantando**. 我兄弟一边洗澡一边唱歌。

2. 与动词 estar（在）连用，组成动词短语，表示正在做某事。例如：

¿Qué **estás haciendo**? 你在做什么？

Estoy leyendo una carta. 我在看一封信。

3. 与动词 ir 连用，组成动词短语，表示某事在慢慢或逐步展开。例如：

Esta ciudad **va creciendo** en los últimos años.

近年来，这座城市在不断扩大。

Va elevándose el nivel de vida del pueblo.

人民的生活水平在逐步提高。

注：非重读人称代词应置于副动词之后并与之连写，副动词的重读音节上还应打重音符号。例如：

Estoy **peinándome**. 我在梳头。

三 名词 millón

millón（百万）是名词，有复数的变化，如：un millón（一百万）、dos millones（两百万）。当它后面直接出现名词时，需加前置词 de 与之连接。例如：

un millón **de** euros　一百万欧元

nueve millones **de** habitantes　九百万居民

当 millón 后面还有其他数字时，由于该数字可直接修饰名词，所以，此时无需使用前置词 de。例如：

un millón doscientos cinco libros　　1，000，205 本书

四 表示方向的名词

西班牙语 Este（东）、Sur（南）、Oeste（西）、Norte（北）的第一个字母通常用大写。其中，Sur 可与 este 及 oeste 组合成 Sureste（东南）和 Suroeste（西南）；Norte 也可去掉词尾 te 与 este 和 oeste 组合成 Noreste（东北）和 Noroeste（西北）。

动词 dar 加 a 可表示朝向，如：Esta habitación da al Sur.（这个房间朝南）。

Ejercicios 会话练习

1

补充词汇

dirección *f.*（方向）　cisne *m.*（天鹅）　blanco *adj.*（白色）　orientarse *prnl.*（辨别方向）

A: ¿Es éste el centro de la ciudad? 这是市中心吗？

B: No, el centro está al otro lado del río. 不，市中心在河对岸。

A: ¿En qué parte de la ciudad estamos? 这里是市区的什么位置？

B: Estamos en el Sur. 这里是南部。

A: ¿Vives en este barrio? 你住在这个区吗？

B: No, vivo en el Norte. Pero mi casa da al Sur.
不，我住在北部。但是我家朝南面。

A: ¿Vamos ahora hacia el Este? 我们现在朝东走吗？

B: Sí, el museo que vamos a visitar está en esta dirección.

对，我们要参观的博物馆就在这个方向。

A: Es decir, el Hotel Cisne Blanco está en el Oeste, ¿no?
也就是说，白天鹅宾馆在西部，对吗？

B: Exacto. 对。

A: Ahora sí puedo orientarme. 现在我可以辨别方向了。

2

补充词汇

tocar *tr.*（弹、奏） guitarra *f.*（吉它） desde niño（从小） música *f.*（音乐）

A: ¿Es tuya esta foto? 这张相片是你的吗？

B: Sí, es mía. 对，是我的。

A: ¿Quién es esta chica que está bailando? 这个在跳舞的女孩子是谁？

B: Es mi hermana. 是我妹妹。

A: ¿Quién es este chico que está a su lado?
这个在她身边的男孩子是谁？

B: Es su novio. 是她男朋友。

A: ¿Quién es este niño que está tocando la guitarra?
这个在弹吉他的小孩子是谁？

B: Soy yo. 是我。

A: ¿Sabes tocar la guitarra desde niño? 你从小就会弹吉他吗？

B: Sí, me gusta mucho la música. 是的，我非常喜欢音乐。

A: ¿Puedes cantar bailando? 你可以边跳边唱吗？

B: Sí, y puedo bailar tocando la guitarra.
可以，我还可以边弹吉他边跳舞。

3 补充词汇

dibujar *tr., intr.*（画画） garaje *m.*（车库） barco *m.*（轮船）

A: ¿Qué estás haciendo? 你在做什么？

B: Estoy dibujando. 我在画画。

A: ¿Qué es esto que has dibujado? 你画的这个是什么？

B: Es mi casa. 是我家。

A: ¿Tu casa da al Norte? 你家朝北面吗？

B: No, da al Sur. Mira, el coche que está en el garaje es mío.
不，朝南面。你看，这辆停放在车库的小汽车是我的。

A: Pero lo que has dibujado no es un coche, es un autobús.
但是你画的不是一辆小汽车，是一辆公交车。

B: Lo que has visto no es un autobús, es un barco. Mira, éste que está en el garaje es mi coche. ¿Lo ves?
你看见的不是一辆公交车，是一艘船。你瞧，在车库的这辆车是我的。你看见了吗？

A: ¿Tu casa está en el río? 你家是在河上吗？

B: No, mi casa está a la orilla del río. 不，我家在河边。

Lección 第 18 课

Las estaciones 季节

A: Esta ciudad tiene un bonito nombre: Ciudad de las Flores. Además de los árboles que están a ambos lados de las calles, se ven céspedes y flores por todas partes.
这个城市有一个优美的名字——花城。除了街道两旁的树木之外，到处都有草坪和鲜花。

B: ¡Qué nombre tan bonito! ¿En qué estación del año estamos?
真是一个动听的名字！现在是哪一个季节？

A: Estamos en otoño, por eso no hace frío ni calor y hace sol todos los días.
现在是秋天，所以天气不冷不热，而且每天都有阳光。

B: ¿Llueve mucho aquí? 这里常下雨吗？

A: En primavera y verano, sí, pero en otoño e invierno, no.
春天和夏天常下雨，但是秋天和冬天不会。

B: Aquí el clima es parecido al de España.
这里的气候有点像西班牙。

A: Creo que el clima de España es más fresco y seco.
我觉得西班牙比这里凉，也比这里干燥。

B: Claro, en Madrid, sí. Pero el clima de las ciudades costeras de España también es húmedo.
当然，马德里是比这里凉爽和干燥，但西班牙沿海城市的气候也很潮湿。

A: ¿De qué parte de España es usted? 您是西班牙哪个地方的人？

B: Soy de Madrid, pero vivo en Valencia. ¿Qué día es hoy?
我是马德里人，但我住在瓦伦西亚。今天星期几？

A: Hoy es jueves. Estamos a 15 de octubre. Es decir, ya lleva usted 3 días en China. 今天星期四，10月15日。也就是说，您在中国已经呆了3天。

B: ¡Qué rápido pasa el tiempo! 时间过得真快！

Vocabulario 词汇表

llover *intr.*	下雨
nombre *m.*	名字
flor *f.*	花
además de	除……之外
ambos *adj.*	两，双
césped *m.*	草坪
por todas partes	到处
estación *f.*	季节；车站
otoño *m.*	秋天
frío *m., adj.*	冷；冷的
calor *m.*	热
primavera *f.*	春天
verano *m.*	夏天
invierno *m.*	冬天
clima *m.*	气候
parecido *adj.*	相似的
fresco *adj.*	清凉的
seco *adj.*	干燥的
húmedo *adj.*	潮湿的
costero *adj.*	沿海的
vivir *intr.*	生活；居住
jueves *m.*	星期四
octubre *m.*	十月
llevar *tr.*	带，带上；已经有（……时间）
tiempo *m.*	时间；天气

Gramática 语法

一 日期的表达

西班牙语星期一至星期日分别是：

lunes	星期一	viernes	星期五
martes	星期二	sábado	星期六
miércoles	星期三	domingo	星期日
jueves	星期四		

问“今天是星期几”，可用“¿Qué día (de la semana) es hoy?”。例如：

¿Qué día de la semana es hoy? 今天是星期几？

Hoy es miércoles. 今天是星期三。

在上述 7 个词当中，除 sábado 和 domingo 分单复数之外，其余 5 个词的单复数形式相同。例如：

Ellos vienen este sábado. 他们这个星期六来。

Descansamos los sábados y domingos.

我们每逢星期六和星期天都休息。

Voy a la playa este lunes. 我这个星期一去海边。

Ella va al supermercado todos los lunes. 她每个星期一都去超市。

西班牙语 1 月至 12 月如下：

enero	1 月	julio	7 月
febrero	2 月	agosto	8 月
marzo	3 月	septiembre	9 月
abril	4 月	octubre	10 月
mayo	5 月	noviembre	11 月
junio	6 月	diciembre	12 月

说“某月某日”时，先说日（用基数词表示，其中 uno 还可换用 primero），然后说月份，两者之间用前置词 de 连接。例如：

ocho de marzo　　3 月 8 日

primero de octubre　　10 月 1 日

说“今天是某月某日”，可用“estamos a … ”表示。例如：

¿A cuántos estamos?（或：¿A qué fecha estamos?）今天是几号？

Estamos a 20 de noviembre. 今天是 11 月 20 日。

二 过去分词

动词的过去分词可作形容词用。例如：

Este coche es muy pareci**do** al tuyo. 这辆小汽车很像你那辆。

El jefe está muy ocup**ado**. 上司很忙。

La tienda ya está abier**ta**. 商店已经开门。

Los niños están dorm**idos**. 孩子们睡着了。

三 动词短语 ser de

动词短语 ser de 可表示出生地。例如：

¿**De** dónde **eres**? 你是哪里人？

Soy de Valencia. 我是瓦伦西亚人。

四 动词 hacer

动词 hacer 可与 calor、frío 等表示天气的名词组成短语。例如：hace calor（天气热）、hace frío（天气冷）、hace sol（出太阳）、hace viento（刮风）。

五 定语从句（2）

定语从句可分为限定性定语从句和说明性（或解释性）定语从句。前者是对先行词所代表的事物进行限定，先行词与从句之间不用逗号；后者是对先行词所代表的事物加以说明或解释，先行词与从句之间用逗号分开。例如：

¿No te gusta el móvil **que te he regalado**?（限定性）

你不喜欢我送给你的那个手机吗？

Tú, **que tienes tanto dinero**, puedes comprar otro.

你有那么多钱，你可以再买一个。（说明性）

Ejercicios 会话练习

1

补充词汇

fin de semana（周末）

A: ¿Qué día es hoy? 今天星期几？

B: Hoy es lunes. 今天星期一。

A: ¿A qué fecha estamos? 今天几号？

B: Estamos a 29 de diciembre. 今天是12月29日。

A: ¿Vas al supermercado este miércoles? 这个星期三你去超市吗？

B: No, este miércoles tengo que ir a la escuela.
不，这个星期三我要去学校。

A: ¿Vas a la escuela todos los días? 你每天都去学校吗？

B: No, sólo los miércoles voy a la escuela. 不，我只是星期三去学校。

A: ¿Vas al trabajo los sábados? 每个星期六你都上班吗？

B: No, descansamos los sábados y domingos.
不，星期六和星期日我们都休息。

A: ¿Adónde vas este fin de semana? 这个周末你去哪里？

B: Voy a la playa el sábado por la mañana y vuelvo a casa el domingo por la tarde. 我星期六上午去海边，星期日下午返回。

2

补充词汇

disco *m.*（唱碟） colocar *tr.*（摆放） segunda mano（二手） barato *adj.*（便宜） travieso *adj.*（调皮）

A: ¿Eres de Madrid? 你是马德里人吗？

B: No, soy de Barcelona. 不，我是巴塞罗那人。

A: ¿Son tuyos los discos que están colocados en la mesa?
放在桌子上的唱片是你的吗？

B: No, son de mi hermano. Los ha comprado esta mañana.
不，是我弟弟的。那些唱片是他上午买的。

A: ¿Le gusta la música? 他喜欢音乐吗？

B: Sí. Pero son de segunda mano los discos que ha comprado.
喜欢。但是他买的唱片是二手货。

A: Claro, porque son más baratos. ¿Dónde está tu hermano?
当然，因为二手货更便宜。你弟弟现在在哪儿？

B: Mira, aquel muchacho alto es mi hermano, que es muy travieso.
你看，那个高大的小伙子就是我弟弟。他非常调皮。

A: ¿Sabes con quién está charlando? Con Ana, que es mi hermana.
你知道他跟谁在聊天吗？跟安娜。安娜是我妹妹。

B: ¡Qué guapa es tu hermana! 你妹妹长得真漂亮！

3

A: ¡Qué frío! 天气真冷！

B: Claro, porque estamos en invierno. 那当然，因为现在是冬天。

A: ¿Aquí siempre hace mucho frío en invierno? 这里冬天总是很冷吗？

B: Sí, pero tras el invierno viene la primavera.
是的，但是冬天过后就是春天。

A: ¿Ya no hace frío en primavera? 春天就不冷了吗？

B: No, en primavera no hace frío, aunque llueve.
对，春天不冷，虽然会下雨。

A: ¿Te gusta la primavera? 你喜欢春天吗？

B: Sí, pero me gusta más el verano. 喜欢。不过，我更喜欢夏天。

A: ¿Por qué? 为什么?

B: Porque me gusta el sol y en verano hace sol todos los días.
因为我喜欢阳光，而夏天每天都阳光灿烂。

A: ¿No te gusta el otoño? 你不喜欢秋天吗?

B: No, en otoño ya no puedo ir a la playa porque hace mucho viento.
不喜欢。秋天我就不能去海边了，因为风很大。

Lección 第19课

Centro comercial 商业区

A: Ya hemos llegado a la plaza. Mire, aquel edificio que está detrás de la estación ferroviaria es el museo que vamos a visitar hoy.
我们已经到了广场。您看，火车站后面的那座大楼就是我们今天要参观的博物馆。

B: ¿Es aquel edificio donde se ve un reloj grande?
是有一个大钟的那座楼吗？

A: No, el otro, que está a su lado y sin torre ni reloj.
不，是它旁边的那座没有塔也没有钟的楼。

B: Se nota que es una construcción antigua.
看得出来，那是一座古老的建筑。

A: Sí, tiene una historia de 150 años. 对，已经有150年历史了。

B: Y esta ciudad, ¿cuántos años de historia tiene?
这个城市有多少年历史？

A: Tiene más de 2800 años. 有2800多年历史。

B: ¡Qué grande es esta plaza! 这个广场真大！

A: Se llama Plaza de la Nueva Estación Ferroviaria. A la izquierda se ven hoteles y bancos. A la derecha se encuentran las estaciones de autobuses, de taxis y de metro.
这个叫火车站广场，左边有宾馆和银行，右边是公交车站、的士站和地铁站。

B: ¿Es un centro comercial el edificio que está enfrente?
对面那座大楼是商业中心吗？

A: Sí. Dentro hay un supermercado y muchas tiendas, donde uno puede hacer compras y al mismo tiempo, comer, beber y divertirse porque arriba hay restaurantes, bares, cines, discotecas, etc. y abajo, un gran garaje subterráneo.
没错。里面有超市，还有很多商店。在这个商业中心，既可以购物，同时又可以吃喝玩乐，因为上面有餐厅、酒吧、电影院、舞厅等，下面有一个大型地下停车场。

B: ¡Qué zona tan animada! 这个区真繁华！

Vocabulario 词汇表

comercial *adj.*	商业的	derecha *f.*	右边
detrás de	在……后面	encontrarse *prnl.*	遇见；位于
ferroviario *adj.*	铁路的	enfrente *adv.*	在对面
reloj *m.*	钟，表	dentro *adv.*	在里面
sin *prep.*	无，没有	supermercado *m.*	超市
torre *f.*	塔	tienda *f.*	商店
notar *tr.*	发觉，看出	hacer compras	购物
construcción *f.*	建设；建筑物	al mismo tiempo	同时
historia *f.*	历史	divertirse *prnl.*	娱乐
izquierda *f.*	左边	arriba *adv.*	在上面
banco *m.*	银行	abajo *adv.*	在下面

garaje *m.*	车库，停车场	discoteca *f.*	舞厅
subterráneo *adj.*	地下的	tan *adv.*	如此
cine *m.*	电影院	animado *adj.*	热闹，繁华

Gramática 语法

一 定语从句（3）

先行词与定语从句的谓语大致有如下几种关系：

先行词是从句谓语的主语。例如：

el joven que sale　　出来的那位年轻人

先行词是从句谓语的直接宾语。例如：

el libro que él ha comprado　　他买的那本书

先行词是从句谓语的状语。例如：

la cama en la que duermes　　你睡的床

el bolígrafo con el que escribo　　我写字用的圆珠笔

先行词是从句谓语的主语时，二者之间直接用关系代词que连接。

当先行词是从句谓语的直接宾语，而且该直接宾语指物时，二者之间也直接用关系代词 que 连接。

当先行词是从句谓语的状语时，二者之间通常需要加上可以表明其关系的前置词。例如：

la oficina **en** la que trabajamos　　我们工作的办公室

la pluma **con** la que escribes　　你写字用的钢笔

二 关系副词 donde

在定语从句中，当先行词是从句谓语的地点状语时，可换用关系副词 donde（= en que）引导从句。例如：

Este es el hotel **donde** nos alojamos. 这是我们下榻的宾馆。

No le gusta el piso **donde** vive ahora.

他不喜欢他现在住的那个套间。

㊂ 表示方位的副词

西班牙语表示方位的副词及副词短语如下：

delante	在前面	fuera	在外面
detrás	在后面	encima	在上面
dento	在里面	debajo	在下面
a la izquierda	在左边	al lado	在旁边
a la derecha	在右边	a la orilla	在岸边
a la puerta	在门口	a ambos lados	在两旁

上述表示方位的副词及词组均可加前置词 de 引出其参照物，如：delante del hotel（在宾馆前面）、a la derecha de la puerta（在门口的右边）等。

㊃ 表示方向的副词

西班牙语表示方向的副词有：adelante（往前）、atrás（往后）、arriba（往上）、abajo（往下）、adentro（往里）、afuera（往外）等。例如：

Vamos **atrás**. 我们往回走。

La discoteca está **arriba**, en el segundo piso. 舞厅在上面三楼。

注：arriba 和 abajo 也可用作方位副词，但若需表明参照物，通常应改用 encima de... 或 debajo de... 表示。

㊄ 前置词 sin

前置词 sin 可表示没有。例如：

¿Cómo puedes vivir en una casa sin ventana?

你怎么可以住在一间没有窗的屋子里呢？

El ha salido sin decirme nada. 他没跟我说什么就出去了。

Ejercicios 会话练习

1

A: ¿Subes o bajas? 你上去还是下去?

B: ¿Perdón? 什么?

A: ¿Vas arriba o abajo? 你往上走还是往下走?

B: Voy abajo, porque mi coche está en el garaje.
我往下走，因为我的车在车库。

A: Oye, he visto que tu coche está delante del mío.
喂，我看见你的车停在我的车前面。

B: Claro, porque he llegado más temprano. 那当然，因为我早到。

A: Y el de Ana está al lado del tuyo.
我还看见安娜的车停在你的车旁边。

B: Sí, hemos venido juntos. 对，我们是一起来的。

A: Pero he visto que ella va arriba. 但是我看见她往上走。

B: ¿A la oficina del jefe? 是去经理办公室吗?

A: Parece que no, porque la oficina del jefe está abajo.
看来不是，因为经理办公室在下面。

2

补充词汇

vacío *adj.*（空的） extranjero *adj., m.*（外国；国外） estudio *m.*（书房） ordenador *m.*（电脑） Internet *m.*（互联网） armario *m.*（柜子） guardar *tr.*（存放） juguete *m.*（玩具） cama *f.*（床）

A: ¿Es ésta la sala donde cantas y bailas?
你是在这个厅里唱歌跳舞吗?

B: No, canto y bailo en el dormitorio de mis padres, que está vacío ahora porque viven en el extranjero.
不，我是在我父母的房间里唱歌跳舞。我父母现在住在国外，所以他们的房间是空的。

A: Entonces, ésta es la sala donde ves la televisión.
那么，你是在这个客厅里看电视的了。

B: Exacto. Suelo ver la tele en el sofá, donde puedo dormir un rato si estoy cansada.
对。我一般是在沙发上看电视。要是看累了，我可以在沙发上躺一会儿。

A: Y aquél es el estudio donde charlas con tus amigos, ¿no?
那个书房是你跟朋友聊天的地方，是吗？

B: Sí, aquél es el estudio donde está mi ordenador y por la noche suelo charlar con mis amigos por Internet.
是，我的电脑摆在那个书房里。我一般晚上会上网跟朋友聊聊天。

A: ¿Es éste el dormitorio de tu hermana? 这是你妹妹的卧室吗？

B: Sí, dentro hay un armario en el que guarda sus juguetes.
是的，里面有一个衣柜。她的玩具就放在衣柜里。

A: ¿No tiene cama? 里面没有床吗？

B: Sí, también hay una cama en la que descansa. Pero como tiene novio, ya no vive con nosotros.
有，里面还有一张她休息用的床。但是由于她已经有男朋友，所以她没跟我们住在一起。

3 补充词汇

librería *f.*（书店） mapa *m.*（地图）

A: ¿Qué es esta construcción nueva? 这个新的建筑是什么？

B: Es un centro comercial. 是一个商业中心。

A: ¿Qué hay dentro? 里面有些什么？

B: Hay tiendas, bares, restaurantes, bancos, cines, discotecas, etc.
有商店、酒吧、餐厅、银行、电影院、舞厅等。

A: ¿Hay alguna librería? 有书店吗？

B: Sí, hay varias librerías. 有，有好几间书店。

A: ¿No vamos adentro? 我们不进去看看吗？

B: Bueno, si usted quiere. 当然可以，如果您愿意的话。

A: Es que quiero comprar un mapa. 我是想买一张地图。

B: Entonces, vamos a la librería que está en el tercer piso, donde puede usted encontrar mapas de todas las grandes ciudades.

那我们去四楼那家书店。在那里，您可以买到各大城市的地图。

Lección 第20课

El turismo 旅游业

A: Parece que aquí hay muchas agencias de viajes.
这里好像有很多旅行社。

B: Sí. Tengo unos compañeros que han aprendido inglés y que ahora trabajan como guía.
对。我有几个学英语的同学现在当导游。

A: Hay mucho turismo en China ahora, ¿no?
现在中国的旅游市场很旺盛，是吗？

B: Sí. Como ha mejorado el ambiente, hay cada día más turistas extranjeros que vienen a China. 没错。现在环境改善了，前来中国旅游的外国游客越来越多。

A: ¿Cuál es el salario medio mensual? 月平均工资是多少？

B: En las grandes ciudades, el salario medio por persona es aproximadamente cinco mil yuanes. Por eso, ahora hay muchas personas que están en condiciones de salir a viajar. Mire esta foto. Son mis amigos coreanos a quienes he conocido en Corea.
在大城市里，每人每月平均工资大约5000元。所以，现在很多人都有条件到外面旅游。您看这张相片，这是我在朝鲜时认识的朝鲜朋友。

A: ¿Has viajado alguna vez a Europa? 你去过欧洲吗？

B: No, no he tenido ninguna oportunidad de ir a Europa. Sólo conozco algunos países asiáticos, pero tengo ganas de viajar a

España. 没有，我还没有机会去欧洲，我只是去过一些亚洲国家。不过，我想去西班牙。

A: ¿Ya tienes algún plan? 你已经有计划了？

B: Sí, quiero hacer un viaje a España, Francia e Italia durante las vacaciones de verano. 对，我想暑假去西班牙、法国和意大利。

Vocabulario 词汇表

viajar *intr.*	旅行，出行	persona *f.*	人
agencia *f.*	代办处	aproximado *adj.*	大约的
como *conj.*	由于	condición *f.*	条件
guía *m., f.*	导游	Corea	朝鲜
turismo *m.*	旅游；旅游业	ninguno *adj.*	（没有）任何一个
mejorar *tr., intr.*	改善	oportunidad *f.*	机会
cada *adj.*	每，每个	asiático *adj.*	亚洲的
turista *f.*	游客	tener ganas de	想（做某事）
extranjero *m.*	国外；外国人	plan *m.*	计划
cuál *pron.*	哪一个	Francia	法国
salario *m.*	工资	Italia	意大利
medio *adj.*	半个的；平均的	vacación *f.*	假期

Gramática 语法

一 关系代词 quien

关系代词 quien 也用于引导定语从句。quien 有复数形式（quienes）。当先行词指人，而且先行词是从句谓语的补语时，可用此关系代词引导定语从句。例如：

¿Cómo se llama la persona a **quien** buscas? 你找的人叫什么名字？

No conozco a ninguna de las chicas con **quienes** has bailado.

跟你跳舞的那些女孩子，我一个也不认识。

先行词是从句谓语的主语时，由关系代词 quien 引导的定语从句只宜作说明性定语从句（不宜作限定性定语从句）。例如：

Ella es mi colega, **quien** me ha ayudado mucho en el trabajo.

她是我的同事，她在工作上给了我很大帮助。

Voy a llamar a sus padres, **quienes** todavía no saben que ella está en el hospital.

我给她父母打个电话，她父母到现在还不知道她在医院里。

二 不定形容词

alguno（某个）和 ninguno（没有一个）是不定形容词。所谓不定，指的是"不确定"，尤其是指被它所修饰的名词在数量上不确定。

西班牙语常见的不定形容词还有：、mucho（许多）、poco（很少）、varios（几个，一些）、demás（其余的）、todo（整个，所有的）、cada（每个）、cualquiera（任何一个）等。

1. alguno（某个）用在肯定句。此词有性和数的变化，在阳性单数名词前改为 algún。例如：

   Algún día me vas a comprender. 你总有一天会理解我的。

   ¿Tienes **algún** plan? 你有什么计划吗？

   ¿Has viajado **alguna** vez a España? 你去过西班牙吗？

2. ninguno（没有一个）用在否定句。此词也有性和数的变化（复数少用），在阳性单数名词前改为 ningún。例如：

Mi coche no ha tenido **ningún** problema en el camino.

我的车在路上没有出任何问题。

No he aprendido ninguna palabra nueva esta semana.

我这周一个新单词也没学。

3. 上述两词均可转为不定代词。例如：

Aunque tiene muchas fotos, sólo me ha enseñado **algunas**.

虽然他有很多照片，但只给我看了几张。

Ninguno de mis compañeros lo sabe.

我的同学中没有一个人知道这件事。

三 疑问代词 cuál

cuál（哪一个）是疑问代词，其复数形式是 cuáles（哪些）。例如：

¿**Cuál** es el lavabo para hombres? 哪一个是男卫生间？

¿**Cuáles** son los lugares más interesantes? 哪些地方最好玩？

此外，cuál 还可用作疑问形容词。例如：

¿**Cuál maleta** es mejor para viajar? 哪一种皮箱更适合旅行用？

四 原因状语从句

原因状语从句可由连词 como（由于）或 porque（因为）引导。由 como 引导的原因状语从句应置于主句之前，而由 porque 引导时，则应置于主句之后。例如：

Como llueve, no podemos salir.

（或：No podemos salir **porque llueve**.）

由于下雨，所以我们不能外出。

五 前置词 durante

前置词 durante 可表示"在……期间"，如：durante estos días（在这些日子里）、durante las vacaciones（放假期间）、durante el viaje（在出游期间）等。

Ejercicios 会话练习

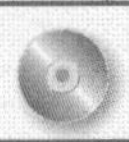

1

补充词汇

bailarín *m.*（舞蹈家） profesional *adj.*（职业的）

A: ¿Adónde has ido esta noche? 你今晚去了哪里?

B: A la discoteca que está cerca de la escuela, porque hoy es fin de semana. 去了学校附近的那间舞厅，因为今天是周末。

A: ¿Alguien te ha acompañado? 有人陪你去吗?

B: Sí, me ha acompañado mi hermano, quien va a la discoteca todos los fines de semana. 有，我兄弟陪我去，他每个周末都去舞厅。

A: ¿Os gusta bailar? 你们喜欢跳舞吗?

B: A mi hermano sí, le gusta mucho bailar y conoce a muchas chicas que bailan como bailarinas profesionales.
我兄弟喜欢。他非常喜欢跳舞，而且还认识很多舞姿可与专业舞蹈家媲美的女孩子。

A: ¿Conoces a algunas de ellas? 你认识其中的几个吗?

B: No, no conozco a ninguna. 不，我一个也不认识。

A: Entonces, ¿por qué has ido a la discoteca? 那你为什么去舞厅了?

B: Porque mi hermano me ha dicho que son muy guapas las chicas y quiero conocer a algunas de ellas.
因为我兄弟告诉我那些女孩子长得很漂亮，我想认识几个。

2

补充词汇

salida *f.*（出口） entrada *f.*（入口） policía *f.*（警察局） suerte *f.*（运气）

A: ¿Cuál es la salida? ¿Ésta o aquélla? 哪个是出口？这个还是那个？

B: Aquélla, porque ésta es la entrada. Pero por aquí también se puede salir. 那个，因为这个是入口。不过，这里也可以出去。

A: Es que he dejado mi coche cerca de la salida y ahora no lo veo.
我是把车停在出口处附近，可是现在车不见了。

B: Claro, porque ésta no es la salida. 那当然，因为这里不是出口。

A: Pero tampoco veo ningún coche en la otra puerta.
但是我也没看见有车停在另外一个门口。

B: Entonces su coche debe de estar en el garaje.
那你的车应该是在停车场了。

A: ¿En cuál garaje? Parece que aquí no hay ningún garaje.
在哪个停车场？看样子这里没有什么停车场。

B: En el garaje de la Policía. 是在警察局的停车场。

A: ¡Dios mío! ¡Qué mala suerte! 我的天啊！真倒霉！

3

补充词汇

América *f.*（美洲） incluso *adv.*（甚至） África *f.*（非洲） México（墨西哥） Cuba（古巴） Colombia（哥伦比亚） Perú（秘鲁） Argentina（阿根廷） mexicano *m.*（墨西哥人） visita *f.*（访问） argentino *m.*（阿根廷人） Diego Maradona（迭戈·马拉多纳）

A: ¿Habéis tenido alguna oportunidad de viajar a América?
你们有机会去过美洲吗？

B: No, no hemos tenido ninguna oportunidad de viajar a América. Sólo conocemos algunos países asiáticos. Pero tenemos ganas de viajar a Amércia, Europa e incluso África.
没有，我们没有机会前往美洲。我们只是去过亚洲的一些国家。我们倒是很想去美洲，欧洲，甚至是非洲。

A: ¿Ya tenéis algún plan? 你们已经有什么计划了吗？

B: Sí. Queremos viajar a México, Cuba, Colombia, Perú, Chile y Argentina durante las vacaciones de verano.

有，我们想在暑假去一趟墨西哥、古巴、哥伦比亚、秘鲁、智利和阿根廷。

A: ¿Tenéis amigos en esos países? 你们在那些国家有朋友吗？

B: En México sí, pero en los demás países, no. Mira esta foto. Son maestros mexicanos a quienes hemos conocido durante su visita a China.

在墨西哥倒是有，但是在其他国家没有。你看看这张相片。这几位是来中国访问期间我们认识的墨西哥教师。

A: ¿No conocéis a ningún argentino?
阿根廷人你们一个也不认识吗？

B: Sí, conocemos a Diego Maradona por televisión.
认识，我们在电视上见过迭戈·马拉多纳。

第三章　专题会话

Tercer capítulo

Lección 第21课

En el hotel 在宾馆

A: Por favor, ¿hay habitaciones libres? 请问有空房间吗？

B: Sí, señor. ¿Qué tipo de habitación desea?
有，先生。您需要什么样的房间？

A: Quiero una habitación individual. 我要一个单人房。

B: Lo siento, ya están ocupadas todas las habitaciones individuales.
很抱歉，单人房已经住满了。

A: O sea, ¿sólo hay habitación doble?
也就是说，现在只有双人房吗？

B: Habitación doble o triple. 有双人房和三人房。

A: ¿Con dos camas individuales? 是有两张单人床的吗？

B: Exacto, con dos camas individuales o con una cama de matrimonio. 对，有两张单人床或一张大床。

A: ¿Es igual el precio? 房价是一样的吗？

B: Sí, el precio es igual. 是的，房价一样。

A: ¿Cuánto cuesta por día? 住一天要多少钱？

B: 45 euros diarios. 每天45欧元。

A: ¿Está incluido el desayuno en el precio de la habitación?
早餐包括在房价里吗？

B: Sí, señor, está incluido el desayuno.

是的，先生，早餐包括在房价里。

A: ¿Puede enseñármela? 可以让我看一下吗？

B: Por supuesto. Venga conmigo. ¿Le conviene ésta?
当然可以。请跟我来。这间您看合适吗？

A: Sí, tomaré esta habitación. 好，我就要这一间。

B: ¿Cuántos días se quedará usted? 您要住几天？

A: Me quedaré unos cinco días. 我大概住5天。

B: De acuerdo. Llene usted este formulario.
好，请填写这份表格。

A: ¿Tengo que poner mi nombre delante del apellido?
我必须先写名后写姓吗？

B: Sí, señor. 是的，先生。

Vocabulario 词汇表

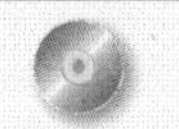

tipo *m.*	种类	cama *f.*	床
desear *tr.*	希望	precio *m.*	价格
individual *adj.*	个人的，单人的	igual *adj.*	一样的
sentir *tr.*	感觉；感到遗憾	costar *intr.*	价值；花费
ocupar *tr.,prnl.*	占用，用；忙碌	euro *m.*	欧元
o sea	也就是说	diario *adj.*	每日的
doble *adj., m.*	双的；双倍	incluido *p.p.*	包括在内的
triple *adj., m.*	三重的；三倍	por supuesto	当然

conmigo	和我一起	formulario *m.*	表格
convenir *intr.*	适合，适宜	poner *tr.*	摆放；写上
quedarse *prnl.*	留在（某地）	delante de	在……前面
unos	（用于数字前）大约	apellido *m.*	姓
llenar *tr.*	填满；填写		

Gramática 语法

一 陈述式将来未完成时变位

陈述式将来未完成时的变位规则比较容易掌握。无论以 ar、er 还是 ir 结尾的动词，均只需根据人称，在原形动词末尾直接加上下列词尾即可：

yo	-é	nosotros	-emos
tú	-ás	vosotros	-éis
él	-á	ellos	-án

变位范例：

llegar（到达）：

yo llegaré	nosotros llegaremos
tú llegarás	vosotros llegaréis
él llegará	ellos llegarán

aprender（学习）：

yo aprenderé	nosotros aprenderemos
tú aprenderás	vosotros aprenderéis
él aprenderá	ellos aprenderán

abrir（打开）：

yo abriré	nosotros abriremos
tú abrirás	vosotros abriréis
él abrirá	ellos abrirán

二 用法

陈述式将来未完成时可表示在将来的时间里发生的事。例如：

El tren **llegará** a las diez de la noche. 火车将在晚上 10 点抵达。

Aprenderemos esta lección la próxima semana. 我们下周学这一课。

No **iré** al trabajo mañana. 我明天不去上班。

三 前置词 por

前置词 por 除了表示原因、地点、目的、时间（见第 13 课）等之外，还可表示计算单位。例如：

¿Cuánto cuesta la habitación **por** noche? 房价每晚要多少钱？

¿Qué precio tiene **por** semana? 按周计算是多少钱？

四 代词式动词

带非重读人称代词 se 结尾的动词称为代词式动词。例如：levantarse（起床）、dormirse（睡着）、quedarse（留在某地）、irse（离开）、quejarse（埋怨）等。

由及物动词转为代词式动词的，通常表示自复。例如：levantar 是及物动词，表示“抬起、搬起、举起”等；转为代词式动词后，表示“站起来”或“起床”。

由不及物动词转为代词式动词的，其意思会有所不同，如：ir（去）、dormir（睡觉）；irse（离开）、dormirse（睡着）。

个别动词只有代词式动词一种形式，如：quejarse（埋怨）、arrepentirse（后悔）等。

Ejercicios 会话练习

1

补充词汇

cara *f.*（脸）

A: ¿A qué hora te despertarás mañana? 你明天几点钟醒？

B: Me despertaré a las siete y media. 七点半醒。

A: ¿Te levantarás enseguida? 你会马上起床吗？

B: Sí, claro, me levantaré enseguida porque el trabajo empezará a las nueve. 那当然，我会马上起床，因为9点就开始上班。

A: ¿Qué vas a hacer después de levantarte? 你起床后做什么？

B: Me lavaré la cara, me afeitaré y me peinaré. 洗脸、刮胡子和梳头。

A: ¿Desayunarás en casa o en el restaurante?
你在家里还是在餐厅吃早餐？

B: En casa. Tomaré una taza de leche con café y unas tostadas.
在家里。我会喝一杯牛奶咖啡和吃几片烤面包。

A: ¿Irás al trabajo después del desayuno? 你吃完早餐就去上班吗？

B: Sí, voy a salir de casa a eso de las ocho y cuarto para llegar a la oficina antes de las nueve.
是的，我大约8点一刻出门，9点前赶到办公室。

A: ¿Irás en metro o en taxi? 你坐地铁去还是打的去？

B: En metro, que es más rápido. 坐地铁，因为坐地铁更快。

2

补充词汇

huevo *m.*（鸡蛋） caja *f.*（箱） vender *tr.*（出售） docena *f.*（一打） vino *m.*（葡萄酒） litro *m.*（公升） botella *f.*（瓶） jamón *m.*（火腿） unidad *f.*（件、只） balanza *f.*（秤） kilo *m.*（公斤）

A: ¿Qué precio tienen los huevos? 鸡蛋多少钱?

B: Estos huevos están a 3 euros la caja. 这些鸡蛋3欧元一箱。

A: ¿Se venden por caja? 是按箱卖吗?

B: Sí, señor, por caja o por docena. 是的，先生，按箱或按打卖。

A: ¿Se vende el vino por litro? 葡萄酒是按升卖吗?

B: No, el vino se vende por botella. 不，葡萄酒按瓶卖。

A: Y el jamón, ¿se vende por unidad? 火腿呢? 火腿是按只卖吗?

B: Sí, señor. Es que no tenemos balanza y no podemos vendérselo por kilo. 没错，先生，因为我们没有秤，没法按公斤卖。

3

补充词汇

alojamiento *m.*（住宿） aire acondicionado（冷气） televisión por cable（有线电视） teléfono *m.*（电话）

A: ¡Buenas noches, señores! ¿En qué puedo servirles?
先生们，晚上好！有什么需要我帮忙的吗?

B: Acabamos de llegar y necesitamos alojamiento. ¿Hay habitaciones libres? 我们刚刚到，现在需要入住。有空房吗?

A: Sí, señor. ¿Para cuántas personas? 有，先生。一共几位?

B: Para dos personas. 两位。

A: ¿Desean dos habitaciones individuales o una habitación doble?
要两个单人房还是要一个双人房？

B: Una habitación doble, por favor. ¿Qué precio tiene por noche?
请给我们一个双人房。住一晚要多少钱？

A: 75 euros. 75欧元。

B: ¿Está incluido el desayuno? 包括早餐吗？

A: Sí, señor. 对，先生。

B: ¿Tiene aire acondicionado? 有空调吗？

A: Sí, claro, y televisión por cable, teléfono, etc.
当然有，还有有线电视、电话等。

Para cambiar divisas 兑换外币

A: Por favor, ¿es esto una casa de cambio?
请问，这是货币兑换处吗？

B: No, señor. Esto es un banco. ¿Desea usted cambiar divisas?
不，先生。这是一间银行。您想换外币吗？

A: Sí, necesito cambiar dinero porque mañana será fin de semana y tendré que salir de viaje. Está abierto, ¿no? ¿Hay servicio ahora?
对，我需要换钱，因为明天是周末，我要到外地去。已经开门了，是吗？现在营业吗？

B: Sí, haga el favor de ponerse a la cola en la ventanilla número 4 ó 5. Pero disculpe, señor, apague por favor el cigarrillo. Aquí no se puede fumar. En España se prohíbe fumar en las áreas públicas cerradas. La multa en estos casos será de 30 euros.
是的，请您到4号或5号窗排队。对不起，先生，请把烟灭了，这里不可以吸烟。西班牙禁止在室内公共场所吸烟。违例者罚款30欧元。

A: Vale, lo voy a apagar. 好，我把烟灭了。

……

A: ¿Es aquí donde se cambian divisas? 是在这里兑换外币吗？

C: Sí, señor. ¿Quiere usted cambiar dólares por euros?
是，先生。您想把美元换成欧元吗？

A: Exacto. ¿Puede usted decirme a cuánto está el cambio hoy?
对。您可以告诉我今天的比价是多少吗？

C: A 1,48 dólares un euro. 1.48美元兑换1欧元。

A: Bueno, de momento quiero cambiar 500 dólares americanos.
好，我先换500美元。

C: Firme aquí, por favor. Aquí está su dinero y el recibo.
请在这里签名。这是您的钱，还有收据。

A: ¿Me puede cambiar este billete de 20 por unas monedas, por favor? 可以帮我把这张20欧元的纸币换成硬币吗？

C: ¡Cómo no! Aquí las tiene. 当然可以。给您钱。

A: Gracias. 谢谢。

C: De nada, señor. 不用谢，先生。

Vocabulario 词汇表

casa de cambio	兑换所	cigarrillo *m.*	香烟
divisa *f.*	外币	fumar *tr.*, *intr.*	吸烟
abierto *p.p.*	打开的	prohibir *tr.*	禁止
hacer el favor de	劳驾，请（做某事）	área *f.*	区域
ponerse a la cola	排队	público *adj.*	公共的
ventanilla *f.*	售票窗；车窗	cerrado *p.p.*	关闭的，封闭的
disculpar *tr.*	原谅	multa *f.*	罚款
apagar *tr.*	熄灭	caso *m.*	情况

cambio *m.*	改变；兑换	firmar *tr.*	签字，签名
de momento	暂时	recibo *m.*	收据
dólar americano	美元	billete *m.*	票，钞票
quinientos *adj.*	五百	moneda *f.*	硬币
dinero *m.*	钱	¡Cómo no!	当然可以！

Gramática 语法

（一）陈述式将来未完成时不规则动词变位

有些动词的陈述式将来未完成时变位不规则。例如：

tener（有）：

yo tendré	nosotros	tendremos
tú tendrás	vosotros	tendréis
él tendrá	ellos	tendrán

venir（来）：

yo vendré	nosotros	vendremos
tú vendrás	vosotros	vendréis
él vendrá	ellos	vendrán

salir（出去）：

yo saldré	nosotros	saldremos
tú saldrás	vosotros	saldréis
él saldrá	ellos	saldrán

saber（知道）：

yo sabré	nosotros	sabremos
tú sabrás	vosotros	sabréis
él sabrá	ellos	sabrán

poder（能够）：

yo podré	nosotros	podremos
tú podrás	vosotros	podréis
él podrá	ellos	podrán

hacer（做）：

yo haré	nosotros	haremos
tú harás	vosotros	haréis
él hará	ellos	harán

querer（想）：

yo querré	nosotros	querremos
tú querrás	vosotros	querréis
él querrá	ellos	querrán

二 动词短语 hacer el favor de

动词短语 hacer el favor de... 表示“劳驾（某人做某事）”。使用时，动词 hacer 用命令式，前置词 de 后面用原形动词。例如：

Haz el favor de esperarme un rato. 请你稍等我一会儿。

Haga usted el favor de mostrarme su pasaporte. 请您出示护照。

三 前置词 a

前置词 a 可表示数额或价格，常与疑问词 cuánto 或 cómo 组成疑问词组。例如：

¿**A cuánto** está el dólar en estos momentos?

现在美元的比价是多少？

¿**A cómo** está el cambio de euros a dólares?

欧元兑美元比价是多少？

四 前置词 por

前置词 por 可表示换成某物。例如：

¿Puede cambiarme este billete de 10 dólares **por** unas monedas?

可以帮我把这张 10 美元的钞票换成硬币吗？

Ejercicios 会话练习

1

补充词汇

duro *adv.*（艰苦） contestar *tr.*（回答） volver a（再次） llamar *tr.*（打电话） seguro *adj.*（肯定的）

A: Por fin hemos acabado el trabajo de hoy. Mañana será otro día.
今天的工作终于做完了，其他事明天再说。

B: Pues sí, hemos trabajado muy duro estos días. Mañana tendré que descansar todo el día en casa. 是啊，这几天我们干得很累。明天我一定要在家里好好休息一天。

A: ¿No saldrás a la calle con tu novia? 你不跟你女朋友上街吗？

B: Bueno, si viene, la acompañaré. 如果她来，我会陪她。

A: ¿Adónde iréis? 你们会去哪里？

B: Iremos al parque o al cine. 去公园逛逛，或者看电影。

A: ¿Qué harás si ella no viene? 她不来的话，你会做什么？

B: Si no viene, la llamaré. 如果她不来，我就打电话找她。

A: ¿Y si no contesta? 如果她不接电话呢？

B: Si no contesta, volveré a llamarla. 如果她不接，我就再打。

A: ¿Estás seguro de que ella te va a contestar?
你肯定她会接你的电话吗？

B: Claro, porque ella es mi novia. 那当然，因为她是我的女朋友。

2

补充词汇

hacer la cola（排队） fuera *adv.*（外面）

A: Oiga, haga el favor de ponerse a la cola. 喂，请排队。

B: ¿Por qué? 为什么？

A: Porque todos estamos haciendo la cola. 因为我们大家都在排队。

B: Pero yo no quiero comprar nada. He venido sólo para mirar.
可是我并不想买东西，我只是来看看。

A: ¿Y por qué está fumando aquí? 您为什么在吸烟？

B: Porque fuera está lloviendo. 因为外面在下雨。

A: Haga el favor de fumar fuera. 请到外面吸烟。

B: ¿No se puede fumar aquí? 这里不可以吸烟吗？

A: Claro que no. Se prohíbe fumar en áeras públicas cerradas.
当然不可以。室内公共场所禁止吸烟。

B: Pero he visto que muchos chicos y chicas fuman en la discoteca.
但是我看见很多青年男女都在舞厅里吸烟。

A: ¿Sabe usted? La multa en estos casos es de 100 euros.
您知道吗？违例者罚款100欧元。

B: Entonces voy a apagar el cigarrillo. 那我就把烟掐灭吧。

3 补充词汇

resto *m.*（剩余部分） manchado *adj.*（弄脏的）
mancha *f.*（污迹）

A: Por favor, ¿es aquí donde se cambian divisas?
请问，是在这里兑换外币吗？

B: Sí, señor. 是的，先生。

A: ¿A cómo está el cambio de dólares a euros?
今天美元兑欧元比价是多少？

B: A 1,43 un euro, señor. 1,43美元换1欧元，先生。

A: Entonces cámbieme 400 dólares, por favor.
那么，请给我兑换400美元。

B: ¿Cómo quiere el dinero? 您需要多大面额的欧元？

A: Deme 200 euros en billetes y el resto, en monedas, por favor.
请给我200欧元纸币，其余给硬币。

B: Sí. Ya está. Aquí tiene su dinero y el recibo.
好，办妥了。请拿好您的钱和收据。

A: Este billete está manchado. ¿Puede cambiármelo por otro sin mancha? 这张钞票有点脏。可以给我换一张干净的吗？

B: Sí, señor. Aquí lo tiene. 好的，先生。给您。

A: Gracias. 谢谢。

B: A usted. 谢谢您才对。

Lección 第 23 课

Para cambiar de habitación 换房间

A: ¿En qué puedo servirle, señor? 先生，有什么事吗?

B: Mire, no hay electricidad en mi habitación. Debe de haber algún problema en el circuito.
是这样的，我的房间没有电。估计是电路有问题。

A: ¿Está usted seguro? 您可以肯定吗?

B: Sí, he intentado usar el hervidor de agua, pero no sirve el enchufe de pared. 是的，我想用电热壶，可是墙上的插座不起作用。

A: ¿Tiene usted introducida la tarjeta de llave en el interruptor de la luz? 您将门卡插入取电开关了吗?

B: Sí, lo he hecho después de abrir la puerta, pero no se enciende la luz, ni el televisor ni el aire acondicionado.
插了，我开门之后就把它插进去了，但是灯不亮，电视和空调都开不了。

A: Entonces espere usted un momento. Ahora mismo vendrá el técnico. 请您稍等一会儿，电工马上就来。

A: ¿Puede cambiarme de habitación? 可以给我换个房间吗?

B: Lo siento, en este momento no disponemos de habitaciones libres. 很抱歉，我们现在没有空房间。

A: Es que tampoco funciona el teléfono, y además hay mucho ruido. 问题是电话也用不了，而且那里很吵。

B: Bueno, lo cambiaremos de habitación si mañana hay alguna disponible. 好，如果明天有空房，我们就给您换一个房间。

Vocabulario 词汇表

servir *tr., intr.*	为……服务；起作用
electricidad *f.*	电
deber de	大概
haber *tr.*	(某处）有
problema *m.*	问题
circuito *m.*	电路
seguro *adj.*	肯定的
intentar *tr.*	试图，打算
usar *tr.*	使用
hervidor *m.*	电热壶
enchufe *m.*	插座
pared *f.*	墙壁
introducir *tr.*	引进；插入
llave *f.*	钥匙
interruptor *m.*	开关
luz *f.*	光；灯；电
puerta *f.*	门，门口
encender *tr.*	点燃，开(灯、电器等)
televisor *m.*	电视机
aire acondicionado	空调
técnico *adj., m.*	技术的；技术员
disponer *tr., intr.*	安排；可支配，拥有
tampoco *adv.*	也不
funcionar *intr.*	运转，运作
teléfono *m.*	电话
ruido *m.*	噪音
disponible *adj.*	可支配的

Gramática 语法

一 陈述式将来未完成时（续）

陈述式将来未完成时除了表示在将来的时间里发生的事之外，还可表示对现在情况的猜测。例如：

El jefe **estará** en su oficina ahora. 主任现在应该在办公室。

No funciona el aire acondicionado. Habrá algún problema en el circuito. 空调不能运转。估计是电路有问题。

二 动词短语 deber de

动词短语 deber de 加原形动词可表示“大概”。例如：

Los niños **deben de** estar muy cansados. 孩子们大概都很累了。

三 动词短语 tener + p.p.

tener 加及物动词的过去分词，可表示该动词所指之事已经完成。由于过去分词在此处起形容词作用，所以使用时应注意过去分词与被修饰的名词在性和数方面保持一致。例如：

Tengo lavad**os** los platos. 我已经洗好盘子。

Tengo lavad**a** la ropa. 我已经洗好衣服。

四 避免用词重复

西班牙语比较注重避免用词重复，因此西班牙语代词的使用频率较高。词组 hacerlo（做此事）是其中之一，常用于代替前面提到的某件事。例如：

¿Ha introducido usted la tarjeta en el interruptor de la luz?

您将门卡插入取电开关了吗？

Sí, **lo he hecho** después de abrir la puerta。

是的，我开门之后就把门卡插入取电开关了。

Ejercicios 会话练习

1

补充词汇

director *m.*（总经理） posible *adj.*（可能） negocio *m.*（生意） cliente *m.*（客户） oír *tr.*（听见） le duele la cabeza（他头痛） no me digas（是真的吗？）

A: ¿Qué hora es? 现在几点？

B: No sé. Es que no llevo reloj. Pero serán las once y media.
我不知道，因为我没带表，但估计是11点半吧。

A: ¿Has visto a Carlos? 你看见卡洛斯了吗？

B: No, no lo he visto. 没有，我没看见他。

A: ¿Dónde estará? ¿Estará en la oficina del director?
他会在哪里呢？会不会在总经理办公室？

B: No es posible porque el director acaba de salir.
这不可能，因为总经理刚刚出去。

A: Entonces, ¿estará hablando de negocios con algún cliente?
那么，他会不会跟某个客户在谈生意呢？

B: No lo creo, porque he oído decir que está enfermo.
我看不会，因为我听说他生病了。

A: Esto no es cierto. Lo he visto esta mañana en su oficina.
这不是真的。我今天上午在他的办公室看见过他。

B: Pero yo sé que le duele la cabeza estos días.
可是我知道他这几天头痛。

A: No me digas. ¿Estará en algún hospital?
是真的吗？他现在会在哪间医院里吗？

B: Estará en su casa descansando, porque nunca va al hospital aunque esté enfermo.
他是在家里休息吧，因为他即使生病，也从不去医院。

2 补充词汇

reparar *tr.*（修理） rueda *f.*（轮子） delantero *adj.*（前面的） trasero *adj.*（后面的） secar *tr.*（弄干） pintar *tr.*（喷漆） pasado mañana（后天） montar *tr.*（安装）

A: ¿Ya tienes reparado el coche? 车子已经修好了吗？

B: La rueda sí, ya la tengo reparada. 那轮子没问题了，已经修好了。

A: ¿Y las puertas? 车门呢？

B: Las puertas delanteras también las tengo reparadas.
前门也已经修好了。

A: ¿Y las traseras? 后门呢？

B: Las traseras ya las tengo lavadas y secadas. Pero todavía no las tengo pintadas. 后门已经清洗过，而且也吹干了，但还没有喷漆。

A: Entonces, ¿cuándo las tendrás terminadas?
那么，你什么时候可以完工？

B: Mira, mañana las tendré pintadas y pasado mañana las tendré montadas. 你看，明天可以喷好漆，后天可以安装好。

A: Es decir, ¿pasado mañana tendrás reparado el coche?
也就是说，后天你就可以把车修好了？

B: Exacto, amigo. 没错，朋友。

3 补充词汇

localizar *tr.*（找到）

A: Por favor, ¿dónde está el técnico? 请问，维修工在哪里？

B: Debe de estar en su oficina. ¿En qué puedo servirle?
应该在他办公室吧。有什么需要我帮忙的吗？

A: ¿Puede ayudarme a localizarlo? 可以帮我找他吗？

B: Sí. ¿Hay algún problema en su habitación?
可以。您的房间有什么问题吗？

A: Creo que no hay luz en mi habitación.
我觉得我的房间里没有电。

B: ¿No se enciende el aire acondicionado? 空调打不开吗？

A: No, ni el televisor ni el teléfono. 打不开，电视和电话也用不了。

B: ¿Tampoco funciona el teléfono? 电话也用不了吗？

A: Sólo ha funcionado un minuto, pero ahora ya no.
刚才有一分钟的时间可以用，可是现在不行了。

B: Bueno, ya lo he llamado. Espere usted un momento en su habitación. Ahora mismo irá el técnico. 好吧，我已经给他打了电话。请回您的房间稍待片刻，维修工马上就来。

Lección 第24课

Pidiendo información 打听情况

A: ¿Podría darme un mapa de la ciudad?
可以给我一张本市的地图吗?

B: Sí, aquí lo tiene, señor. ¿Es la primera vez que viene a España?
好，给您地图，先生。您是第一次来西班牙吗?

A: Sí. Es la primera vez que vengo y he oído decir que en Madrid hay muchos lugares interesantes. ¿Qué me sugiere usted para visitar? 是的，我第一次来这里。听说马德里有很多景点，您可以给我指点一下吗?

B: Le sugeriría ver el Palacio Real, el Museo del Prado, la Puerta del Sol, la Plaza Mayor, la Plaza de España, etc.
我建议您去看一下王宫、普拉多博物馆、太阳门、大广场、西班牙广场等。

A: Ahí está la zona comercial más animada, ¿no?
那一带是最繁华的商业区，是吗?

B: Exacto. Pero debería usted andar con mucho cuidado porque puede haber muchos ladrones.
没错，但是您要多加小心，因为这里可能有小偷。

A: ¿Es verdad? 真的吗?

B: Sí, es verdad. He encontrado a muchos extranjeros que han sido robados. Los ladrones roban principalmente ordenadores portátiles, móviles, etc. Así que sería mejor tomar parte en un tour

organizado por una agencia de turismo.
是真的。我见过有外国人被偷了东西。小偷主要是偷手提电脑和手机等，所以最好参加旅行社组织的专线游。

A: ¿Hay algún tour de medio día o de un día entero?
有半日游或者一日游吗？

B: Sí, sí hay. Si usted necesita más información turística, pase por favor por la agencia de turismo que se encuentra en esta misma esquina.
有。如果您想知道更多旅游信息的话，可以去这个街角那家旅行社了解。

A: Gracias, es usted muy amable. 您真是个热心人，谢谢。

Vocabulario 词汇表

información *f.*	情报，信息	Plaza Mayor	大广场
mapa *m.*	地图	andar *intr.*	行走
oír *tr.*	听见，听	cuidado *m.*	注意，小心
Madrid	马德里	ladrón *m.*	小偷
lugar *m.*	地方	verdad *f.*	真实
interesante *adj.*	有趣的	encontrar *tr.*	找到，遇到
sugerir *tr.*	建议；提示	robar *tr.*	偷窃
Palacio Real	王宫	ordenador *m.*	电脑
Museo del Prado	普拉多博物馆	portátil *adj.*	手提的
		móvil *m.*	手机

así que	因此，所以	organizar *tr.*	组织
mejor *adj.*	更好	turístico *adj.*	旅游的
tomar parte	参加	entero *adj.*	整个的，完全的
tour *m.*	专线游		

Gramática 语法

一 条件式简单时动词变位规则

条件式简单时的动词变位比较容易掌握。无论动词是以 ar 还是以 er 或 ir 结尾，均只需根据人称，在原形动词后面直接加入以下词尾即可。

yo	-ía	nosotros	-íamos
tú	-ías	vosotros	-íais
él	-ía	ellos	-ían

动词变位范例：

ayudar（帮助）：

yo ayudaría　　nosotros ayudaríamos
tú ayudarías　　vosotros ayudaríais
él ayudaría　　ellos ayudarían

aprender（学）：

yo aprendería　　nosotros aprenderíamos
tú aprenderías　　vosotros aprenderíais
él aprendería　　ellos aprenderían

subir（上去）：

yo subiría	nosotros subiríamos
tú subirías	vosotros subiríais
él subiría	ellos subirían

动词 poder 的条件式简单时变位不规则：

yo podría	nosotros podríamos
tú podrías	vosotros podríais
él podría	ellos podrían

㈡ 条件式简单时的用法（1）

条件式简单时可表示礼貌、愿望、劝告等，使说话的语气显得婉转、客气。例如：

¿**Podría** usted decirme dónde está la salida?

您可以告诉我出口在哪儿吗？

Desearía viajar por Europa. 我希望去欧洲旅游。

No **debería** usted fumar tanto. 您应该少吸烟。

㈢ 被动句

西班牙语由 ser 加动词的过去分词组合的句子称为被动句。在此类结构中，过去分词起形容词作用，使用时应注意过去分词与被修饰的名词在性和数方面保持一致。例如：

Sus **tarjetas** de crédito han sido **robadas**. 他的信用卡被偷了。

Su **móvil** ha sido **robado** por un joven.

他的手机被一个年轻人偷走了。

Ejercicios 会话练习

1

补充词汇

entre *prep.*（在……之间） tanto *pron.*（这么多） de todos modos（无论如何） dejar de（停止） consejo *m.*（劝告））

A: ¿Podría hablar contigo? 我可以跟你谈一谈吗？

B: Claro que sí. Pero, ¿sobre qué? 当然可以。但是，谈什么呢？

A: Como no hemos hablado desde hace dos meses, desearía saber qué ha pasado entre nosotros. 我们已经有两个月没有说过话了，我想知道我们之间到底出了什么问题。

B: Creo que no ha pasado nada. ¿No es cierto?
我觉得没出什么问题，不是吗？

A: Pero, ¿por qué no me has llamado durante tanto tiempo?
可是，你为什么这么久没给我打电话？

B: Es que tengo mucho trabajo. 那是因为我太忙了。

A: Entonces deberías descansar unos días. Mira, desearía viajar a Argentina y no me gustaría ir sola. ¿Podríamos ir juntos?
那你就应该休息几天。你看，我想去一趟阿根廷，但我不想一个人去。我们可以一起去吗？

B: Lo siento. Estoy ocupado y no puedo acompañarte.
对不起，我忙于事务，不能陪你去。

A: ¿Sigues fumando mucho? 你还是抽那么多烟吗？

B: Sí. Bien sabes que cuando tengo mucho trabajo, suelo fumar mucho.
对。你深知我忙于事务时会抽很多烟。

A: No deberías fumar tanto. 你不应该抽这么多烟。

B: Me gustaría dejar de fumar, pero no puedo.
我倒是很想戒烟，可是戒不了。

A: Bueno, de todos modos, deberías cuidarte.
好吧，不管怎么说，你都应该照顾好自己。

B: Gracias por tu buen consejo. 谢谢你的忠告。

2 补充词汇

detener *tr.*（抓获） descubrir *tr.*（发现） candado roto（砸烂的锁） forzar la puerta（破门而入） amenazar *tr.*（威胁） cuello *m.*（脖子） pecho *m.*（胸膛） matar *tr.*（杀） atar *tr.*（捆绑）

A: ¿Sabes? La casa de mi vecino ha sido robada.
你知道吗？我邻居家被偷了。

B: ¿Sí? ¿Y los ladrones han sido detenidos? 是吗？小偷被抓到了吗？

A: No, los ladrones no han sido detenidos aunque han sido descubiertos.
没有，小偷虽然被发现了，但是没被抓到。

B: ¿Por quién han sido descubiertos? 小偷是被谁发现的？

A: Por el portero del edificio. 是被大楼的门卫发现的。

B: ¿Cómo los ha descubierto el portero? 门卫是怎样发现了小偷？

A: Ha encontrado un candado roto en el piso y ha visto que la puerta ha sido forzada.
他发现地上有一把被砸烂的锁，还看见那家的门被撬开了。

B: ¿Y por qué no los ha detenido? 那他为什么不抓住小偷呢？

A: Porque los ladrones lo han amenazado con cuchillos.
因为小偷用刀威胁他。

B: Es decir, ¿el portero ha sido amenazado con cuchillos en el cuello?
也就是说，门卫被人用刀架在脖子上威胁吗？

A: Exacto, ha sido amenazado con cuchillos en el cuello y en el pecho.
没错，他被人用刀架在脖子和胸脯上威胁。

B: ¿Y le han matado? 他被杀了吗？

A: No, hombre. No le han matado, pero sí ha sido atado en la cama.
没有。他没被杀，但是被人捆绑在床上了。

3 补充词汇

recorrido *m.*（兜一圈） sugerencia *f.*（建议） plano *m.*（地图） señalado *adj.*（标出的） interés *m.*（关注） Templo de la Sagrada Familia（圣家族大教堂）

A: Por favor, ¿es aquí la oficina de información turística?
请问，这里是旅游咨询处吗？

B: Sí, señor. ¿En qué puedo servirle?
是的，先生。有什么需要我帮忙的吗？

A: Desearía hacer un recorrido por la ciudad. ¿Podría usted darme alguna sugerencia? 我想在城里逛一逛。您可以给我指点一下吗？

B: Sí. Mire, aquí tiene un plano de la ciudad donde están señalados los principales lugares de interés turístico. 可以。您看，这是本市的地图，主要的旅游景点在上面均有标明。

A: ¿Son éstos los centros comerciales? 这些是商业区吗？

B: Sí, y éstas son las zonas de interés turístico.
是的，而这一些就是景点区。

A: ¿Qué me sugiere usted para visitar? 您认为哪些景点值得看呢？

B: Le sugeriría visitar el Templo de la Sagrada Familia.
我建议您去看看圣家族大教堂。

A: ¿Se puede ir en metro? 可以坐地铁去吗？

B: Por supuesto. Se puede ir en metro o en autobús.

当然可以。可以坐地铁或者坐公交车去。

A: Muchas gracias. Es usted muy amable.

您真是个热心人。非常感谢。

B: De nada. 不用谢。

Lección 第25课

Para orientarse 问路

A: Disculpe, señor, yo no puedo orientarme. ¿Podría usted decirme dónde estoy ahora? 对不起，先生，我辨不清方向，您可以告诉我这是什么地方吗？

B: Usted está ahora en el Este de la ciudad. 您现在在本市东部。

A: ¿Es éste el Paseo del Prado? 这是普拉多大道吗？

B: No, ésta es la calle de Alcalá. Mire, aquélla es la plaza de toros. 不，这是阿尔卡拉大街。您看，那是斗牛场。

A: ¿Voy bien para el Museo del Prado?
普拉多博物馆是从这里去吗？

B: No, usted debe regresar y seguir todo recto por esta misma calle hasta la Plaza de Cibeles, donde hay una estatua con fuente. Y luego gire a la izquierda.
不对。您要往回走，顺着这条大街一直走到西贝雷斯广场，那里有一座带喷泉的雕像，然后往左拐。

A: ¿Podría indicármelo en el mapa? 可以在地图上给我指一下吗？

B: Sí. Mire, ésta es la calle de Alcalá, ésta es la Plaza de Cibeles y aquí está el Museo del Prado. 可以。您瞧，这是阿尔卡拉大街，这是西贝雷斯广场，普拉多博物馆就在这儿。

A: Parece que la distancia es larga. ¿Cuánto tiempo se tarda desde aquí hasta allí andando?

看来距离挺远。从这里走路到那里需要多少时间？

B: Quizá se tarde media hora. Pero le sugiero que tome el metro.
可能要半小时。不过，我建议您坐地铁去。

A: Es que viajando en metro no se puede ver nada.
问题是坐地铁什么也看不到。

B: Ah, claro, tiene usted razón. Caminando por la calle uno puede contemplar el paisaje urbano y detenerse para sacar fotos cuando quiera.
哦，那当然，您说得有道理。在街上行走可以一睹城市风貌，而且想拍照时还可以停下来拍照。

A: Pero alguien me ha dicho que es peligroso que uno ande por la calle sin compañía y que lo mejor es que se tome un taxi.
但是有人跟我说，在街上单独行走很危险，所以最好是打的。

B: ¡Hombre, no es para tanto! Claro, en cualquier caso es conveniente que uno cuide bien sus objetos de valor cuando pasee por la calle, por ejemplo, el pasaporte, la cámara de fotos, etc. 问题没那么严重。当然，不管怎么样，在街上行走还是要保管好自己的贵重财物，如护照、照相机等。

A: Gracias por su advertencia. 谢谢您的提醒。

Vocabulario 词汇表

orientarse *prnl.*	辨认方向	peligroso *adj.*	危险的
paseo *m.*	林荫大道	lo mejor es que	最好是……
plaza de toros	斗牛场	hombre *m.*	男人；好家伙
seguir *tr., intr.*	继续	no es para tanto	问题没那么严重
todo recto	径直	cualquiera *pron.*	任何一个
estatua *f.*	雕像	conveniente *adj.*	适合的，适宜的
fuente *f.*	喷泉	objeto *m.*	物品
girar *intr.*	转，拐弯	valor *m.*	价值
indicar *tr.*	指出	pasear *intr.*	散步
distancia *f.*	距离	por ejemplo	例如
tardar *intr.*	花费（时间）	pasaporte *m.*	护照
razón *f.*	道理	cámara *f.*	相机
contemplar *tr.*	观看	advertencia *f.*	提醒
urbano *adj.*	城市的		
compañía *f.*	陪伴		
sacar *tr.*	取出；拍摄		

一 虚拟式现在时变位规则

1. 以 ar 结尾的动词，去掉词尾 ar，根据人称选用以下词尾：

yo -e	nosotros -emos
tú -es	vosotros -éis
él -e	ellos -en

变位范例：

bajar（下去）

yo baje　　nosotros bajemos

tú bajes　　vosotros bajéis

él baje　　ellos bajen

2. 以 er 和 ir 结尾的动词，去掉 er 或 ir，选用以下词尾：

yo -a	nosotros -amos
tú -as	vosotros -áis
él -a	ellos -an

变位范例：

comer（吃）

yo coma　　nosotros comamos

tú comas　　vosotros comáis

él coma　　ellos coman

subir（上去）

yo suba　　nosotros subamos

tú subas　　vosotros subáis

él suba　　ellos suban

二 虚拟式的用法（1）：

1. 当主句谓语表示意愿（包括愿望、需要、请求、命令、劝告、建议、允许、禁止等）时，从句谓语用虚拟式。
   表示上述意思常见的动词有：desear（希望）、querer（想）、esperar（期待）、necesitar（需要）、pedir（请求）、exigir（要求）、mandar（命令）、aconsejar（劝告）、sugerir（建议）、dejar（让）、permitir（允许）、prohibir（禁止）等。例如：

   Deseo que todos **pasemos** un hermoso año, con paz, salud y amor. 我祝愿大家今年都过得很美好，世界和平，人人健康，人间充满爱。

   Espero que me **comprendas**. 我希望你理解我。

   Le sugiero que **visite** el Palacio Real. 我建议你参观王宫。

2. 在 ser necesario（有必要）、ser posible（有可能）、ser peligroso（有危险）、ser mejor（最好）、ser conveniente（合适）、estar bien（是对的）、estar mal（是不对的）等短语引导的主语从句中，从句谓语用虚拟式，例如：

   Es necesario que **comas** algo. 你必须吃一点东西。

   Es posible que no **estén** en casa. 他们可能不在家里。

   Es mejor que **subas** enseguida. 你最好立刻上去一趟。

3. 使用 quizá、(quizás)、tal vez、posiblemente 等副词对所讲之事或情况表示猜测时，谓语用虚拟式。例如：

   Quizá te **llame** esta noche. 也许他今晚会打电话给你。

   Tal vez **esté** cerrado el museo. 也许博物馆关门了。

4. 在 cuando（当……时候）等引导的时间状语从句里，当从句所讲之事从现在或当时的角度看属未来行为时，从句谓语用虚拟式。例如：

   Avísame cuando **regresen** ellos. 他们回来的时候，请你通知我。

   Salúdalos de mi parte cuando les **escribas**.
   你给他们写信时，请代我向他们问好。

三 不定代词 cualquiera

Cualquiera（任何一个）是不定代词，可以指人，也可以代物，例如：

Cualquiera quiere ganar más dinero. 谁都想多挣点钱。

- ¿Cuál de estos discos quieres? 你想要哪一张唱片？

- **Cualquiera**. 哪一张都行。

此外，cualquiera 还可以作形容词用，但置于单数名词（无论是阴性还是阳性）前时，必须去掉词尾 -a，例如：

Con este móvil, puedes llamarme en **cualquier lugar** y a **cualquier hora**.

有了这个手机，你就可以在任何地方和任何时间打电话给我。

Ejercicios 会话练习

1

A: ¿Dónde estará Juan ahora? 胡安现在会在哪里呢？

B: Quizá esté bailando en alguna discoteca.
也许他正在某个舞厅跳舞呢。

A: Pero, ¿no sabes que no le gusta bailar?
可是，你不知道他不喜欢跳舞吗？

B: Ah, entonces, tal vez esté bebiendo café en algún bar.
哦，那他也许正在某个酒吧喝酒吧。

A: Eso sí. Yo sé que le gusta charlar y es posible que en este momento esté charlando con sus amigos en algún bar.
这倒是有可能。我知道他喜欢聊天，他此时有可能在某个酒吧跟他的朋友聊天。

B: ¿Quieres que regrese ahora? 你想要他现在回来吗？

A: Sí, mi ordenador me está dando problemas y necesito que me ayude.
对，我的电脑现在老是有问题，我需要他帮帮我。

B: Pero me temo que va a ser muy tarde cuando regrese. Así que es mejor que lo llames. 但是我估计等他回来的时候已经很晚了。所以，你最好给他打个电话。

A: Lo he llamado varias veces, pero su móvil está apagado.
我已经给他打过几次电话，但是他的手机关机了。

B: Si su móvil está apagado, debe de estar charlando con alguna chica y no quiere que nadie lo llame ahora.
如果他的手机关机，那他就应该是跟哪个女孩子在聊天，不想此时有人给他打电话。

A: Bueno, me voy y espero que me avises cuando regrese.
好吧，我先回去了。等他回来时，请你通知我。

B: Vale, no hay problema. Te avisaré cuando llegue a casa.
好，没问题。他回到家里时，我会通知你。

2 补充词汇

automáticamente *adv.*（自动地） examinar *tr.*（检查） conectar *tr.*（连接） equivocarse *prnl.*（弄错） causa *f.*（原因）

A: ¿Tiene algún problema tu ordenador? 你的电脑有问题吗？

B: Sí, se apaga automáticamente. 是的，它老是自动关机。

A: ¿Necesitas que te ayude? 你需要我帮你吗？

B: Sí, por favor. Quiero que lo examines, a ver qué problema tiene.
对。我想请你帮我检查一下，看看是什么问题。

A: Es posible que esté mal conectado. 可能是没有连接好。

B: Pero el enchufe es nuevo. Acabo de cambiarlo.
可是插座是新的，我刚刚换过。

A: No es conveniente que lo cambies tú mismo. 你不应该自己换。

B: Es que en mi casa no hay ningún técnico.
问题是我家里没有专业人员。

A: Pero sabes que yo puedo ayudarte. Llámame cuando me necesites.
可是你知道这事我可以帮你。你有什么需要的话，请给我打电话。

B: Te he llamado varias veces, pero tu móvil estaba apagado.
我给你打了几次电话，但是你的手机关机了。

A: No es posible que mi móvil estuviera apagado. A lo mejor te has equivocado de número. Mira, ya he encontrado la causa.
我的手机不可能关机。可能是你拨错了号码。你看，我已经找出原因了。

B: ¿Sí? 是吗？

A: Sí, es problema del enchufe. No es conveniente que uses este tipo de enchufe. Es mejor que compres otro.
对，是插座的问题。你不应该使用这种插座。你最好再买一个。

注：estaba 是动词 estar 的陈述式过去未完成时第三人称单数变位；estuviera 是该动词的虚拟式过去未完成时第三人称单数变位。

3

补充词汇

parada *f.*（中途站）

A: Disculpe, ¿es ésta la casa del señor Carlos Fuentes?
对不起，这是卡洛斯·富恩特斯家吗？

B: No, señor. 不是的，先生。

A: ¿No es éste el edificio Nº 3 de la calle del Carmen?
这不是卡门大街3号楼吗？

B: No. Éste es el edificio Nº 3 de la calle San Pedro. La calle del Carmen queda 5 manzanas más arriba.

不对，这是圣彼得罗大街3号楼。卡门大街要再往上走5个街区才是。

A: ¿Podría usted decirme cómo se va para allá?
您可以告诉我怎样才能去到那里吗？

B: Mire, siga todo recto por esta calle y gire a la derecha cuando vea un gran supermercado. Allá está la calle del Carmen.

您瞧，请沿着这条街一直往前走，当看到一个大型超市时往右拐。那儿就是卡门大街。

A: ¿Cuánto tiempo se tarda desde aquí hasta allá caminando?
从这里到走到那里需要多少时间？

B: Creo que se tardan unos quince minutos. Pero si usted quiere, puede coger el autobús Nº 10. Aquí mismo hay una parada.
我看需要15分钟左右。但是如果您想坐公交车去，可以坐10号线。这里就有一个站。

A: Muchas gracias, es usted muy amable.
您真是个热心人。非常感谢。

B: De nada. 不用谢。

Lección 第 26 课

Transporte público 公共交通

A: Por favor, ¿podría decirme dónde está la parada de taxis?
劳驾，您可以告诉我的士站在哪里吗？

B: Mire, ésta es la parada de autobuses. La parada de taxis está un poco lejos. 您瞧，这是公交车站。的士站离这里有点远。

A: ¿Se puede ir al Museo del Prado en autobús?
去普拉多博物馆可以坐公交车吗？

B: Sí, señor. Pero como ahora es la hora punta, hay atascos por todas partes. Si usted va en autobús, a lo mejor está cerrado cuando llegue al museo. Por eso sería preferible viajar en metro, que es más rápido y cómodo.
可以，先生。但现在是高峰时间，到处都堵车。如果您坐公交车去，说不定等您赶到时，博物馆已经关门了。所以，最好是坐地铁去。坐地铁更快，更舒适。

A: ¿Hay alguna estación de metro por aquí cerca?
这附近有地铁站吗？

B: Sí, en esta misma calle hay dos estaciones.
有，这条街就有两个地铁站。

A: ¿Dónde está la boca de metro más cercana?
离这儿最近的地铁口在哪里？

B: Mire, en la próxima bocacalle hay una entrada al metro.

瞧，下一个路口有一个地铁口。

A: ¿Qué línea debo coger para ir al Museo del Prado?
去普拉多博物馆，我应该坐哪一条线？

B: Debería usted coger primero la línea Nº 2 y hacer trasbordo a la línea Nº 1 en la estación de Sol. No tome la línea Nº 3, porque no va al Museo del Prado.
您应该坐2号线，到了太阳门站转1号线。不要坐3号线，因为3号线不去普拉多博物馆。

A: Me parece un poco complicado. 我觉得有点复杂。

B: Bueno, puede usted solicitar un plano del metro en la taquilla cuando compre el billete.
这样吧，您买票的时候，可以在售票处要一张地铁线路图。

A: Buena idea. 好主意。

B: Pero le advierto que tenga mucho cuidado. Esta mañana me he encontrado en el centro a una chica rusa a quien le habían quitado el bolso de mano y ha perdido todo su dinero y el carné de identidad. 但是我提醒您，要格外小心。今天上午我在市中心碰见一个俄罗斯女孩被抢了手提包，结果她身上带的钱和身份证全没了。

A: ¡No me diga! ¡Pobre chica! 是真的吗？这女孩真可怜！

Vocabulario 词汇表

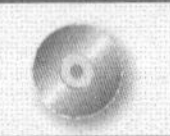

parada *f.*	中途站	complicado *adj.*	复杂的
un poco	一点儿	solicitar *tr.*	申请，索取
hora punta	高峰时段	plano *m.*	图纸；地图
atasco *m.*	堵车	taquilla *f.*	售票窗
preferible *adj.*	更好的，更可取的	advertir *tr.*	提醒
cómodo *adj.*	舒适的	ruso *adj., m.*	俄罗斯的；俄语；俄国人
mismo *adj.*	同样的，同一个	quitar *tr.*	拿走；抢，夺
boca *f.*	嘴巴；口	bolso *m.*	（女式）提包
cercano *adj.*	附近的	mano *f.*	手
próximo *adj.*	临近的，下一个	perder *tr.*	失去，丢失
bocacalle *f.*	街口，路口	carné (carnet) *m.*	证件，身份证
entrada *f.*	入口	identidad *f.*	身份
línea *f.*	线路	¡No me diga!	真有这种事?
transbordo *m.*	换乘，转车		

Gramática 语法

㈠ 陈述式将来完成时变位规则

陈述式将来完成时由助动词 haber 的陈述式将来未完成时加动词的过去分词构成。助动词 haber 的陈述式将来未完成时变位如下：

yo habré nosotros habremos
tú habrás vosotros habréis
él habrá ellos habrán

变位范例：

llegar（到达）：

yo habré llegado nosotros habremos llegado
tú habrás llegado vosotros habréis llegado
él habrá llegado ellos habrán llegado

beber（喝）：

yo habré bebido nosotros habremos bebido
tú habrás bebido vosotros habréis bebido
él habrá bebido ellos habrán bebido

ir（去）：

yo habré ido nosotros habremos ido
tú habrás ido vosotros habréis ido
él habrá ido ellos habrán ido

二 陈述式将来完成时的用法

1. 陈述式将来完成时表示在将来某一时间之前已经发生的事。例如：

   Mañana a esta hora ya **habremos llegado** a Madrid.

   明天这个时候我们已经到达马德里。

   Cuando llegues al museo, éste a lo mejor ya **habrá cerrado**.

   等你去到博物馆时，说不定博物馆已经关门。

2. 与陈述式将来未完成时一样，陈述式将来完成时也可以表示猜测。例如：

   El jefe no está en la oficina. **Se habrá marchado**.

   上司不在办公室。大概是走了。

三 虚拟式的用法（2）

虚拟式现在时可表示否定命令。例如：

No **entres**. 你别进去。

No me **esperéis**. 你们不要等我了。

四 虚拟式现在时不规则动词变位

1. 有一部分动词，当它的陈述式现在时第一人称单数变位不规则时，其虚拟式现在时变位统一采用它作词根。例如：

   decir → digo → : diga digas diga digamos digáis digan

   hacer → hago → : haga hagas haga hagamos hagáis hagan

   poner → pongo → : ponga pongas ponga pongamos pongáis pongan

   tener → tengo → : tenga tengas tenga tengamos tengáis tengan

   venir → vengo → : venga vengas venga vengamos vengáis vengan

   salir → salgo → : salga salgas salga salgamos salgáis salgan

   oír → oigo → : oiga oigas oiga oigamos oigáis oigan

   ver → veo → : vea veas vea veamos veáis vean

   servir → sirvo → : sirva sirvas sirva sirvamos sirváis sirvan

   conocer → conozco → : conozca conozcas conozca conozcamos conozcáis conozcan

   estar → estoy → : esté estés esté estemos estéis estén

2. 还有些动词也采用上述办法，但其第一和第二人称复数变位是规则的。例如：

   poder → puedo → : pueda puedas pueda podamos podáis puedan

   volver → vuelvo → : vuelva vuelvas vuelva volvamos volváis vuelvan

   acostar → acuesto → : acueste acuestes acueste acostemos acostéis acuesten despertar → despierto → : despierte despiertes despierte despertemos despertéis despierten

3. 个别动词的虚拟式现在时变位完全不规则。例如：

ser: sea seas sea seamos seáis sean

ir: vaya vayas vaya vayamos vayáis vayan

saber: sepa sepas sepa sepamos sepáis sepan

haber: haya hayas haya hayamos hayáis hayan

Ejercicios 会话练习

1

补充词汇

así *adv.*（这样）

A: Oye, no entres. El jefe está trabajando.
喂，你别进去。经理正在工作。

B: Está bien. Voy a salir. 好，我出去。

A: No salgas. Aún es temprano. 你别出去。还早呢。

B: Vale. Voy a esperar hasta que el jefe termine su trabajo.
没问题，我等到经理下班好了。

A: No lo esperes. Quizá termine su trabajo muy tarde.
你别等他。也许他很晚才下班。

B: Entonces voy a fumar. 那我就去抽烟吧。

A: No fumes aquí. Fuma en el lavabo si quieres.
你别在这里抽烟。要抽烟就到洗手间抽。

B: Bueno, voy a mirar si está trabajando el jefe.
好吧，我去看看经理是不是在工作。

A: No vayas a mirarlo. Está charlando con alguien.
你别去看。他正在跟别人谈话。

B: ¿Con quién está charlando? 他跟谁在谈话?

A: ¡Quién sabe! Quizá esté charlando con una chica.
谁知道! 也许是跟一个女孩子在谈话吧。

B: ¡No me digas! ¿No has dicho que está trabajando?
是真的吗? 你不是说他在上班吗?

A: ¡No me mires así, hombre! 喂，你别这样看着我!

2

A: ¿Está lejos el Templo de la Sagrada Familia?
圣家族大教堂离这儿远吗?

B: Sí, está un poco lejos, por eso no podemos ir a pie.
是的，有点儿远，所以我们不能走路去。

A: Entonces vamos a pedir a Juan que nos lleve en su coche.
那我们叫胡安开车带我们去吧。

B: Cuando venga Juan, a lo mejor ya ha anochecido.
等到胡安来，说不定已经天黑了。

A: No te preocupes, ahora mismo lo voy a llamar.
你别担心，我马上给他打电话。

B: ¿Lo has llamado ya? 你给他打电话了吗?

A: Sí, pero me ha dicho que cuando regrese, habrá cerrado el Templo.
打了，但是他跟我说，等他回来时大教堂恐怕关门了。

B: ¿A qué hora termina el trabajo Juan? 胡安几点下班?

A: Creo que a eso de las dos de la tarde habrá terminado su trabajo. Si regresa enseguida, habrá llegado a casa a las tres. Y si salimos a esa hora, no habrá mucho tráfico en el camino y habremos llegado al templo antes de que se cierre.

我看下午2点左右他应该下班了。如果他立刻回来，估计3点已经到家。我们要是3点出发，路上应该不会有很多车，可以赶在教堂关门之前抵达。

B: Si llegamos a esa hora, la taquilla habrá cerrado y los visitantes se habrán marchado. 如果我们这么晚才到，售票处恐怕已经关门，游客可能也已经走了。

A: Entonces, ¿qué vamos a hacer? 那我们该怎么办？

B: Hombre, vamos ahora mismo al templo en metro.
我们马上坐地铁去吧。

3 补充词汇

ópera *f.*（歌剧）

A: Deme un billete de metro, por favor. 请给我一张地铁票。

B: ¿De un viaje o de diez viajes? 要一次票还是十次票？

A: De diez viajes, por favor. ¿Cuánto es? 十次票。要多少钱？

B: Son 10 euros. 10欧元。

A: ¿Podría darme un plano del metro? 可以给我一张地铁线路图吗？

B: Sí. Aquí lo tiene. 好，这是线路图。

A: ¿Se puede ir al Palacio Real en metro? 去王宫可以坐地铁吗？

B: Sí, señor. 可以，先生。

A: ¿Qué línea debo coger? 我应该坐哪条线？

B: Debe usted tomar la línea Nº 2. 您应该坐2号线。

A: ¿En qué estación debo bajar? 我要在哪个站下呢？

B: En la estación Ópera. 在歌剧院站下。

A: Gracias. 谢谢。

B: De nada. 不用谢。

Lección 第27课

De compras 购物

A: ¡Buenas noches! ¿Qué desea usted?
晚上好! 您想买点什么?

B: Quiero comprar unos zapatos de cuero. He oído decir que los zapatos de España son de muy buena calidad.
想买皮鞋，我听说西班牙的皮鞋质量很好。

A: Claro, todos los productos de España son de tres “B”: Bueno, Bonito y Barato. 那当然，西班牙所有产品都是三优产品：质好、物美、价廉。

B: Ah, ¿sí? A ver, ¿cuánto cuestan esos zapatos negros que están expuestos en el escaparate?
噢，是吗？看一下，摆在橱窗的那双黑色皮鞋要多少钱?

A: 120 euros. Quizá sean un poco caros, pero la calidad se refleja en el precio, como dice la gente. Esos zapatos están hechos con piel importada de Italia, que es muy resistente.
120欧元。也许是稍贵一点儿，但俗话说：“一分钱一分货”。那鞋子是用意大利进口皮做的，非常耐穿。

B: Pero, prefiero zapatos originales de España.
可是，我更喜欢西班牙原产皮鞋。

A: ¿Qué le parecen estos zapatos marrones que están de liquidación? El precio original era de 150 euros, y ahora sólo cuestan 75 euros. Es decir, tienen un descuento de un 50% sobre el precio

original. En un solo día hemos vendido muchos pares y temo que ya queden muy pocos.
您看这双棕色皮鞋怎么样？现在正在搞促销，原价150欧元，现价仅75欧元，也就是说，打五折。我们一天就卖了很多双，现在恐怕货已不多。

B: La relación calidad-precio es bastante atractiva, pero no me gusta el modelo. ¿Hay otros más bonitos?
这性价比很有吸引力，可是我不喜欢这个款式。还有别的更好看的吗？

A: Sí. Mire, esos negros son 100% originales de España y son el último modelo. 有。您看，那些黑色皮鞋百分之百是西班牙产的，而且是最新款式。

B: ¿Qué precio tienen? 多少钱一双？

A: 90 euros. 90欧元。

B: Me gustan mucho. Deme tres pares, por favor.
我很喜欢。请给我3双。

A: ¿Qué número calza usted?
您穿什么码？

B: Yo calzo el cuarenta y dos. Pero estos zapatos no los compro para mí, sino como regalos para mis amigos. 我穿42码。不过，这鞋子不是我自己用，我是买来送给朋友的。

A: Entonces ¿de qué número los quiere? 那您想买什么码的？

B: Unos del 41 y otros del 43, por favor.
请给我一双41码，其余的要43码。

A: Sí, señor. Haga el favor de pagar en la caja.
好，先生。请到柜台付钱。

Vocabulario 词汇表

de compras	购物
zapato *m.*	鞋子
cuero *m.*	（牛羊等动物的）皮
calidad *f.*	质量
producto *m.*	产品
barato *adj.*	便宜的
negro *adj.*	黑色的
expuesto *p.p.*	陈列的，展出的
escaparate *m.*	橱窗
caro *adj.*	贵的
reflejar *tr.*	反映
piel *f.*	皮
importado *p.p.*	进口的
resistente *adj.*	坚固的，耐用的
original *adj.*	原始的；正宗的
marrón *adj.*	棕色的
liquidación *f.*	大甩卖，清仓
descuento *m.*	折扣
sobre *prep.*	在……之上
vender *tr.*	卖，销售
relación *f.*	关系
atractivo *adj.*	有吸引力的
modelo *m.*	款式；(*m., f.*) 模特
par *m.*	双，对
calzar *tr.*	穿（鞋、袜）
como *conj.*	如同，和……一样
regalo *m.*	礼物
pagar *tr.*	支付，付款
caja *f.*	柜台

Gramática 语法

㊀ 形容词比较级

形容词比较级分为三种：

1. 同等级：由 tan... como...（和……一样……）构成。例如：

El es **tan** inteligente **como** su hermano. 他和他兄弟一样聪明。

Tengo una maleta **tan** grande como ésta.

我有一个和这个一样大的旅行箱。

2. 较高级：由 más… que…（比……更加……）构成。例如：

Ella es **más** gorda **que** su hermana. 她比她姐姐胖。

Necesito una mesa más pequeña que ésta.

我需要一张比这张小的桌子。

3. 较低级：由 menos… que…（没……那么……）构成。例如：

Este hotel es **menos** lujoso **que** el otro.

这家宾馆没有那家那么豪华。

Ahora este río está **menos** sucio **que** antes.

现在这条河没有以前那么脏。

在较高级和较低级结构中，与之比较的部分可以略去。例如：

Esta bolsa de mano es **más** cara. 这个手提袋更贵。

Estos zapatos son **más** resistentes. 这双鞋子更耐用。

Este detalle me parece **menos** importante.

这个细节我觉得没那么重要。

在形容词比较级中有几个较特殊的词：

1. “更好”用 mejor，一般不用 más bueno。
2. “更坏，更糟”用 peor, 一般不用 más malo。
3. （年龄）“更大”用 mayor。más grande 仅指体积或面积大。
4. （年龄）“更小”用 menor。más pequeño 仅指体积或面积小。

例如：

Este móvil es **mejor** que el mío. 这个手机比我那个好。

Esta habitación es **peor** que la otra. 这个房间比另外一个还糟糕。

Necesito una oficina **más grande** que ésta.

我需要一间比这间大的办公室。

El es **menor** que su esposa. 他年龄比他妻子小。

二 虚拟式的用法（3）

当主句表示担心或害怕时，从句谓语用虚拟式，例如：

Me preocupa que no **puedan** llegar a tiempo.

我担心他们不能准时到达。

Todos temen que **haya** atascos en el camino. 大家都害怕路上堵车。

三 前置词 sobre

前置词 sobre 可表示“在……上面”。例如：

He visto una carta **sobre** la mesa. 我看见桌面上有一封信。

Hay un 30% de descuento **sobre** el precio original.

按原价七折销售。(少收原价的 30%)

Ejercicios 会话练习

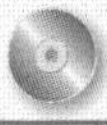

1

补充词汇

alquilar *tr.*（租用） gasolina *f.*（汽油） lógico *adj.*（合符逻辑的） gastar *tr.*（耗费）

A: ¿Tiene usted un coche para alquilar? 您这里有小汽车出租吗?

B: Sí, señor. ¿Qué le parece éste? 有的，先生。您看这辆怎么样?

A: Me parece pequeño. Quiero un coche más grande, más nuevo y mejor que éste. 我觉得太小。我想要一辆比这辆大，比这辆新，而且比这辆好的车。

B: Bien, un coche más grande… ¿Le gusta ése otro?
好，要一辆比这辆大的车…… 您喜欢那一辆吗?

A: ¡Hombre! No, ése es demasiado grande. Necesito un coche un poco más pequeño, un poco menor que ése.

好家伙！那辆太大了，不行。我需要小一点的车，要比那辆小一点的。

B: ¿Qué le parece un coche tan bonito, tan grande y tan limpio como aquél?
像那边那辆那么新，那么大和那么干净的车，您觉得怎么样？

A: ¿Cuánta gasolina consume? 那辆车耗油量是多少？

B: Consume menos gasolina que el otro. Es lógico, el grande consume más que el pequeño. 耗油量比大的那辆少。理所当然，大车比小车耗油。

A: ¡Claro! Y el pequeño gasta menos que el grande. Es casi tan grande como un autobús.
那当然，小车油耗比大车少。那辆车几乎有公交车那么大。

2 补充词汇

ojalá *adv.*（但愿）

A: ¿Ves una carta sobre la cama de tu hermana?
你看见你妹妹床上有一封信吗？

B: Sí, la he visto al entrar. 看见了，我一进来就看见了。

A: ¿Dónde estará tu hermana? 你妹妹现在会在哪里呢？

B: Parece que acaba de salir. Pero me preocupa que le ocurra algo.
看来她是刚刚出去。但是我担心她会出什么事。

A: ¿Por qué? 为什么？

B: Porque normalmente me dice adónde va antes de salir, y esta vez no me ha dicho nada. 因为她出去之前一般都会告诉我她去哪里，而这次她却什么也没跟我说。

A: ¿Quién le habrá escrito la carta? 那封信会是谁给她写的呢？

B: Quizá sea su novio el que le ha escrito. Y temo que yo vaya a perder a mi hermana.
给她写信的人也许是她男朋友。我现在担心我会失去妹妹。

A: No pienses así. No le va a ocurrir nada.
你别这样想。她不会有什么事的。

B: ¡Ojalá no le pase nada y yo pueda volver a ver a mi hermana!
但愿她什么事也没有，但愿我还能够见到我妹妹。

A: Mira, hay un papelito sobre la puerta. 你看，门上有一张小纸条。

B: ¿Y qué dice? 那上面写了什么？

A: Dice que va a casa de su novio porque hoy es su cumpleaños. ¿Lo ves? Te he dicho que no le iba a pasar nada.
她说她去男朋友家，因为今天是她男朋友的生日。你看见没有？我跟你说了她不会有什么事的。

B: Ahora sí que estoy tranquila. 现在我就放心了。

3 补充词汇

mostrar *tr.*（拿出来看） res *m.*（牛） suave *adj.*（柔软的） oveja *f.*（绵羊） color *m.*（颜色） rojo *adj.*（红色） verde *adj.*（绿色） amarillo *adj.*（黄色） azul *adj.*（蓝色） gris *adj.*（灰色） violeta *adj.*（紫色）

A: ¡Buenos días, señorita! ¿Qué desea?
小姐，早上好！想买点什么？

B: Quería comprar un bolso. ¿Podría mostrarme ese blanco que está expuesto en el escaparate? 我想买一个手提包。可以把摆在橱窗那个白色的包拿给我看一看吗？

A: Sí, espere un momento. Ya está. Aquí lo tiene.
可以，请稍等。好了，您看吧。

B: ¿De qué está hecho? 这包是用什么做的?

A: Está hecho de cuero de res suave y es el último modelo.
是用柔软的牛皮做的，而且是最新款式。

B: ¿Qué precio tiene? 多少钱?

A: 85 euros. 85欧元。

B: Me parece un poco caro. ¿No hay otros más baratos?
我觉得有点贵。有没有便宜一点的?

A: Sí. ¿Qué le parece aquél de color rosa? Cuesta 59 euros. Está hecho de cuero de oveja. Es bonito y de buena calidad. En un solo día hemos vendido una docena.
有。您看那个玫瑰色的怎么样? 售价是59欧元。那是用羊皮做的。款式不错，而且质量很好。我们一天就已经卖了12个。

B: ¿Hay de otros colores? 有其他颜色的吗?

A: Sí, hay de color rojo, verde, amarillo, azul, gris, violeta, etc.
有，有红色、绿色、黄色、蓝色、灰色、紫色等。

B: Entonces, deme uno de color rosa y otro de color violeta, por favor.
那就给我一个玫瑰色和一个紫色的吧。

En el restaurante 在餐厅

A: Pasen, pasen. ¿Tienen mesa reservada?
请进，请进。请问有预订吗？

B: No, no tenemos. ¿Hay alguna mesa libre?
没有，我们没有预订。有空位吗？

A: Sí. ¿Cuántos son ustedes? 有，一共几位？

B: Somos cuatro. 四位。

A: Vengan conmigo. ¿Qué les parece aquella mesa que está al fondo? Ahí es más tranquilo.
请跟我来。用最里面那张桌子好吗？那里更安静。

B: No, preferimos una mesa que esté en la terraza. Mire, allí hay una. ¿Podemos ocuparla? 不，我们喜欢在露台的。瞧，那里有一张。我们可以用那张吗？

A: Claro que sí. Siéntense. Aquí tienen la carta. Para beber, ¿qué desean? 当然可以，请坐。这是菜单。诸位想喝点什么？

B: Cerveza fría, por favor. 请来点儿冰镇啤酒。

A: ¿Y para comer? 打算吃点什么？

B: Por supuesto vamos a probar la paella. ¡Para eso hemos venido desde Madrid!
当然要吃海鲜饭，我们是专程从马德里过来吃海鲜饭的。

A: Ah sí, claro, nuestra paella es la más auténtica de toda España. Pues muy bien. De primero, una paella para cuatro personas. ¿Y de segundo? 噢，当然，我们的海鲜饭是全西班牙最正宗的。那很好，第一道菜来一个四人海鲜饭。第二道呢？

B: ¿Cuáles son las especialidades de la casa? ¿Podría recomendarnos algo que no hayamos probado? 你们餐厅有哪些特色菜？可以给我们推荐点儿我们没有品尝过的菜吗？

A: Pues tenemos toda clase de mariscos y pescados: pulpo, calamares, cangrejos, camarones, etc. ¿Qué les parece un plato de pulpo a la brasa? Quizá no lo hayan probado. Está riquísimo.
我们有各种各样的海鲜和鱼：有章鱼、鱿鱼、螃蟹、虾、等等。来一份炭烧章鱼，怎么样？也许诸位没有尝过。好吃极了。

B: Bien. Entonces, de segundo, un plato de pulpo a la brasa. Pero, dígale al cocinero que le dé vuelta al pulpo varias veces para que quede bien hecho por todos lados.
好，那第二道菜就来一份炭烧章鱼。不过，请告诉厨师，章鱼两边都要多烤几次，烤熟一点儿。

A: De acuerdo. ¿Y de postre? 没问题。饭后甜点来点儿什么？

B: Fruta de temporada. 时鲜水果吧。

A: Cerveza fría, una paella para cuatro personas, un plato de pulpo a la brasa y fruta, ¿eso es todo? 冰镇啤酒，一个四人海鲜饭，一份炭烧章鱼，还有时鲜水果，还要点儿什么吗？

B: De momento, así es. Ah, se me había olvidado, ¿le importaría traernos unas aceitunas y servilletas? 暂时要这些。对了，我刚才忘记说了，可以给我们拿些橄榄和餐巾来吗？

A: Sí, señora. Ahora mismo se las traigo.
好的，女士。我马上去拿。

Vocabulario 词汇表

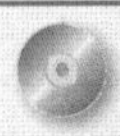

reservar *tr.*	预订
al fondo	最里面
tranquilo *adj.*	安静的，平静的
terraza *f.*	露台
paella *f.*	海鲜饭
desde *prep.*	从……起，自从
de primero	第一道菜
de segundo	第二道菜
carta *f.*	菜单，菜牌
especialidad *f.*	特色，特色菜
clase *f.*	种类
marisco *m.*	海鲜
recomendar *tr.*	推荐
especial *adj.*	特别的，专门的
pulpo *m.*	章鱼
calamar *m.*	鱿鱼
cangrejo *m.*	螃蟹
camarón *m.*	虾
a la brasa	炭烧，火烤
cocinero *m.*	厨师，炊事员
vuelta *f.*	转一圈，翻转
quedar *intr.*	处于；转入（某种状态）
de postre	饭后甜点
fruta *f.*	水果
temporada *f.*	季节，时期
así *adv.*	这样
olvidar *tr.*	忘记
aceituna *f.*	橄榄
servilleta *f.*	餐巾

Gramática 语法

虚拟式现在完成时由助动词 haber 的虚拟式现在时加动词的过去分词构成。

助动词 haber 的虚拟式现在时变位如下：

yo haya	nosotros hayamos
tú hayas	vosotros hayáis
él haya	ellos hayan

变位范例：

llegar（到达）：

yo haya llegado	nosotros hayamos llegado
tú hayas llegado	vosotros hayáis llegado
él haya llegado	ellos hayan llegado

tener（有）：

yo haya tenido	nosotros hayamos tenido
tú hayas tenido	vosotros hayáis tenido
él haya tenido	ellos hayan tenido

ir（去）：

yo haya ido	nosotros hayamos ido
tú hayas ido	vosotros hayáis ido
él haya ido	ellos hayan ido

二 虚拟式现在完成时的时值

1. 相当于陈述式现在完成时。试比较：

   Juan **ha salido**. 胡安出去了。

   No creo que Juan **haya salido**. 我不相信胡安出去了。

2. 相当于陈述式将来完成时。试比较：

   Ella **se habrá casado** cuando tengas dinero.

   等你有钱的时候，她已经嫁人了。

   Quizá ella **se haya casado cuando** tengas dinero.

   等你有钱的时候，也许她已经嫁人了。

三 虚拟式的用法（4）

1. 在定语从句里，当定语从句所修饰的先行词属说话者想象中的人或事物时，从句谓语用虚拟式。换言之，定语从句指想象中的人或事物时用虚拟式，指已知（含确信其存在）的人或事物时用陈述式。试比较：

Aquí hay un intérprete que **habla** portugués.

这里有一位讲葡萄牙语的翻译。

Necesitamos un intérprete que **hable** español.

我们需要一位讲西班牙语的翻译。

Este es un plato que **hemos probado** esta mañana.

这是一道我们今天上午品尝过的菜。

¿Hay algún plato que no **hayamos probado**?

有没有我们没品尝过的菜？

2. 在带从句的否定句里，当主句谓语用否定形式，而其否定意义延伸至从句时，从句谓语用虚拟式。例如：

No creo que me **hayas dicho** la verdad.

我不相信你跟我说了真话。

No hay ningún médico que **pueda** curarlo.

没有任何一个医生可以把他医治好。

No es cierto que **haya ido** a España.

他根本就不是去了西班牙。

No es que no **quiera**, es que no puedo.

不是我不愿意，而是我不可以这样。

注：如果主句的否定意义仅停留在主句，不延伸至从句，或主句仅带否定词，但没有否定之意，从句谓语用陈述式。例如：

No me digas que no la **conoces**. 你别跟我说你不认识她。

¿No es cierto que **ha ido** a España? 他不是已经去了西班牙吗？

¿No crees que yo también **tengo** derecho a descansar?

你不认为我也有权利休息吗？

3. 在由 a que 或 para que（以便……）等引导的目的状语从句里，从句谓语用虚拟式。例如：

Vengo a que me lo **expliques**.

我来是要你给我解释一下这个问题。

Hay que llamar al camarero para que nos **traiga** más hielo.
要叫服务员再拿点儿冰块来。

四 前置词 desde

前置词 desde 可表示起点。例如：
Te llamo **desde** Madrid. 我从马德里给你打电话。
Toca el piano **desde** niña. 她从小就开始弹钢琴。
No lo he visto **desde** hace tiempo. 我已经很久没有看见他了。

Ejercicios 会话练习

1

补充词汇

chaqueta *f.*（外套） bolsillo *m.*（口袋） manga *f.*（袖子） fábrica *f.*（工厂） confeccionar *tr.*（制作） cosa *f.*（东西） encima *adv.*（在身上） mechero *m.*（打火机） mochila *f.*（背包） a la espalda（在背上） colegio *m.*（学校） pantalón *m.*（裤子）

A: ¿Qué desea, señor? 先生，想买点什么？

B: Quería comprarme una chaqueta. 我想买一件外套。

A: ¿Qué le parece ésta? 您看这件怎么样？

B: Me parece bonita, pero quiero una chaqueta que tenga los bolsillos más grandes o que tenga seis bolsillos. 我看很漂亮，但是我想要一件口袋再大一点，而且有6个口袋的。

A: Lo siento, señor. No tenemos ninguna otra que tenga los bolsillos más grandes que los de ésta.
很抱歉，先生。我们其他外套的口袋都没有这件的大。

B: Entonces, ¿hay alguna que tenga seis bolsillos? Es que he visto chaquetas con bolsillos en las mangas.
那有没有6个口袋的呢？因为我看见有些外套袖子上也有口袋。

A: No. Ahora ya no hay ninguna fábrica que confeccione ese tipo de chaquetas. ¿Para qué necesita usted una chaqueta que tenga tantos bolsillos? 没有。现在已经没有工厂生产那种外套了。您为什么要买一件有那么多口袋的外套呢？

B: Porque cuando salgo a la calle, necesito llevar muchas cosas encima: móvil, mechero, cigarrillos, llaves, pasaporte, carné de conducir, tarjetas, monedas, etc. 因为我上街的时候需要随身带很多东西：手机、打火机、香烟、钥匙、护照、驾驶证、名片、硬币等等。

A: Le sugiero que compre una mochila. Ahora hay mucha gente que sale a la calle con una mochila a la espalda.
我建议您买一个背包。现在有很多人上街都是背着一个背包。

B: Pero esos son estudiantes que van al colegio. Yo no soy estudiante y además, me molesta tener que sacar el móvil de la mochila cuando alguien me llama.
可是，那些都是上学的学生。我不是一个学生，再说，我不喜欢接听电话时要从背包里掏手机。

A: Bueno, entonces puede usted comprar unos pantalones con seis bolsillos. Ahora hay muchas tiendas que venden ese tipo de pantalones. 那么，您可以买一条有6个口袋的裤子。现在有很多商店都卖那种裤子。

B: Muy buena idea. 这个主意很好。

2 补充词汇

mentir *intr.*（撒谎）　a fin de （为了）

A: ¿Por qué trabajas día y noche? 你为什么日以继夜地工作?

B: Porque Ana me ha dicho que se casará conmigo cuando yo tenga dinero.
因为安娜跟我说，等我赚到一笔钱的时候，她就嫁给我。

A: ¿No es cierto que ella se ha casado? 她不是已经结婚了吗?

B: No. 没有。

A: Sí, su hermana me ha dicho que ella se ha casado con un empleado común y corriente.
有，她妹妹告诉我，她跟一位普通职员结婚了。

B: ¿Cómo es posible que se haya casado? 她怎么可能已经结婚了呢?

A: ¿No lo crees? 你不相信吗?

B: No. No creo que Ana sea una persona que se case con cualquiera.
不相信。我不相信安娜是那种可以随便跟什么人结婚的人。

A: Yo tampoco lo creo. Pero es verdad que me lo ha dicho su hermana.
我也不相信。可是，此事的确是她妹妹跟我说的。

B: No creo que su hermana te haya dicho la verdad.
我不相信她妹妹跟你说的是真话。

A: Pero, su hermana es buena amiga mía y no es posible que me haya mentido. 但是，她妹妹是我的好朋友，她不可能跟我撒谎。

B: Quizá te lo haya dicho para que me lo digas a mí a fin de que yo gane más dinero para casarme cuanto antes con ella.
她之所以这样跟你说，也许是想让你告诉我，要我多赚钱，快点跟她结婚。

A: ¿Estás seguro? 你能肯定吗?

B: Sí, estoy seguro. 肯定，我可以肯定是这样。

3 补充词汇

bienvenido *adj.*（受欢迎的） ternera *f.*（牛肉） verdura *f.*（青菜） al vapor （水蒸） asado *adj.*（烧烤的） pato laqueado （烤鸭） helado *m.*（冰淇淋，雪糕） zumo *m.*（果汁）

A: Bienvenidos. Pasen, por favor. ¿Cuántos son ustedes?
欢迎光临！请进！一共几位？

B: Somos cinco. ¿Hay alguna mesa libre en la terraza?
五位。露台那边有空桌吗？

A: Sí, allí al lado de la puerta hay una. 有，那门口旁边就有一张。

B: Preferimos una que no esté al lado de la puerta. Mire, allí hay una. ¿Podemos ocuparla? 我们想要一张不靠近门口的。瞧，那里有一张。我们可以用那张吗？

A: Sí. Siéntense, por favor. 可以。请坐。

B: ¿Qué hay para cenar? 晚餐有什么吃的？

A: Pues tenemos de todo: pollo, pato, ternera, marisco, verduras, etc.
什么都有：鸡、鸭、牛肉、海鲜、青菜等。

B: ¿Cuáles son las especialidades de la casa?
你们餐厅有什么特色菜？

A: Pescado al vapor, pollo asado y pato laqueado.
蒸鱼、烧鸡和烤鸭

B: Bueno, de primero, un pescado al vapor; de segundo, un pollo asado, y de tercero, un plato de verdura. 好，第一道来一盘蒸鱼，第二道上一个烧鸡，第三道要一碟青菜。

A: ¿Y de postre? 饭后甜点呢?

B: De postre, dos helados y tres zumos de naranja. Pero tráiganos primero dos cervezas frías, por favor. 饭后甜点要两个雪糕和三杯橙汁。但是，请先给我们来两瓶冰冻啤酒。

A: De acuerdo. Ahora mismo se las traigo. 好的，我马上拿来。

Navegando por Internet 上网

A: Recepción del hotel, dígame. 这里是宾馆接待处，请讲。

B: ¡Buenos días! ¿Podría pasarme al técnico del hotel?
早上好！可以帮我叫一下宾馆的技工吗？

A: No se encuentra en este momento. ¿En qué puedo servirle, señor?
技工现在不在。请问有什么事？

B: Necesito conectarme para bajar unos datos por Internet, sin embargo, me falta un cable para conectar mi ordenador a la red del hotel.
我需要上网下载一些资料，可是我没有连接线，我的电脑无法与宾馆的网络连通。

A: Pero en todas las habitaciones el acceso a Internet es sin cable.
但是所有房间都是无线上网的。

B: Es que mi ordenador no tiene esa función. Según la información del hotel, también hay acceso por cable, ¿no?
问题是我的电脑没有无线上网功能。根据宾馆的介绍，房间也可以用网线上网，是吗？

A: Sí, pero para eso se necesita usar un MODEM que facilita el hotel.
对，但是用网线上网，需要使用宾馆提供的MODEM。

B: Entonces, ¿tendría usted la amabilidad de proporcionarme un

MODEM y el cable?
那么您可以给我提供一个MODEM和连接线吗？

A: Disculpe, señor, de eso se encarga el técnico y los tiene guardados en su oficina. Así que tiene que esperar a que regrese. Cuando vuelva, le daré el aviso al técnico.
对不起，先生，这事由技工负责。MODEM和连接线都放在他的办公室里。所以要等他回来才行。等技工回来，我会告诉他的。

B: Es que necesito abrir urgentemente mi correo electrónico. ¿Podría usar el ordenador de la Recepción?
可是我急着要打开我的电子邮箱。我可以用一下接待处的电脑吗？

A: No, señor, lo siento. Mire, en la planta baja hay una sala de ordenadores donde puede usted navegar gratis.
很抱歉，先生，不可以。这样吧，楼下有一间电脑室，您可以在那里免费上网。

B: Pero allí hay mucha gente ahora, y además, el sistema instalado en esos ordenadores es en inglés y no se puede escribir en caracteres chinos.
但现在那里有很多人，而且电脑室的电脑系统是英文的，无法输入汉字。

A: Bueno, haga usted el favor de esperar un momento, voy a llamar al técnico.
好吧，请您稍等一会儿，我打电话找技工。

B: Gracias. 谢谢。

Vocabulario 词汇表

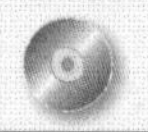

navegar *intr.*	航行；上网	facilitar *tr.*	使便利；提供
conectar *tr., prnl.*	连接；联系	proporcionar *tr.*	提供，供给
Internet *m.*	互联网	aviso *m.*	通知
recepción *f.*	接待，接待处	encargar *tr., prnl.*	委托；负责
pasar *tr., intr.*	传递；发生	guardar *tr.*	存放，保管
dato *m.*	资料	avisar *tr.*	通知
sin embargo	然而	urgente *adj.*	紧急的
faltar *intr.*	缺乏	correo *m.*	邮政；邮件，邮箱
cable *m.*	线，电线，网线	electrónico *adj.*	电子的
red *f.*	网，网络	gratis *adv.*	免费
acceso *m.*	进入	sistema *m.*	体系，系统
función *f.*	功能，作用	instalar *tr.*	安装
según *prep.*	依据，根据	caracteres chinos	汉字
MODEM *m.*	调制解调器	llamar *tr.*	打电话

Gramática 语法

一 虚拟式的用法（5）

1. 当主句表示高兴、伤心、自豪、悲哀、遗憾、感激、憎恨、吃惊等个人感受时，从句谓语用虚拟式。主句表示上述个人感受常用的动词有：alegrar（使人高兴）、dar pena（令人难过）、

agradecer（感谢）、molestar（令人讨厌）、odiar（憎恨）、sentir（感到遗憾）、admirar（令人惊叹）等。例如：

Me alegra que **hayas progresado**. 你进步了，我很高兴。

Me da pena que **te hayas divorciado**. 你离了婚，我感到难过。

Te agradezco que me **hayas ayudado**. 谢谢你帮助了我。

Me molesta que **fumen** en la oficina. 我讨厌他们在办公室吸烟。

Siento que no **puedas** venir con nosotros.

你不能跟我们一起去，我感到遗憾。

Me sorprende que **hayas ganado** el primer premio.

真没想到，你居然得了一等奖。

2. 在 aunque 等引导的让步状语从句里，从句表示“即使”、“哪怕”或“再……也……”时，从句谓语用虚拟式。例如：

Siempre va al trabajo a pie aunque **llueva**.

哪怕下雨，他都是走路去上班。

No lo voy a comprar por muy barato que **sea**.

这东西再便宜我也不会买。

3. 条件状语从句表示“只要”或“除非”时，从句谓语用虚拟式。例如：

Siempre que **viajes** en coche utiliza el cinturón de seguridad.

只要你乘坐小汽车，就要使用安全带。

Te lo contaré con tal de que no se lo **digas** a nadie.

只要你不透露出去，我就讲给你听。

Iré con vosotros mañana a menos que **esté** enfermo.

我明天会跟你们一起去，除非我病了。

4. 前面介绍过，在时间状语从句里，当从句所讲之事从现在或当时的角度看属未来行为时，从句谓语用虚拟式。类似的情况除 cuando（当……时候）之外，还有：después de que（在……之后）、hasta que（到……为止）等。例如：

Te llamaré después de que los invitados **se hayan marchado**.

等客人走了之后，我会打电话给你。

Te esperaré aquí hasta que **termines** el trabajo.

我会在这里一直等到你下班。

Tengo que esperar a que **regrese** el jefe. 我要等上司回来。

(二) 前置词 según

前置词 según 可表示根据。例如

Según las estipulaciones correspondientes, debe usted pagar el exceso de equipaje. 根据有关规定，您要付行李超重费。

¿Qué debo hacer **según** tú? 依你看，我应该怎么办？

Ejercicios 会话练习

1

补充词汇

lograr *tr.*（获得；得以） alegrar *tr.*（令人高兴） progresar *intr.*（进步） agradecer *tr.*（感谢） explicar *tr.*（解释） siempre que（每当；只要） con tal de que（只要） escuchar *tr.*（听；听话） conversar *intr.*（交谈） lástima *f.*（可惜）

A: Ahora sí has logrado entender el texto, ¿no? Me alegra que hayas progresado.
你现在弄明白课文的意思了，是吗？你进步了，我真高兴。

B: Sí, por fin lo he entendido con tu ayuda. Te agradezco que me lo hayas explicado. 是啊，在你的帮助下，我终于弄明白了。谢谢你给我解释了课文。

A: No tienes que agradecérmelo. Querer es poder, como suele decir la gente. Siempre que uno quiera, podrá lograr lo que desee.
你不必谢我。俗话说得好：有志者事竟成。只要有志，一定可以事成。

B: Mira, yo quiero que me enseñes español cuando estés libre.
喂，我希望你有空的时候教我学西班牙语。

A: Bien, te lo enseñaré con tal de que me escuches.
好，只要你听我的话，我一定会教你。

B: Vale, te escucharé. ¿Qué debo hacer de hoy en adelante según tú?
没问题，我听你的。依你看，我今后应该怎么做？

A: Debes levantarte temprano para leer los textos y luego, tienes que hacer los ejercicios hasta que yo regrese.
你要早点起来读课文，然后做练习，做到我回来。

B: ¿Qué vamos a hacer después de que hayas regresado?
等你回来之后，我们做什么？

A: Te explicaré todo lo que no hayas entendido.
凡是你弄不明白的，我都给你解答。

B: ¿Y qué haremos cuando hayas terminado de explicármelo todo?
等你给我解答完之后，我们又做什么？

A: Bueno, podremos salir de paseo conversando en español si quieres.
如果你愿意，我们可以出去一边散步，一边用西班牙语交谈。

B: Me alegra mucho poder aprender español contigo. ¡Qué lástima que no me lo hayas dicho antes!
能够跟你学西班牙语，我真高兴。真可惜你没有早点跟我说！

2 补充词汇

ratón *m.*（鼠标） operativo *adj.*（操作的） virus *m.*（病毒） lento *adj.*（缓慢） programa *m.*（程序） antivirus *m.*（杀毒软件） eliminar *tr.*（清除） completo *adj.*（完全的） formatear *tr.*（使格式化） disco duro（硬盘） reinstalar *tr.*（重装） almacenar *tr.*（储存） disco extraíble（可移动硬盘）

A: ¿Qué le ha pasado a tu ordenador? 你的电脑出了什么问题？

B: No funciona el ratón. Es posible que éste tenga algún problema.
鼠标用不了了。可能是鼠标有什么问题。

A: A ver, déjame ayudarte. Creo que no es problema del ratón. Mira, funciona bien aunque está un poco viejo.
来，让我帮你看一看。我认为不是鼠标的问题。瞧，鼠标运转很好，虽然它已经有点旧。

B: Entonces, quizá sea problema del sistema operativo.
那可能是操作系统的问题。

A: Exacto. Tu ordenador debe de estar lleno de virus. Anda muy lento y no funcionan algunos programas.
对。你的电脑恐怕中了不少病毒，速度很慢，而且有些程序不能用。

B: ¿Se puede bajar algún antivirus para quitarlos?
可以下载什么杀毒软件杀掉病毒吗？

A: Sí, sí se puede bajar. Pero no creo que pueda eliminarlos completamente.
当然可以下载。但是我不相信可以把病毒全部杀掉。

B: Entonces, ¿qué debo hacer ahora según tú?
那么，依你看，我现在应该怎么办？

A: Creo que es mejor formatear el disco duro y reinstalar el sistema operativo.

我认为最好是把硬盘格式化，然后重装操作系统。

B: Pero tengo muchos datos importantes almacenados en el disco.

但是我有很多重要资料存在硬盘里。

A: No importa. Puedes pasarlos primero a un disco extraíble.

没关系，你可以先把资料转到一个可移动硬盘。

3 补充词汇

acaso *adv.*（难道） velocidad *f.*（速度） gramatical *adj.*（语法的） cuento *m.*（故事） chiste *m.*（笑话） música *f.*（音乐） canción *f.*（歌曲） lengua *f.*（语言） hispanohablante *m., f.*（讲西班牙语的人）

A: Oye, te veo navegar todo el día. ¿Acaso no puedes vivir sin navegar?
喂，我看见你一天到晚都在上网。难道你不上网就不能活了吗？

B: Es que estoy aprendiendo español y tengo que bajar datos.
那是因为我在学西班牙语，我要下载资料。

A: ¿Se necesita todo el día para bajar datos?
下载资料需要一整天吗？

B: Todo el día, no. Pero como la velocidad de Internet es muy lenta, se necesita bastante tiempo.
一整天倒是不用。但是由于网络速度很慢，所以需要不少时间。

A: ¿Qué tipo de datos bajas? 你下载什么资料？

B: Ejercicios gramaticales, cuentos, chistes, música, etc.
语法练习、故事、笑话、音乐等等。

A: ¿Se puede aprender español escuchando música?
可以通过听音乐学习西班牙语吗？

B: Bueno, escuchando las canciones, sí. Ahora hay mucha gente que aprende una lengua escuchando las canciones.
通过听歌曲是可以的。现在有很多人都是通过听歌曲学习一门语言的。

A: Pero la lengua se aprende hablando.
但是语言是通过讲才能学会的。

B: Por eso suelo charlar con hispanohablantes por Internet. Y para eso tengo que usar el ordenador.
所以我上网跟讲西班牙语的人聊天。这样，我就要用电脑。

A: ¿Me permites usarlo unos minutos para abrir mi correo?
可以让我用几分钟看一下我的邮箱吗？

B: Claro que sí. Pero no tardes mucho tiempo porque estoy charlando con mis amigos de Internet. 当然可以。但是你不要用太长时间，因为我正在跟我的网友聊天。

Lección 第 30 课

Devolviendo la llave de la habitación 退房

A: ¡Hola, señorita! ¿Podría hacerle una pregunta?
你好，小姐！我可以问您一个问题吗？

B: Sí, dígame. 可以，请说。

A: ¿A qué hora hay que dejar la habitación? 必须在几点钟退房？

B: Antes de las doce del mediodía. ¿Ya se va a marchar?
中午12点前。您要走了吗？

A: Sí, me marcharé mañana. Tengo que ir a Barcelona para visitar a un amigo mío. ¿Tiene servicio de despertador?
是的，我明天走。我要去巴塞罗那拜访我的一个朋友。这里有叫醒服务吗？

B: Sí, dígame a qué hora. 有，请告诉我几点钟？

A: Despiérteme mañana a las siete de la mañana.
请明天上午7点叫醒我。

B: Vale, de acuerdo. 好，没问题。

(Al día siguiente, ante el mostrador de la recepción del hotel 第二天，在宾馆接待处的柜台前)

B: ¡Buenos días, señor! ¿Cómo ha amanecido?
早上好，先生！昨晚休息得好吗？

B: Bien, gracias. Anoche me acosté a las ocho y media y quedé dormido enseguida.

好，谢谢。我昨晚8点半就上床，马上就睡着了。

A: ¿Se acostó usted sin cenar? 您没吃晚餐就睡觉了吗？

B: Sí, cené con un amigo y regresé al hotel a las ocho. Preparé la maleta en diez minutos y apagué las luces para dormir. Bueno, aquí tiene la llave.
吃了，我是跟一个朋友一起吃的，8点回宾馆。我10分钟就把行李收拾好了，然后就关灯睡觉。好，这是房间的钥匙。

A: Bien. ¿Ha consumido algo del minibar?
好。有喝过冰箱里的饮料吗？

B: Sí, anoche tomé una botella de vino y anteanoche bebí varias latas de zumo de naranja. 有，我昨晚喝了里面的一瓶葡萄酒，前天晚上还喝了好几罐橙汁。

A: ¿Va a pagar usted con tarjeta de crédito o en efectivo?
您用信用卡支付还是用现金支付？

B: En efectivo. ¿Podría darme una factura, por favor?
用现金支付。请问，可以给我一张发票吗？

A: No hay problema. Aquí la tiene. 没问题。这是发票。

B: ¿Cuánto tiempo se tarda de aquí al aeropuerto en taxi?
从这里打的去机场需要多少时间？

A: Aproximadamente media hora. 大约半小时。

B: ¿Sabe usted cuánto me puede costar? 您知道的士费是多少吗？

A: Creo que le van a cobrar unos 30 euros. 我估计是30欧元左右。

B: Gracias. 谢谢。

A: De nada. Buen viaje. 不用谢。祝您旅途愉快。

Vocabulario 词汇表

devolver *tr.*	退还	preparar *tr.*	准备
señorita *f.*	小姐	minuto *m.*	分钟
pregunta *f.*	问题	botella *f.*	瓶子，瓶
dejar *tr.*	丢下，留下；允许	vino *m.*	葡萄酒
mediodía *m.*	中午	anteanoche *adv.*	前天晚上
marchar *intr., prnl.*	行走；离开	lata *f.*	罐子，罐
Barcelona	巴塞罗那	zumo *m.*	果汁
despertador *m.*	闹钟	naranja *f.*	橙子
al día siguiente	第二天	crédito *m.*	信用
anoche *adv.*	昨晚	en efectivo	用现金
ante *prep.*	在……前面	factura *f.*	发票
mostrador *m.*	柜台	irse *prnl.*	离开
acostarse *prnl.*	躺下，就寝	aeropuerto *m.*	飞机场
regresar *intr.*	返回	cobrar *tr.*	收钱

Gramática 语法

一 陈述式简单过去时动词变位规则

以 ar 结尾的动词，去掉词尾 ar 之后，根据人称选用以下词尾：

yo	-é	nosotros	-amos
tú	-aste	vosotros	-asteis
él	-ó	ellos	-aron

变位范例：

entrar（进入）：

yo entré　　nosotros entramos

tú entraste　　vosotros entrasteis

él entró　　ellos entraron

以 er 和 ir 结尾的动词，去掉词尾之后，根据人称选用以下词尾：

yo	-í	nosotros	-imos
tú	-iste	vosotros	-isteis
él	-ió	ellos	-ieron

变位范例：

beber（喝）：

yo bebí　　nosotros bebimos

tú bebiste　　vosotros bebisteis

él bebió　　ellos bebieron

escribir（写）：

yo escribí　　nosotros escribimos

tú escribiste　　vosotros escribisteis

él escribió　　ellos escribieron

二 陈述式简单过去时的用法

陈述式简单过去时表示在过去的时间里（例如：昨天、那天、上周、上个月、去年等）发生过的事。例如：

Ayer **me levanté** a las nueve. 我昨天是 9 点钟起床的。

Anoche ella **charló** conmigo por Internet. 她昨晚跟我在网上聊天。

El sábado pasado **visité** el Museo del Prado.

我上个星期六参观了普拉多博物馆。

El año pasado **ingresó** en la universidad. 他去年上了大学。

三 前置词 ante

前置词 ante 可表示面对某人或某物。例如：

El no se atreve a hablar **ante** las chicas.

他不敢在女孩子面前说话。

Ella se pinta los labios **ante** el espejo.

她对着镜子涂口红。

Ejercicios 会话练习

1 补充词汇

anterior *adj.*（前一个）

A: ¿A qué hora te despestaste ayer? 你昨天几点睡醒的?

B: Me desperté a las seis de la mañana. 我早上6点醒的。

A: ¿Te acostaste muy temprano el día anterior?
你前一天很早就睡了吗?

B: No, me acosté después de las doce de la noche.
不，我晚上12点之后才睡。

A: ¿Sólo dormiste 6 horas? 你只睡了6个小时吗？

B: No, dormí once horas. 不，我睡了11个小时。

A: ¿No te levantaste a las seis de la mañana? 你不是早上6点起床吗？

B: No. Me desperté a las seis, pero luego me volví a dormir y me levanté a las once. 不是。我6点醒，但后来又睡着了，11点才起床。

A: ¿No trabajaste ayer? 你昨天没上班吗？

B: Sí, trabajé por la tarde. 上了，我下午上班。

A: Es decir, descansaste medio día, ¿no es cierto?
也就是说，你休息了半天，是吗？

B: Exacto, descansé medio día y no desayuné porque me levanté casi al mediodía. 是，我休息了半天，而且没吃早餐，因为我几乎到中午才起床。

2 补充词汇

tímido *adj.*（胆小的） atreverse *prnl.*（敢于） exagerar *tr.*（夸张） dormilón *adj.*（贪睡的） ocurrir *intr.*（发生） cuatro *adj.*（少量的，三四个）

A: ¿Cantaste anoche en la discoteca? 你昨晚在舞厅唱歌了吗？

B: Sí, y bailé con las chicas. 对，而且还跟女孩子跳了舞。

A: ¿Bailó también tu hermano? 你弟弟也跳舞了吗？

B: No. Mi hermano es muy tímido. Me acompañó toda la noche sin cantar ni bailar. 没有。我弟弟胆子很小。他陪了我整个晚上，既没唱歌，也没跳舞。

A: Pero todos dicen que a tu hermano le gusta mucho cantar.
但是大家都说你弟弟很喜欢唱歌。

B: Sí, pero no se atreve a cantar ante las chicas.

没错，但他不敢在女孩子面前唱。

A: Entonces, ¿sólo canta ante los hombres?
那他只在男孩子面前唱吗？

B: No, sólo canta en casa, ante el ordenador.
不，他只在家里对着电脑唱。

A: No me digas. ¿Cuántos años tiene tu hermano?
真的吗？你弟弟今年多大？

B: Tiene 16 años y duerme 16 horas diarias.
他今年16岁，每天睡16个小时。

A: Hombre, no exageres. 好家伙！你太夸张了。

B: Sí, es cierto. Es un dormilón. Nunca se despierta, así que tengo que despertarlo yo todos los días para que vaya al colegio. ¿Le ocurre lo mismo a tu hermano?
是真的。他很贪睡，从来都不会自己醒，所以我每天都要把他叫醒，催他上学。你弟弟也会这样吗？

A: No, mi hermano duerme cuatro horas diarias y lo veo ante el ordenador charlando con sus amigos de Internet casi todo el día.
不会，我弟弟每天只睡几个小时，而且我几乎整天都看见他对着电脑跟网友聊天。

3

补充词汇

patata *f.*（土豆） frito *adj.*（油炸的） recoger *tr.*（接） aconsejar *tr.*（劝告） negociar *intr.*（商谈） taxista *m., f.*（出租车司机）

A: Por favor, ¿podría prepararme la cuenta de la habitación?
请问，可以先给我计算一下房费吗？

B: Sí, señor. ¿Ya se va a marchar? 可以，先生。您要走了吗？

A: Sí, me marcho esta misma mañana. 对，我今天上午就走。

B: ¿Ha consumido algo del minibar? 有喝过冰箱里的饮料吗？

A: Sí. Anoche vinieron algunos amigos a visitarme y consumí varias latas de cerveza y de zumo de naranja. Además, consumí también unas bolsas de patatas fritas.
有。昨晚有些朋友来看我，我从里面拿了几罐啤酒和橙汁。此外，我还拿了几袋炸薯片。

B: Ya está. ¿Va a pagar usted ahora o después?
计算好了。您打算现在结账还是等一会儿再结账？

A: Después, porque ahora tengo que hacer la maleta. ¿A qué hora tengo que devolver la llave de la habitación?
等一会儿吧，因为现在我要收拾行李。我要几点钟之前退房？

B: Antes de las doce del mediodía. ¿Desea que llamemos un taxi para usted? 中午12点之前。需要我们帮您叫一辆的士吗？

A: No, no hace falta. Vendrá a recogerme un amigo mío.
不用了，我有一个朋友来接我。

B: Bien. Pero le aconsejo que negocie primero el precio con el taxista si coge un taxi en la calle.
好。但是如果您在外面打的，我劝您先跟司机讲好价钱。

A: Gracias por su consejo. 谢谢您的忠告。

Lección 第31课

Charlando con un turista
与游客交谈

A: ¿Cuánto tiempo llevas en Madrid? 你在马德里呆了多少时间？

B: Ya llevo casi una semana aquí. 我在这里已经呆了将近一个星期。

A: ¿Tienes amigos españoles? 你有西班牙朋友吗？

B: Sí. Tengo varios amigos madrileños.
有，我有好几个马德里朋友。

A: ¿Los conociste aquí en España? 是在西班牙认识的吗？

B: No, los conocí en Beijing. Fueron a China el año pasado como turistas. Les serví de guía durante su estancia en nuestro país.
不，是在北京认识的。他们去年去中国旅游。在中国逗留期间，我当他们的导游。

A: ¿Cuánto tiempo estuvieron en China?
他们在中国逗留了多长时间？

B: Dos semanas. Estuvieron 3 días en Beijing. Luego fueron a Shanghai, Nanjing, Guangzhou y Hongkong.
两周。他们在北京呆了3天，然后去了上海、南京、广州和香港。

A: ¿Les gustó China? 他们喜欢中国吗？

B: Sí. Les impresionaron mucho el Palacio Imperial, la Gran Muralla y la deliciosa comida china.

喜欢。故宫、长城，还有中国的美食，都给他们留下了深刻印象。

A: ¿Has vuelto a verlos en España? 你在西班牙又见到他们了吗？

B: Por supuesto. Los llamé el primer día que llegué. Se alegraron mucho al saber que estaba en España. Anteayer fui a visitarlos. Nos reunimos en casa de Carlos, quien nos preparó un rico almuerzo ya que había aprendido a cocinar durante su estancia en China. 那当然。我来的第一天就给他们打了电话。得知我到了西班牙，他们非常高兴。我前天去拜访了他们。我们在卡洛斯家聚会了。卡洛斯给我们准备了一顿丰富的午餐，他在中国逗留期间学会了烧菜做饭。

A: ¿Comisteis en su casa? 你们在他家吃了饭吗？

B: Sí. Después de sentarnos a la mesa, el anfitrión levantó la copa y brindó por nuestra amistad. 是的。大家入席之后，主人就举起酒杯，提议为我们的友谊干杯。

A: ¿Bebisteis vino? 你们喝葡萄酒了吗？

B: Sí. Pero sólo probé un trago porque a mí no me gusta el vino. 对。可是我仅尝了一口，因为我不喜欢喝葡萄酒。

A: Entonces, ¿sólo bebiste zumo de naranja? 那你只喝橙汁吗？

B: No. Al saber que no me gusta el vino, sacó la botella de licor Maotai que había comprado en China y así empezamos a beber el licor, charlando y brindando una y otra vez. 不。得知我不喜欢喝葡萄酒，主人就拿出在中国买的茅台酒。于是我们就开始一边聊天一边喝茅台，干了一杯又一杯。

A: ¿A qué hora os marchasteis de su casa?
你们几点钟离开他家的？

B: Creo que serían las seis, porque cuando llegué al hotel ya había anochecido. A la hora de la despedida mis amigos españoles me estrecharon la mano y me dijeron que me invitarían a probar la famosa paella española. Y efectivamente, ayer me llevaron a Valencia para probarla.

估计是6点，因为我回到宾馆时，已经天黑了。分手时，我的西班牙朋友握着我的手说要请我品尝名扬天下的西班牙海鲜饭。果然，他们昨天带我去瓦伦西亚吃了海鲜饭。

A: ¡Qué lástima que yo todavía no la haya probado!

我还没有品尝过西班牙海鲜饭，真遗憾！

B: El que no la ha probado no ha estado en España, como dice la gente. Así que no te marches sin probarla.

大家都说，没有品尝过海鲜饭就等于没有到过西班牙。因此，你走之前一定要品尝品尝。

Vocabulario 词汇表

madrileño *adj., m.*	马德里的；马德里人
pasado *adj.*	过去的
impresionar *intr.*	（给人）留下印象
Palacio Imperial	故宫
Gran Muralla	长城
alegrarse *prnl.*	高兴
anteayer *adv.*	前天
reunirse *prnl.*	聚会，集合
ya que	因为
cocinar *tr., intr.*	煮；烹调
estancia *f.*	逗留
sentarse *prnl.*	坐下
sentarse a la mesa	入席
anfitrión *m.*	主人
brindar *intr.*	祝酒，干杯

amistad *f.* 友谊
trago *m.* 一口
licor *m.* 白酒
empezar *tr., intr.* 开始
otra vez 再次
anochecer *intr.* 天黑
despedida *f.* 告辞，分手
estrechar *tr.* 握住
invitar *tr.* 邀请
efectivamente *adv.* 果然
lástima *f.* 可惜，遗憾

Gramática 语法

一 陈述式过去完成时动词变位规则

陈述式过去完成时由助动词 haber 的陈述式过去未完成时加动词的过去分词构成。

haber 的陈述式过去未完成时如下：

yo había	nosotros habíamos
tú habías	vosotros habíais
él había	ellos habían

变位范例：

entrar（进入）：

yo había entrado	nosotros habíamos entrado
tú habías entrado	vosotros habíais entrado
él había entrado	ellos habían entrado

tener（有）：

yo había tenido	nosotros habíamos tenido
tú habías tenido	vosotros habíais tenido
él había tenido	ellos habían tenido

ir（去）：

yo había ido	nosotros habíamos ido
tú habías ido	vosotros habíais ido
él había ido	ellos habían ido

二 陈述式过去完成时的用法

陈述式过去完成时表示在过去的某一时刻或行为之前已经发生的事。例如：

Ayer a las ocho ya **habíamos llegado** a la oficina.

昨天 8 点钟的时候，我们已经到了办公室。

Anteayer cuando llegué al Museo, éste ya **había cerrado**.

前天我去到博物馆时，博物馆已经关了门。

Anoche me dijo que ya **había vendido** su coche.

他昨晚告诉我，他已经把他的车卖了。

三 条件式简单时的用法（2）

条件式简单时用在从句里，可表示从过去的某一时间算起的未来行为（因此有人把它称为陈述式过去将来未完成时）。例如：

Dijo que me **acompañaría** al día siguiente.

他说他第二天会陪我。

Me preguntó si **iría** a su casa después del trabajo.

他当时问我是否下班之后去他家。

此外，条件式还可表示对当时情况的猜测。例如：

Serían las seis de la mañana cuando me desperté el otro día.

那天我睡醒的时候大概是早上 6 点。

四 陈述式简单过去时不规则动词变位

1. 有些动词的陈述式简单过去时变位不规则。其中一部分除不规则之外，还改用以下词尾：

yo	-e	nosotros	-imos
tú	-iste	vosotros	-isteis
él	-o	ellos	-ieron

例如：

tener: tuve tuviste tuvo tuvimos tuvisteis tuvieron

estar: estuve estuviste estuvo estuvimos estuvisteis estuvieron

poder: pude pudiste pudo pudimos pudisteis pudieron

poner: puse pusiste puso pusimos pusisteis pusieron

saber: supe supiste supo supimos supisteis supieron

haber: hube hubiste hubo hubimos hubisteis hubieron

venir: vine viniste vino vinimos vinisteis vinieron

hacer: hice hiciste hizo hicimos hicisteis hicieron

querer: quise quisiste quiso quisimos quisisteis quisieron

2. ser（是）和 ir（去）的陈述式简单过去时变位不仅不规则，而且其书写还完全相同：

ser（是）：fui fuiste fue fuimos fuisteis fueron

ir（去）：fui fuiste fue fuimos fuisteis fueron

3. 其他不规则动词变位：

dar: di diste dio dimos disteis dieron

ver: vi viste vio vimos visteis vieron

oír: oí oíste oyó oímos oísteis oyeron

decir: dije dijiste dijo dijimos dijisteis dijeron

servir: serví serviste sirvió servimos servisteis sirvieron

vestir: vestí vestiste vistió vestimos vestisteis vistieron

dormir: dormí dormiste durmió dormimos dormisteis durmieron

Ejercicios 会话练习

1

补充词汇

sonar *intr.*（响） secretario *m.*（秘书）

A: ¿A qué hora saliste de casa ayer? 你昨天几点出门？

B: A las ocho y media. 8点半。

A: ¿Por qué saliste tan tarde? 为什么这么晚才出门？

B: Porque no había sonado el despertador. 因为我的闹钟没有响。

A: ¿No te había despertado tu madre? 你母亲没叫醒你吗？

B: No. Mi madre había ido a casa de mi hermana y no había regresado.
没有。我母亲去了我姐姐家。她还没回来呢。

A: ¿Te había dicho que pasaría la noche en casa de tu hermana?
她跟你说过要在你姐姐家过夜吗？

B: Sí, me había dicho que no volvería hasta el fin de semana.
说过。她跟我说她周末才回来。

A: Entonces, ¿a qué hora llegaste a la oficina ayer?
那么，你昨天几点到达办公室的？

B: Creo que serían las nueve y media. 我估计是9点半吧。

A: ¿Te dijo algo tu jefe? 你上司跟说你什么了吗？

B: No, porque cuando llegué ya había salido con la secretaria.
没有，因为我到办公室的时候，他已经跟女秘书出去了。

2 补充词汇

motor *m.*（马达） de repente（突然） grúa *f.*（起重机；拖车） taller *m.*（修理厂） ofrecerse *prnl.*（主动提出） arrancar *intr.*（启动）

A: ¿Adónde fuiste ayer? 你昨天去了哪里？

B: Fui a la playa con mis amigos. 我跟我的朋友去了海边。

A: ¿Cómo es que pudiste ir a la playa si ayer no fue fin de semana?
昨天不是周末，你怎么会去了海边？

B: Porque el jefe me había dado una semana de vacaciones.
因为上司给了我一周的假。

A: ¿Estuvisteis mucho tiempo en la playa?
你们在海边呆了很长时间吗？

B: No, sólo estuvimos allí dos horas ya que cuando llegamos ya había anochecido. 不，我们只在那里呆了两个小时，因为我们去到海边时，已经天黑了。

A: ¿Había mucho tráfico en el camino? 路上很堵车吗？

B: No. Es que nuestro coche tuvo problemas en el camino.
不堵。是我们的车在路上出故障了。

A: ¿Fuisteis en el coche de Juan? 你们是坐胡安的车去的吗？

B: Sí. Al salir de la ciudad se apagó el motor de repente. Entonces tuvimos que pedir una grúa para llevarlo al taller. Cuando terminaron de repararlo, serían ya las doce del mediodía.
对。我们一出城，发动机就死火了。我们只好叫拖车把车送到修理厂。当车修好的时候，已经中午十二点了。

A: Nos pasó lo mismo el sábado pasado. Juan se ofreció a llevarnos a la playa en su coche. Pero no pudo arrancar cuando subimos. Por eso Juan tuvo que pedir una grúa. Y cuando lo repararon, ya habían dado las doce del mediodía.

我们上个星期六也有同样的遭遇。胡安主动提出开车带我们去海边。可是我们上车之后，车子却无法启动。因此，胡安只好请来拖车。等车修好之后，已经过了中午12点。

3 补充词汇

permanecer *intr.*（呆在） Sudamérica *f.*（南美洲） a más tardar （最迟） Colombia （哥伦比亚） contacto *m.*（联系） final *m.*（末尾） preocuparse *prnl.*（担心）

A: ¿Fuiste a despedir a tu novio en el aeropuerto?
你去机场送你的男朋友了吗？

B: Sí, lo acompañía hasta el aeropuerto. 对，我送他到机场了。

A: ¿Qué te dijo a la hora de la despedida? 离别时他跟你说了什么？

B: Me dijo que sólo permanecería una semana en Sudamérica y regresaría, a más tardar, el día 20 de este mes.
他跟我说只在南美洲呆一个星期，最迟这个月20号就回来。

A: ¿A qué país fue? 他去了哪个国家？

B: Fue a Colombia. 他去了哥伦比亚。

A: ¿Te llamó cuando llegó a Colombia?
他到哥伦比亚之后给你打过电话吗？

B: Sí, me llamó y me dijo que me compraría muchos regalos.
打了，他打了电话给我，还说要给我买很多礼物。

A: ¿Sabes en qué país se encuentra ahora?
你知道他现在在哪个国家吗？

B: No lo sé. Pero creo que ayer aún estaba en Colombia y ahora, ¡quién sabe! Estará en Chile o Argentina.

我不知道。但是我想他昨天还在哥伦比亚。现在就不知道他在哪里了。可能在智利或者阿根廷吧。

A: ¿Desde cuándo has perdido el contacto con él?
你是从什么时候起跟他失去了联系?

B: Desde anteayer. Me dijo que regresaría a finales de mes, porque lo habían llamado sus amigos chilenos y argentinos.
前天。他告诉我他月底回来，因为他的智利朋友和阿根廷朋友给他打过电话。

A: Bueno, si está en Chile o Argentina, no tienes por qué preocuparte.
如果他在智利或者阿根廷，你就不必担心。

B: Pero, como tú sabes, en este mundo todo puede ocurrir.
可是，正如你所知，这个世界什么事情都会发生。

A: No te preocupes. Estoy seguro de que tu novio va a regresar.
你别担心。我可以肯定，你的男朋友会回来的。

Lección 第32课

En la comisaría 在警察局

A: Vengo a denunciar un asalto. 我是来报案的。

B: ¡No se ponga nervioso, amigo! Siéntese y cuéntenos lo que le ha pasado.
别紧张，朋友！请坐下来，然后告诉我们到底发生了什么事。

A: Tres hombres me golpearon y me quitaron el maletín.
三名男子打了我一顿，还把我的手提包抢走了。

B: ¿Dónde y cuándo ocurrió eso? 请说一下事发地点和时间。

A: Anoche a eso de la una llegué a Barcelona. Abandoné la terminal de autocares y cogí un taxi para ir a casa de mi amigo, que vive en las afueras de la ciudad. Media hora después, el taxista me dejó en una esquina y me dijo que ésa era la calle que yo buscaba. Bajé con la maleta y el maletín y me dirigí hacia la casa de mi amigo. Pero de repente aparecieron tres hombres y me quitaron el maletín.
昨晚一点钟左右，我来到巴塞罗那。我离开长途巴士终点站，打了一辆的士前往我朋友家。我朋友住在市郊。半小时后司机告诉我，我要去的大街到了，于是让我在街角下车。我提着行李箱和手提包下了车，朝我朋友家的方向走去。可是突然出现了三名男子，他们把我的包抢走了。

B: ¿Qué llevaba en el maletín? 您的包里装有什么？

A: Mi pasaporte, tres tarjetas de crédito y unos dos mil euros.
我的护照、3张信用卡和大约2000欧元。

B: ¿Qué edad tenían esos tres hombres?
那三名男子有多大年龄？

A: De veinte a treinta años, eran de mediana estatura, uno flaco y los otros dos, gordos.
二三十岁左右，中等身材，一个瘦，另外两个胖。

B: ¿Tiene usted fotocopia de su pasaporte? 您有护照的复印件吗？

A: Sí, la tengo en la maleta. ¿Qué es lo que debo hacer ahora?
有，放在行李箱里。我现在应该怎么办？

B: Rellene este formulario, lea esta denuncia y fírmela.
请填写这份表格，看一下这份案发记录，然后在上面签名。

A: Lo que más me preocupa es el pasaporte. ¿Cuándo podré recuperarlo?
我最担心的是我的护照。我什么时候可以找回护照？

B: No se preocupe. Guarde bien la copia de la denuncia y póngase en contacto con el Consulado de China en Barcelona. En cuanto a su maletín perdido, me temo que ya no va a recuperarlo. Pero de todos modos, cuando sepamos algo, le avisaremos.
别担心。请保管好案发记录复印件，并且与中国驻巴塞罗那领事馆取得联系。至于您被抢的包，我看恐怕是找不回来了。但不管怎么说，我们一有消息就会通知您的。

Vocabulario 词汇表

comisaría *f.*	警察局
denunciar *tr.*	告发；报(案)
asalto *m.*	袭击，打劫
ponerse nervioso	一副紧张的样子
contar *tr.*	讲述；计算
golpear *tr.*	打，敲打
maletín *m.*	手提包
ocurrir *intr.*	发生
abandonar *tr.*	放弃，丢弃；离开
terminal *f.*	终点站
autocar *m.*	旅游大巴，长途汽车
afueras *f.* (*pl.*)	郊外
taxista *m., f.*	出租车司机
buscar *tr.*	寻找
dirigirse *prnl.*	走向
hacia *prep.*	朝向
de repente	突然
aparecer *intr.*	出现
edad *f.*	年龄
estatura *f.*	身材
mediano *adj.*	中等的
flaco *adj.*	消瘦的
gordo *adj.*	肥胖的
fotocopia *f.*	复印件
rellenar *tr.*	填充，填写
denuncia *f.*	检举，报案
preocupar *tr.*	使（某人）担心
recuperar *tr., prnl.*	恢复；找回；康复
contacto *m.*	联系
consulado *m.*	领事馆
en cuanto a	至于，关于

一 陈述式过去未完成时动词变位规则

以 ar 结尾的动词，去掉词尾 ar，根据人称选用以下词尾：

yo	-aba	nosotros	-ábamos
tú	-abas	vosotros	-abais
él	-aba	ellos	-aban

变位范例：

estar（在）：

yo estaba　　nosotros estábamos

tú estabas　　vosotros estabais

él estaba　　ellos estaban

以 er 和 ir 结尾的动词，去掉词尾 er 或 ir，根据人称选用以下词尾：

yo	-ía	nosotros	-íamos
tú	-ías	vosotros	-íais
él	-ía	ellos	-ían

变位范例：

tener（有）：

yo tenía　　nosotros teníamos

tú tenías　　vosotros teníais

él tenía　　ellos tenían

pedir（请求）：

yo pedía　　nosotros pedíamos

tú pedías　　vosotros pedíais

él pedía　　ellos pedían

㊁ 陈述式过去未完成时的用法

1. 陈述式过去未完成时表示在过去的时间或过去的某一时刻正在发生的事。所谓“未完成”，是指从叙事的角度讲，当时该动作在进行中。例如：

   Anoche a esta hora yo **estaba** charlando con Ana por Internet.

   昨晚这个时候，我跟安娜在网上聊天。

   Ayer cuando yo **cocinaba**, los niños **estaban** jugando en el jardín.

   昨天我做饭的时候，孩子们在花园里玩。

2. 陈述式过去未完成时还可表示过去习惯性的、重复的或持续性的动作。例如：

   Antes el jefe siempre **llegaba** a la oficina antes de las ocho.

   过去上司总是 8 点前到达办公室。

   Dice que cuando **era** joven, **se duchaba** con agua fría.

   他说他年轻时用冷水洗澡。

   Antes **éramos** pobres y no **teníamos** nada.

   以前我们是穷光蛋，一无所有。

㊂ 陈述式过去未完成时不规则动词变位

以下动词的陈述式过去未完成时变位不规则：

ver（看见）：veía veías veía veíamos veíais veían

ir（去）：iba ibas iba íbamos ibais iban

ser（是）：era eras era éramos erais eran

㊃ 前置词 hacia

前置词 hacia 可表示方向。例如：

Al oír el grito, corrió **hacia** la puerta.

他一听到叫声就朝门口跑去。

Después de bajar del metro, se dirigió **hacia** la estación de tren.

下了地铁之后，他朝火车站走去。

Ejercicios 会话练习

1

补充词汇

jubilarse *prnl.*（退休）　quehaceres domésticos（家务）

A: ¿Con quiénes vivías cuando eras pequeño? 你小时候跟谁一起住？

B: Con mis abuelos. 跟我爷爷奶奶一起住。

A: ¿Por qué no vivías con tus padres?
为什么不是跟你的父母一起住呢？

B: Porque mis padres estaban muy ocupados. Salían de casa antes de las siete y no regresaban hasta las ocho de la noche.
因为我父母当时很忙。他们七点前就出门，到晚上八点才回来。

A: ¿Eran muy buenos contigo tus abuelos? 你爷爷奶奶对你很好吗？

B: Sí, y me llevaban a casa de mis padres los fines de semana.
是的，他们每个周末还带我去我父母家。

A: ¿No tenían que ir al trabajo tus abuelos? 你爷爷奶奶不用上班吗？

B: No. Se habían jubilado y descansaban en casa.
不用。他们已经退休，在家里闲着。

A: ¿Quién te daba de comer cuando tenías hambre?
你饿的时候谁给你做饭吃？

B: Mi abuela. Ella hacía los quehaceres domésticos. Iba temprano al mercado para comprar carne y verduras. Nos preparaba la comida, nos lavaba la ropa y limpiaba la casa.
我奶奶。她负责做家务活。她一大早就去市场买肉和蔬菜。她给我们做饭，洗衣服，还打扫屋子。

A: ¿No la ayudaba tu abuelo? 你爷爷不帮忙干活吗？

B: Sí, a veces la ayudaba a lavar los platos y me llevaba al parque o al cine. 帮。他有时候帮忙洗碗，还带我去公园或者去看电影。

2 补充词汇

pintar *tr.*（涂；画） escuela primaria（小学） casarse *prnl.*（结婚） de sol a sol（从早到晚） mantener *tr.*（养活） chalet *m.*（别墅） y todo（甚至） añorar *tr.*（怀念） juventud *f.*（青春）

A: ¡Qué bonito es este dibujo! ¿Lo pintaste tú?
这幅画多漂亮啊！是你画的吗？

B: Sí, lo pinté cuando estudiaba en la escuela primaria.
是的，是我读小学的时候画的。

A: ¿Quién es esta muchacha? 这个女孩子是谁？

B: Es mi madre. Estaba charlando con mi padre y mis tíos en el patio.
是我妈妈。她跟我爸爸还有我的叔叔们在院子里聊天。

A: ¡Qué guapa era tu madre! 你妈妈真漂亮！

B: Pues sí. Ella y mi padre eran compañeros. Estudiaban en la misma universidad. Los dos se querían mucho y siempre salían de viaje en las vacaciones. Se casó con mi padre cuando tenía 23 años. Mira, ésta era la casa donde vivíamos.
那当然。她和我爸爸是同学。他们在同一所大学读书。他俩相亲相爱，假期总是一起出去旅游。她23岁那一年和我爸爸结了婚。你看，这是我们当时住的房子。

A: ¿Trabajaban mucho tus padres cuando eran jóvenes?
你的父母年轻时工作很勤奋吧？

B: Sí, trabajaban de sol a sol para mantener a la familia. Mi hermana y yo teníamos que ayudarlos en los quehaceres domésticos. En casa no

había ni televisor ni teléfono. Para ver la tele teníamos que ir a casa de mi vecino.
是的，为了养家，他俩从早到晚都在工作。我和我的姐姐得帮他们做一些家务。那时候我们家没有电视，也没有电话。想看电视只能去邻居家里看。

A: ¿Se han jubilado ya tus padres? 你的父母现在退休了吗？

B: Sí, se han jubilado hace unos años. 是的，他们退休几年了。

A: ¡Qué rápido pasa el tiempo! 时间过得真快！

B: Pues sí, y mis padres siempre me dicen: aunque ahora tenemos coche, chalet y todo, ya somos viejos. Antes casi no teníamos nada, pero éramos jóvenes.
是啊，我的父母总是跟我说：虽然我们现在有小汽车，甚至连别墅都有了，但我们已经老了。过去我们几乎一无所有，可是那时候我们都很年轻。

A: ¡Hombre, así es la vida! Y estoy seguro de que, cuando seamos viejos, añoraremos también nuestros tiempos de juventud.
唉，这就是生活！我可以肯定，等我们老的时候，我们也会怀念我们的青春岁月。

3

补充词汇

robo *m.*（偷窃） decidir *tr.*（决定） andén *m.*（站台） descubrir *tr.*（发现） recordar *tr.*（记得） alrededor *adv.*（周围） volverse *tr.*（转身） de modo que（所以） tropezar *intr.*（绊脚） moreno *adj.*（黝黑的） noticia *f.*（消息）

A: Vengo a denunciar un robo. 我是来报案的。

B: ¡Tranquilo, muchacho! Siéntese y cuéntenos qué ha pasado.
别急，小伙子！你先坐下，然后告诉我们发生了什么事。

A: Anoche fui de compras al centro. Salí del hotel a las siete. Como no había taxis, decidí ir en metro. Compré un billete de diez viajes en la taquilla y me dirigí hacia el andén. Cinco minutos después subí al metro. Fue en ese momento cuando descubrí que me habían robado el billetero. 昨晚我去市中心买东西。我七点离开旅馆。由于当时找不到出租车，所以我决定坐地铁去。我在售票窗买了一张10次票，然后朝站台走去。五分钟之后我上了地铁。就在这时，我发现我的钱包被偷了。

B: ¿Qué llevabas en el billetero? 你钱包里装有什么？

A: Carné de identidad, tarjetas de crédito y 1800 euros.
身份证、信用卡和1800欧元。

B: ¿Sabes quiénes y dónde te robaron?
你知道是什么人在什么地方偷了你的钱包吗？

A: No. Pero recuerdo que cuando iba hacia el andén, había varios viajeros a mi alrededor. Un hombre que iba delante de mí se volvió de repente, de modo que tropecé con él. Le pedí perdón y se fue enseguida.
不知道。但是我记得我去站台的时候，我周围有几个旅客。一个走在我前面的男子突然转身，结果我就撞上他了。我向他道了歉，他马上就走了。

B: ¿Cómo era ese hombre? 那个男子长什么样？

A: Era moreno y de mediana estatura. 他皮肤黝黑，中等身材。

B: Bueno, lea esta denuncia y fírmela. Cuando tengamos alguna noticia le avisaremos. 好，请看一下这份报案记录并在上面签名。一有消息我们就会通知您。

En el hospital 在医院

A: Siéntese. ¿Por qué tiene usted la cara tan pálida?
请坐。您的脸色为什么如此苍白?

B: Me siento muy mal. Me duele la cabeza, los brazos, las piernas, en fin, me duele todo el cuerpo. 我感觉很难受。我头疼，胳膊疼，腿疼。总而言之，全身都疼。

A: ¿Tiene fiebre? 有发烧吗?

B: No, no tengo fiebre, pero toso mucho y a veces siento ganas de vomitar
没有，我没发烧，但是咳嗽得很厉害，有时候还想呕吐。

A: ¿Qué le ha pasado? 您出了什么事?

B: Anoche me asaltaron unos hombres y me quitaron todo el dinero que llevaba encima. Me dieron un empujón y perdí conocimiento por unos minutos. Estoy segura de que recibí un golpazo en la cabeza. 昨晚有几个男子打劫我，还抢走我身上所有的钱。他们猛地把我推倒，我有几分钟失去了知觉。肯定是当时我的头部被重重地砸了一下。

A: ¡Pobre! A ver, déjeme examinarlo. Ah, no hay duda de que usted recibió un golpe en la cabeza, porque aquí se ve un chichón. Bueno, afortunadamente no fue grave el golpe, le voy a recetar unas pastillas.

真可怜！让我检查一下。噢，毫无疑问，您的头部被撞了一下，因为这里有一个肿块。还好，幸亏摔得不重。我给您开些药片。

B: ¿Tengo que ponerme una inyección? 我要打针吗？

A: Sí, tiene que ponerse varias inyecciones. Aquí tiene la receta. Compre la medicina en la farmacia y tome dos pastillas cuatro veces al día.

是的，要打好几针。这是药方。请到药店买药，每天吃四次，一次吃两片。

B: ¿Tengo que guardar cama? 我要卧床休息吗？

A: Sí, debería usted guardar cama una semana. Espero que deje de fumar y que se recupere pronto.

对，您要卧床休息一周。希望您戒烟，祝您早日康复。

B: Gracias, doctor. 谢谢，大夫。

Vocabulario 词汇表

hospital	*m.*	医院
cara	*f.*	脸
pálido	*adj.*	苍白的
doler	*intr.*	使（某人）感觉痛
cabeza	*f.*	头部，头
brazo	*m.*	胳膊
pierna	*f.*	大腿
en fin		总而言之
cuerpo	*m.*	身躯
fiebre	*f.*	发烧
toser	*intr.*	咳嗽
vomitar	*tr., intr.*	呕；呕吐
asaltar	*tr.*	袭击，打劫
encima	*adv.*	在上面；身上

empujón *m.*	用力推一下	grave *adj.*	严重的
conocimiento *m.*	知识；知觉	recetar *tr.*	开药
recibir *tr.*	收，接；遭受	pastilla *f.*	药片
golpe *m.*	敲打，打击，撞击	inyección *f.*	针
dejar *tr.*	允许，让	receta *f.*	药方，处方
examinar *tr.*	检查	medicina *f.*	医学，医药
duda *f.*	疑问	farmacia *f.*	药房，药店
chichón *m.*	肿块，疙瘩	guardar cama	卧床休息
afortunado *adj.*	幸运的	pronto *adv.*	很快；早
		doctor *m.*	博士；大夫

Gramática 语法

一 缩小词

西班牙语指人、动物或物体的名词通常可以派生出缩小词，如：mesa（桌子）→ mesita（小桌子）。

ito 或 ita 是缩小词常见的形式之一，以此形式结尾的缩小词常含有赞美或亲热之义。其变化规则是：以 o 或 a 结尾的名词，去掉词尾 o 或 a，分别改用 ito 或 ita；以辅音字母 l 结尾的名词，则直接在词尾加 ito 或 ita。变为缩小词后，该词的重读音节统一落在 ito 或 ita 的元音 i 上。例如：

vaso → vas**ito**（小水杯）
casa → cas**ita**（小屋子）
abuelo → abuel**ito**（爷爷）
abuela → abuel**ita**（奶奶）
árbol → arbol**ito**（小树）

papel → papel**ito**（小纸条）

以 e、n 及 r 结尾的名词变为缩小词时，通常是在词尾直接加 cito 或 cita。例如：

coche → coche**cito**（小车）

café → cafe**cito**（一小杯咖啡）

joven → joven**cito**（小青年）

jardín → jardin**cito**（小花园）

mujer → mujer**cita**（女子）

bar → bar**cito**（小酒吧）

西班牙语指小词常见的形式还有：illo、illa、ico、ica、uelo、uela 等。

此外，不同地区有不同习惯。例如在马德里等地，café 和 bar 的缩小词通常是 cafetito 和 barecito。

㊁ 增大词

西班牙语名词除可派生出缩小词外，通常还可派生出增大词，如：sala（厅）→ salón（大厅）。

增大词最常见的形式是改用 ón 或 azo 结尾。例如：

cabeza → cabezón（大头）

fortuna → fortunón（一大笔财产）

bolsa → bolsazo（大袋子）

coche → cochazo（大车）

golpe → golpazo（重重一击）

gol → golazo（入球）

除名词之外，个别形容词和副词也可派生出缩小词或增大词。例如：

pequeño → pequeñito（小小的）

azul → azulito（蓝蓝的）

pobre → pobrecito（真可怜）

simpático → simpaticón（好可爱的）

bueno → buenazo（很好的）

rápido → rapidito（快快地）

㊂ 名词补语从句

名词可以带有补语，如：miedo **de un asalto**（害怕被抢劫）、duda **de su verdad**（怀疑其真实性）、impresión **de que está mal de salud**（给人感觉他身体不好）等。当名词的补语是由前置词 de 加连词 que 引导一个句子时，由 de que 引导的句子称为名词补语从句。例如：

No hay duda **de que está vivo**. 毫无疑问，他还活着。

Tengo la fé y la convicción **de que vamos a ganar**.

我坚信我们会赢。

㊃ 形容词补语从句

与名词的情况相同，形容词也可以带有补语，如：seguro de su existencia（确信其存在）、contento con el trabajo（满意这份工作）等。当形容词的补语是由前置词加连词 que 引导一个句子时，该句子称为形容词补语从句。例如：

Estamos seguros **de que regresarán**. 我们确信他们会回来。

Estoy contento **de (con) que hayas ganado el premio**.

你得了奖，我很高兴。

㊄ 动词 sentir

动词 sentir（感觉）可用作及物动词或代词式动词。用作及物动词时，与名词搭配；用作代词式动词时，与形容词或副词搭配。例如：

Siento mucho **frío** en las piernas. 我感觉大腿很冷。

Veo que **sientes** mucha **alegría** hablando con él.

我看得出来，跟他交谈你很开心。

Al terminar el trabajo **me siento cansado**, pero muy **feliz**.

干完活之后我感觉很累，但是很愉快。

Mi abuelo dice que estos días **se siente** muy **mal**.

我爷爷说他这几天感觉非常难受。

㊅ 动词 doler

动词 doler 是不及物动词，意思是“使人感觉疼痛”。因此，其句子结构是：疼痛的部位作主语，所指的人作间接宾语。例如：

Me duele **la cabeza**. 我头疼。

Mi hermano dice que **le** duelen **las nalgas**. 我弟弟说屁股疼。

Ejercicios 会话练习

1 补充词汇

de momento（暂时） construir *tr.*（建造） normal *adj.*（普通的）dulce *adj.*（甜蜜的） paso a paso（一步一步地）

A: Ven acá, hijito. 孩子，你过来这边。

B: Sí, mamita, ya voy. Espera un ratito. Déjame terminar la casita.
好的，妈咪，我马上就来。你稍等一会儿，让我先造完这间小屋子。

A: ¿Otra vez estás ocupado en hacer tu casita?
你又在忙着造你的小屋子吗？

B: Bueno, ahora como soy pequeñito, de momento hago una casita. Pero cuando yo sea grande, tengo que construir una casona, una casa grandona, un chalet.
那是因为我现在还小，所以暂时造一间小屋。但是等我长大之后，就要建一间大屋，建一间很大的屋子，一幢别墅式的屋子。

A: ¿Y te casarás con una mujerona para vivir con ella en tu casona?
然后你就娶一个身材高大的妻子，入住你那间大屋子，是吗？

B: Una mujerona, no. Prefiero una mujer normal, una mujer tan buena y tan bonita como Anita.
我不要一个身材高大的妻子。我要娶一个中等身材的女子，一个和安妮塔一样温柔美丽的女孩子。

A: ¡Ah, qué bien! Mi hijito quiere casarse con una mujercita dulcísima y buenísima. 啊，那太好了！我儿子是想娶一个既温柔可爱又心地善良的女孩子。

B: Eso sí. Y compraremos un cochazo lujoso para viajar por todo el mundo.
说得对。然后我们就买一部加长豪华轿车，去周游世界。

A: ¿Quiénes cuidarán de vuestro chalet si salís de viaje?
如果你们去周游世界，那谁来看管你们的别墅啊？

B: Claro que lo vais a cuidar tú y papito. 当然是由你和爸爸看管了。

A: Es decir, tu papito y yo podemos vivir en tu casona con piscinota?
也就是说，我和你爸爸可以入住你那幢有一个大游泳池的别墅，是吗？

B: Por supuesto, mamita. 那当然，妈咪。

A: Entonces, ¿por qué no vamos a construirla ahora mismo?
那我们为何不现在就建这个大屋子呢？

B: Vale, mamita. Entre tú, papito y yo vamos a construir la casona ahora mismo, pasito a pasito.
好啊，妈咪。我和你还有爸爸现在就分工合作，一步一步地建这个大屋子吧。

A: No, hijito, vamos a construirla rapidito, pasazo a pasazo.
不要一步一步建，孩子，我们要快点建造，大步推进才对。

2 补充词汇

triste *adj.*（悲伤） miedo *m.*（害怕） posibilidad *f.*（可能性） enamorado de（爱上……） enamorarse *prnl.*（恋爱） felicitación *f.*（祝贺） suegra *f.*（岳母） natural *adj.*（自然的） propio *adj.*（自己的） tonto *adj.*（傻的）

A: Te veo muy triste. ¿Qué te ha pasado? 我看你很伤心。你怎么了？

B: Tengo mucho miedo. 我很害怕。

A: ¿Miedo de qué? 害怕什么？

B: Tengo miedo de perder a mi hija. 我害怕会失去我的女儿。

A: ¿Cómo es posible que pierdas a tu hija si ella está a tu lado todos los días? 你女儿天天都在你身边，你怎么可能会失去她呢？

B: Pero la he visto andar con un muchachote y hay posibilidades de que algún día se case con él. Creo que de eso ya no hay duda.
但是我看见她跟一个小伙子来往，而且说不定哪一天她会嫁给他呢。我看此事已经是毫无疑问的了。

A: ¿Quieres decir que no hay duda de que tu hija se casará con ese muchachote?
你的意思是，毫无疑问你女儿会嫁给那个小伙子吗？

B: Sí. Me ha dicho que lo ha conocido por Internet y me da la impresión de que está muy enamorada de él.
是的。她跟我说那小伙子是她在网上认识的，我感觉我女儿非常爱他。

A: ¡Felicitaciones! 恭喜你啊！

B: ¿Por qué? 恭喜什么？

A: Porque pronto vas a ser suegra. 恭喜你很快就要当岳母了。

B: Pero estoy triste de que se haya enamorado tan pronto.
但是她这么早就谈恋爱了，让我很伤心。

A: Es natural que los jóvenes se enamoren. ¿Acaso no esperas que tu hija se case con un buen hombre y que tengan sus propios hijos?
年轻人谈恋爱是很正常的事。难道你不希望你女儿嫁一个好男人，然后生儿育女吗?

B: Eso sí. Pero el muchachote con quien anda mi hija es argentino. Si mi hija vive en Argentina, ¿cuántas veces podré visitarla en mi vida?
那当然希望。但是那个跟我女儿来往的男人是阿根廷人。如果我女儿住在阿根廷，我这辈子还能见到她几次呢?

A: Mira qué tonta eres. ¿Acaso no podrás vivir también en Argentina?
你看你真傻。难道你不可以搬去阿根廷住吗?

B: Ah, sí, buena idea. Ahora sí que estoy más tranquila.
噢，对啊，这是个好主意。现在我就不担心了。

3 补充词汇

indispuesto *adj.*（不适） resfriado *adj.*（着凉） nariz *f.*（鼻子） tapado *adj.*（堵塞） pecho *m.*（胸部） espalda *f.*（背部） apetito *m.*（胃口） pelearse *prnl.*（吵架） marido *m.*（丈夫） excursión *f.*（郊游） ribera *f.*（岸边） piedra *f.*（石头） precioso *adj.*（珍贵的） recoger *tr.*（捡） montón *m.*（堆） a cuestas （背着） clínica *f.*（诊所） calmar *tr.*（减轻） dolor *m.*（疼痛）

A: ¿Estás indispuesta, hijita? 你不舒服吗，女儿?

B: Sí, mami. 是的，妈咪。

A: ¿Estás resfriada? 你着凉了吗?

B: No, no tengo ni fiebre ni la nariz tapada.
没有，我既没发烧也没鼻塞。

A: Entonces, ¿qué tienes? 那你感觉哪里不舒服？

B: Me duelen los brazos, las piernas, el pecho, la espalda, en fin me duele todo el cuerpo y no tengo apetito. 我胳膊疼，腿疼，胸疼，背疼，总而言之全身都疼，而且也没有胃口。

A: ¿Te has peleado con tu marido? 你跟你丈夫吵架了吗？

B: No. Ayer salimos juntos de excursión. Llegamos a la ribera de un río, donde había muchísimas piedras preciosas y recogimos un montón. Pero cuando llegamos a la estación, ya había salido el último autobús. Como no había taxi, tuvimos que regresar a pie, llevando a cuestas un montón de piedras. 没有。昨天我们一起去郊游。我们来到了一条河边，那里有很多好看的石头，于是我们捡了一大堆。但是当我们去到车站时，最后一班车已经开走了。由于没有出租车，我们只好背着一大堆石头走路回来。

A: ¡Pobrecitos! ¿Y dónde está ahora Juanito?
你们真可怜！胡安尼托现在在哪里呢？

B: Lo ha llamado un amigo suyo y acaba de salir.
他的一个朋友打电话找他，所以他刚刚出去了。

A: ¿Necesitas que te lleve a la clínica para ver al médico?
需要我带你去诊所看一下医生吗？

B: No, no hace falta, mamá. Ya he tomado varias pastillas para calmar el dolor. Creo que me recuperaré pronto.
不用了，妈妈。我已经吃了几片止痛药。我想我很快就会好的。

A: Bueno, debes cuidarte mucho, hijita.
好吧，你要好好照顾自己，女儿。

B: No te preocupes, mamá. No me va a pasar nada.
你不用担心，妈妈。我不会有什么事的。

Lección 第34课

En el aeropuerto 在机场

A: Por favor, ¿es aquí donde se hacen los trámites de facturación?
请问，是在这里办理登机手续吗？

B: Sí. ¿A qué país viaja usted? 对。您前往哪个国家？

A: Primero a Italia, y luego a China.
我先去意大利，然后去中国。

B: Su billete y pasaporte, por favor. 请拿出您的机票和护照。

A: Aquí los tiene. 这是机票和护照。

B: ¿Acaso no sabe usted que se exige a los pasajeros facturar una hora antes de la salida del vuelo? 难道您不知道旅客必须在航班起飞前一小时办理登机手续吗？

A: Discúlpeme por haber llegado tarde. Es que hay atasco en el túnel. El taxista me ha dicho que posiblemente haya ocurrido un accidente allí. Por eso hemos dado una gran vuelta. Pero, ¿aún puedo facturar? 对不起，我来晚了，因为隧道里堵车。的士司机说可能是隧道出了交通事故，所以我们绕了一大圈。我还可以办理登机手续吗？

B: Afortunadamente el vuelo sale con una hora de retraso.
幸亏航班要晚一小时起飞。

A: ¡Qué bien que se haya retrasado! Mis padres están esperando impacientemente que regrese. Ayer me llamaron una y otra vez pidiéndome que me acostara temprano para no perder el vuelo y que los llamara cuando estuviera en el avión. ¿Me podría dar un asiento que esté al lado de la ventanilla?

飞机晚点起飞，太好了！我父母迫不及待地等着我回去呢。他们昨天多次给我打电话，要我早点睡觉，以免误机，还要我登机后打电话给他们。可以给我一个靠窗口的位置吗？

B: Sí, pero sólo queda uno. ¿Le importaría que estuviera en la última fila?

可以，但只剩一个了。是在最后一排，您介意吗？

A: Bueno, entonces prefiero uno que esté junto al pasillo.

那我还是要一个靠过道的位置吧。

B: ¿Tiene equipaje para facturar? 有行李要托运吗？

A: Sí, esta maleta, por favor. ¿A cuántos kilos tengo derecho?

有，请给我托运这个皮箱。托运行李的权限是多少公斤？

B: Cada pasajero puede facturar treinta kilos. Como su maleta pesa 43 kilos, tiene que pagar el exceso de equipaje.

每位旅客可以免费托运30公斤行李。由于您的行李重43公斤，所以要付行李超重费。

A: Pero, ¿cómo es posible que mi equipaje pese tanto. ¡Dios mío! Mi amigo tenía razón. No vale la pena haber comprado tantas estatuas de bronce... Bueno, ya he pagado el exceso de equipaje. Aquí tiene el comprobante.

可是我的行李怎么可能有这么重？我的天啊！我朋友说的对，不值得买这么多铜像…… 好，我已经付行李超重费了。这是收据。

B: Ya está. Aquí tiene su billete, tarjeta de embarque y pasaporte.

好，行了。给您机票、登机牌和护照。

A: ¿Y la etiqueta de la maleta? 还有行李牌呢?

B: Está detrás, pegada en su billete. 贴在您的机票后面。

A: Ahora la veo, gracias. 我看到了。谢谢。

B: De nada. Que tenga un buen viaje. 不用谢。祝您旅途愉快。

Vocabulario 词汇表

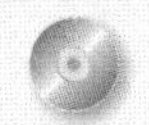

trámite *m.*	手续
facturación *f.*	托运；登机手续
acaso *adv.*	难道
exigir *tr.*	要求
pasajero *m.*	旅客
facturar *tr., intr.*	托运；办理登机手续
salida *f.*	离开，起飞
vuelo *m.*	航班
túnel *m.*	隧道
accidente *m.*	事故
retraso *m.*	延误，晚点
retrasar *tr., prnl.*	延误；晚点
impaciente *adj.*	着急的，迫不及待的
avión *m.*	飞机
fila *f.*	排，行
junto a	在……旁边
pasillo *m.*	过道，走廊
equipaje *m.*	行李
derecho *m.*	权利
pesar *intr.*	有……重量
exceso *m.*	过份；超重
posible *adj.*	可能的
tanto *adj., pron..*	如此多
valer la pena	值得
bronce *m.*	青铜
comprobante *m.*	票据
etiqueta *f.*	标签
pegar *tr.*	粘帖

Gramática 语法

一 虚拟式过去未完成时动词变位规则

以 ar 结尾的动词，去掉词尾 ar，根据人称选用以下词尾：

yo -ara (-ase)	nosotros -áramos (ásemos)
tú -aras (-ases)	vosotros -arais (-aseis)
él -ara (-ase)	ellos -aran (-asen)

变位范例：

llegar（到达）：

yo llegara nosotros llegáramos

tú llegaras vosotros llegarais

él llegara ellos llegaran

或：

yo llegase nosotros llegásemos

tú llegases vosotros llegaseis

él llegase ellos llegasen

以 er 和 ir 结尾的动词，去掉词尾 er 或 ir，根据人称选用以下词尾：

yo -iera (-iese)	nosotros -iéramos (iésemos)
tú -ieras (-ieses)	vosotros -ierais (-ieseis)
él -iera (-iese)	ellos -ieran (-iesen)

变位范例：

beber（喝）：

yo bebiera nosotros bebiéramos

tú bebieras vosotros bebierais

él bebiera ellos bebieran

或：

yo bebiese nosotros bebiésemos

tú bebieses vosotros bebieseis

él bebiese ellos bebiesen

vivir（居住）：

yo viviera	nosotros viviéramos
tú vivieras	vosotros vivierais
él viviera	ellos vivieran

或：

yo viviese	nosotros viviésemos
tú vivieses	vosotros vivieseis
él viviese	ellos viviesen

㊁ 虚拟式过去未完成时的时值

虚拟式的过去时态仅分为完成和未完成两种。因此，虚拟式过去未完成时的时值可相当于陈述式过去未完成时、简单过去时或过去将来未完成时（条件式简单时）。试比较：

Es cierto que antes él **trabajaba** en el campo.

他以前的确是在乡下干活。

¿Cómo es posible que antes él **trabajara** en el campo?

他怎么可能以前是在乡下干活呢？

Ha dicho que ayer se **levantó** temprano. 他说他昨天很早起床。

No ha dicho que ayer **se levantara** temprano.

他没说他昨天很早起床。

Ese día me dijo que me **ayudaría**. 他那天跟我说他会帮我。

Ese día no me dijo que me **ayudara**. 他那天没跟我说他会帮我。

注：本课的“¿Le importaría que estuviera en la última fila?”一句的主句动词用了条件式，因条件式被视为过去时态，所以从句谓语也相应调整为虚拟式过去未完成时。此处条件式表示客气。若主句改用陈述式现在时，该句则应改为：¿Le importa que esté en la última fila?

㊂ 虚拟式过去未完成时不规则动词变位

虚拟式过去未完成时不规则动词变位较有规律。若动词的陈述式简单过去时变位不规则，其虚拟式过去未完成时的变位也不规则。此类不规则动词变位如下：

以其陈述式简单过去时第三人称单数作词头，去掉其末尾音节中的元音，根据人称改用以下词尾：

yo -iera (-iese)	nosotros -iéramos (iésemos)
tú -ieras (-ieses)	vosotros -ierais (-ieseis)
él -iera (-iese)	ellos -ieran (-iesen)

不规则动词变位范例：

tener → tuvo → tuv:

yo tuviera　　nosotros tuviéramos

tú tuvieras　　vosotros tuvierais

él tuviera　　ellos tuvieran

或：

yo tuviese　　nosotros tuviésemos

tú tuvieses　　vosotros tuvieseis

él tuviese　　ellos tuviesen

此类不规则变位动词常见的有：

hacer: hiciera hicieras hiciera hiciéramos hicierais hicieran

poder: pudiera pudieras pudiera pudiéramos pudierais pudieran

venir: viniera vinieras viniera viniéramos vinierais vinieran

saber: supiera supieras supiera supiéramos supierais supieran

haber: hubiera hubieras hubiera hubiéramos hubierais hubieran

volver: volviera volvieras volviera volviéramos volvierais volvieran

poner: pusiera pusieras pusiera pusiéramos pusierais pusieran

dar: diera dieras diera diéramos dierais dieran

pedir: pidiera pidieras pidiera pidiéramos pidierais pidieran

servir: sirviera sirvieras sirviera sirviéramos sirvierais sirvieran

dormir: durmiera durmieras durmiera durmiéramos durmierais durmieran

其他不规则动词变位可照此类推。

以下几个动词例外：

ir 和 ser : fuera fueras fuera fuéramos fuerais fueran

decir: dijera dijeras dijera dijéramos dijerais dijeran
traer: trajera trajeras trajera trajéramos trajerais trajeran

㊃ 原形动词（2）

原形动词分为简单形式和复合形式两种。简单形式指未经变位的以 ar、er 或 ir 结尾的动词；复合形式由 haber 加动词的过去分词构成。例如：

简单形式：		复合形式：	
llegar	到达	haber llegado	到了
beber	喝	haber bebido	喝了
ir	去	haber ido	去了

原形动词的简单形式通常表示动作未完成，而复合形式则表示或强调动作已经完成。试比较：

Temo **perder** datos. 我担心会丢失资料。

Temo **haber perdido** datos. 我担心丢失了资料。

El tren debe de **salir** ahora. 火车应该是现在开出。

El tren debe de **haber salido** ahora. 现在火车应该已经开出了。

Ejercicios 会话练习

1 补充词汇

de cerca（近距离） sociedad *f.*（社会） cultura *f.*（文化） optimista *adj.*（乐观的） hospitalario *adj.*（好客的） humor *m.*（幽默；情绪） sonreír *intr.*（微笑） sonrisa *f.*（笑容） enfrentarse *prnl.*（面对） optimismo *m.*（乐观主义） amor *m.*（爱） apoyo *m.*（支持） bendecir *tr.*（保佑） calentar *tr.*（加热） llorar *intr.*（哭） beso *m.*（吻） existir *intr.*（存在）

A: ¿Cuántos años estuviste en México? 你在墨西哥呆了几年？

B: Dos años. Vivía en la casa de un matrimonio mexicano. Los dos se habían jubilado. Eran muy buenos conmigo. Los fines de semana me llevaban en su coche a pasear por la ciudad o a los pueblos cercanos para que conociera de cerca la sociedad y la cultura mexicanas.
两年。我是住在一对墨西哥夫妇家里。他俩都已经退休了。他们对我很好，每个周末都开车带我在城里或者到郊外逛，让我实地了解墨西哥社会与文化。

A: ¿Aprendiste mucho de los mexicanos?
你从墨西哥人身上学会了很多东西吧？

B: Por supuesto. De ellos aprendí a ser alegre, optimista, hospitalaria y a estar siempre de buen humor. Me decían que siempre sonriera, aunque estuviera triste porque la sonrisa es la medicina más barata.
那当然。我从他们身上学会了做人要开朗、乐观、好客，而且还学会了凡事都要有良好的心态。他们叫我要笑对一切，即使内心痛苦也要用微笑面对，因为微笑是最省钱的药。

A: Claro, todos debemos enfrentarnos a la vida con optimismo.
没错，我们大家都要乐观地面对生活。

B: De ellos también aprendí a ayudar a los demás. Solían decirme que uno se sentía feliz ayudando a los que están pasando tiempos difíciles.
从他们身上我还学会了帮助他人。他们常跟我说，帮助那些有艰难困苦的人，你会感到非常快乐。

A: Así es. Todos necesitamos ayuda, amor y apoyo. ¿Te ayudaron mucho durante tu estancia en México?
说得对。我们大家都需要帮助，需要爱和支持。你在墨西哥逗留期间，他们俩给了你很大帮助吧？

B: Sí, sobre todo cuando estaba enferma, me llevaban al médico en su coche, me acompañaban día y noche, cuidándome y pidiendo a Dios que me bendijera, y me aconsejaban que dejara de fumar, deseando que me recuperara pronto.

对，尤其是当我生病时，他们就开车送我去看医生，日夜陪伴我，照顾我，祈求上帝保佑我，还劝我不要再抽烟，希望我早日康复。

A: ¿Sigues en contacto con ellos? 你现在跟他们还有联系吗？

B: Claro que sí. No dejo de escribirles aunque esté ocupada. Y ellos también me escriben a menudo. Siempre me advierten: No hay mejor momento para ser feliz que ahora mismo. He aquí sus buenos consejos para ser feliz:

Si te vas a calentar, que sea al sol.
Si vas a llorar, que sea de alegría.
Si vas a mentir, que sea sobre tu edad.
Si vas a robar, que sea un beso.
Si es para perder, que se pierda el miedo.
Y si existe hambre, que sea de amor.

当然有。即使我很忙，也会给他们写信。他们也经常给我写信。他们总是告诫我：只有现在快乐才是真正的快乐。想成为快乐之人，请听他们的良言：

如果你要温暖，请向太阳索取。
如果你要落泪，请洒开心之泪。
如果你想撒谎，请撒年龄之谎。
如果你想去偷，那就偷一个吻。
如果你会抛弃，那就抛弃畏惧。
如果你会饥渴，就要爱的饥渴。

2 补充词汇

regañar *tr.*（责骂） posibilidad *f.*（可能性） a menos que （除非）

A: ¿Por qué estás aquí? ¿Por qué no entras a trabajar?
你为什么在这里？为什么不进去工作？

B: Porque temo haber llegado tarde. Si me ve llegar tarde, el jefe me volverá a regañar.
因为我怕已经迟到了。如果上司看见我迟到，会再次骂我的。

A: ¿Qué hora es? 现在几点了？

B: No tengo reloj, pero deben de haber dado las diez.
我没带手表，但现在应该已经过了10点。

A: Entonces no tengas miedo. El jefe debe de haber salido.
那你就不用怕了，上司应该已经出去了。

B: No es posible. Ayer a las nueve y media estaba tomando café en su oficina.
不可能。昨天9点半的时候他还在办公室里喝咖啡。

A: ¿Quieres decir que ahora debe de haber terminado su café y está esperándote?
你是想说，现在上司应该已经喝完咖啡，而且正等着你，是吗？

B: Bueno, quiero decir que ahora debe de haber empezado a desayunar leyendo el periódico.
我的意思是，现在他应该已经开始边吃早餐边看报纸了。

A: ¿No hay posibilidad de que no haya llegado?
有没有可能他还没到呢？

B: Suele haber llegado a esta hora, a menos que haya atascos en el camino. 这个钟点他通常已经到了，除非路上堵车。

A: ¿Por qué no entras para ver si ha llegado ya?
你为什么不进去看看他是不是已经到了呢？

B: Es que tengo miedo de que me vaya a regañar.
因为我怕他会责骂我。

A: No te preocupes. Dile que has ido a por agua después de haber llegado. 不用担心，你就跟他说你刚才到了之后去打水了。

B: No hace falta. Mira el papelito que está pegado en la puerta: Hoy no puedo venir por estar enfermo.
用不着了。你看贴在门上的小纸条：我今天因病不能上班。

3 补充词汇

declarar *tr.*（申报） objeto de uso personal（个人用品） líquido *m.*（液体） a bordo（登机） máquina de escáner（扫描机） revisión *f.*（检查） extenso *adj.*（宽广的） cooperar *intr.*（合作） punto de seguridad（安检站） tijeras *f.*（剪刀） sacacorchos *m.*（开瓶器）

A: Su tarjeta de embarque y su pasaporte, por favor.
请出示您的登机牌和护照。

B: Sí, aquí los tiene. 好，这是登机牌和护照。

A: ¿De dónde viene? 您从哪里来？

B: De China. Soy turista y ahora regreso a mi país.
从中国来。我是游客，现在回国。

A: ¿Tiene algo que declarar? 您有什么需要申报的吗？

B: No, creo que no tengo nada que declarar.
没有，我看我没有什么要申报的。

A: ¿Qué lleva en el equipaje de mano? 您的手提箱里装有什么？

B: Objetos de uso personal y una botella de vino que me ha regalado un amigo mío en el aeropuerto.
日常用品和一个朋友在机场送给我的一瓶红酒。

A: ¿No sabe usted que está prohibido llevar líquidos a bordo?

您不知道不能携带液体登机吗？

B: Pero he visto que muchos viajeros han comprado vinos de España como regalo.
但是我看到很多旅客都购买了西班牙红酒作礼物。

A: Los líquidos hay que ponerlos en la maleta para facturar.
液态物品必须随行李托运。

B: Entonces, ¿qué debo hacer ahora? ¿Acaso tengo que devolvérsela a mi amigo? 那我现在该怎么办？难道我要把它退给我的朋友不成？

A: Debe usted pasar su equipaje de mano por la máquina de escáner. Si le piden una revisión más extensa, tiene que cooperar. Si no lo hace, no podrá pasar por el punto de seguridad.
您要把手提箱放到扫描机上检查。如果需要做进一步检查，您就要配合。要是不这么做，您就不能过安检。

B: ¿Qué otras cosas están prohibidas? 还有什么别的物品禁止携带？

A: Cuchillos, tijeras, sacacorchos, etc. 刀具、剪子、开瓶器等。

B: ¡Madre mía! ¡Nadie me ha dicho que deba ponerlos en la maleta para facturar! ¡Adiós mi botella de vino y mis preciosos sacacorchos!
我的妈呀！没有人跟我说过要把这些东西放在行李箱托运。别了，我的红酒和我珍贵的开瓶器！

Lección 第35课

En la sala de embarque 在候机室

A: ¡Hola! ¿Es usted turista? 您好！您是游客吗？

B: Sí, vengo de Italia. Dicen que se han cancelado muchos vuelos. Por el altavoz se está anunciando que este vuelo a Italia se va a retrasar dos horas más. Pero temo que se cancele también.
是，我从意大利来。听说很多航班都被取消了。广播里正在说这趟飞往意大利的航班要再晚两个小时才能起飞。但我担心这个航班也会取消。

A: ¡No me diga! Pero, ¿por qué ocurre esto?
真的吗？可是，为什么会发生这种事？

B: Por el mal tiempo o quizá haya huelga en Italia.
因为天气不好，或者也许是意大利有人闹罢工。

A: ¡Maldita sea! Si lo supiera, no habría escogido esta mala fecha para viajar. 真是活见鬼！早知道是这样，我就不会选择这个鬼日期出行了。

B: ¡Hombre! Si la compañía aérea hubiera pagado bien a sus empleados, todos estarían contentos y no habría quejas.
好家伙！如果航空公司给员工多发一点工资，大家就会满足，那就没人发牢骚了。

A: Es verdad que hay jefes que no se preocupan nada de sus empleados, e incluso los tratan como si fueran animales.

的确是有些老板对员工根本就不关心，甚至还把他们当作牛马。

B: Exacto. Si los trataran como a hermanos, no habría huelga. Y si no hubiera huelga, no se cancelaría el vuelo y podríamos viajar contentos y tranquilos. Bueno, así es la vida y no podemos hacer nada. 没错。要是老板把员工视为兄弟，就不会有罢工。如果没有罢工，航班就不会取消，我们也就可以高高兴兴，悠哉游哉地旅行了。好了，生活就是这样，我们有什么办法？

A: ¡Ojalá tengamos buena suerte y podamos embarcar hoy mismo!
但愿我们走运，今天就能登机。

B: Pero hombre, eso de poder embarcar no significa que uno tenga suerte. En este mundo cualquier cosa podría ocurrir. Quién sabe si hay una bomba en el avión y de repente, ¡boom!
可是，老兄，能登机不见得就是走运。这个世界什么事情都有可能发生。谁知道飞机上是否有炸弹，突然间会“砰”的一声。

A: ¡Qué horror! Me quedaría en casa y no volvería a viajar si ocurriera algo semejante y pudiera llegar sano y salvo a casa.
真可怕！如果真的发生这种事情而我还能安然无恙地回到家的话，我就会呆在家里，再也不出来旅游了。

B: Ha sido una broma, amiga. No te asustes. La vida es tan bonita que todos queremos disfrutarla. Así que disfrute de la vida bromeando.
刚才是开玩笑的，朋友，别害怕。生活是如此美好，谁不想好好享受呢？所以请在玩笑声中享受生活吧。

A: Tiene usted razón. Bromear es la mejor forma de pasar el tiempo.
您说得有道理。开玩笑是打发时间最好的办法。

Vocabulario 词汇表

cancelar *tr.*	取消
altavoz *m.*	扩音器
anunciar *tr.*	通告，宣布
temer *tr.*	害怕
huelga *f.*	罢工
¡Maldita sea!	真是活见鬼！
escoger *tr.*	选择
fecha *f.*	日期
aéreo *adj.*	航空的
contento *adj.*	高兴的
queja *f.*	怨言，牢骚
jefe m.	队长，主任，老板
incluso *adv.*	甚至
tratar *tr.*	对待
como si	仿佛
animal *m.*	动物
hermano *m.*	兄弟
ojalá *adv.*	但愿
suerte *f.*	运气
significar *tr.*	意味，意思是……
mundo *m.*	世界
cosa *f.*	东西
bomba *f.*	炸弹
horror *m.*	恐怖
semejante *adj.*	类似的
sano y salvo	安然无恙
broma *f.*	玩笑
asustar *tr.*	吓唬
disfrutar *tr., intr.*	享受
bromear *intr.*	开玩笑
forma *f.*	方式

Gramática 语法

一 虚拟式过去完成时动词变位规则

虚拟式过去完成时由助动词 haber 的虚拟式过去未完成时加动词的过去分词构成。助动词 haber 的虚拟式过去未完成时变位如下：

yo hubiera	nosotros hubiéramos
tú hubieras	vosotros hubierais
él hubiera	ellos hubieran

或：

yo hubiese	nosotros hubiésemos
tú hubieses	vosotros hubieseis
él hubiese	ellos hubiesen

变位范例：

llegar（到达）：

yo hubiera llegado	nosotros hubiéramos llegado
tú hubieras llegado	vosotros hubierais llegado
él hubiera llegado	ellos hubieran llegado

或：

yo hubiese llegado	nosotros hubiésemos llegado
tú hubieses llegado	vosotros hubieseis llegado
él hubiese llegado	ellos hubiesen llegado

二 虚拟式过去完成时的时值

虚拟式过去完成时的时值可相当于陈述式过去完成时或过去将来完成时（条件式复合时）。试比较：

Era cierto que se **había marchado**.

他当时的确是走了。

No era cierto que se **hubiera marchado**.

他当时并非已经走了。

Dijo que **se habría casado** cuando tuvieras dinero.

她当时说，等你有钱时她已经嫁人了。

No dijo que **se hubiera casado** cuando tuvieras dinero.

她没说过等你有钱时她已经嫁人。

三 条件式复合时动词变位规则

条件式复合时由助动词 haber 的条件式简单时加动词的过去分词构成。助动词 haber 的条件式简单时变位如下：

yo habría	nosotros habríamos
tú habrías	vosotros habríais
él habría	ellos habrían

变位范例：

salir（出去）：

yo habría salido	nosotros habríamos salido
tú habrías salido	vosotros habríais salido
él habría salido	ellos habrían salido

四 条件式复合时的用法

条件式复合时可表示从过去的角度看，在未来的某一时刻或动作之前已经发生的事。例如：

Como había atasco, pensaba que cuando llegara a la estación, ya **habría salido** el tren.

由于当时路上堵车，我想等我赶到火车站时，火车已经开走了。

Me dijo que **habría anochecido** cuando termináramos el trabajo.

他当时跟我说，等我们把工作做完，天都已经黑了。

与条件式简单时一样，条件式复合时也可表示礼貌、愿望、劝告等，使说话的语气显得婉转、客气。例如：

Usted **habría podido** decírmelo antes.

此事您本来可以早点告诉我。

Habrías debido ir a ver al médico.

你本来应该去看医生。

Habría querido pedirle que me ayudara.

我本来是想请您帮我的。

五 条件状语从句（2）

条件状语从句时态的使用分为两种：

1. 如果提出的条件是现实的，从句谓语用陈述式（指未来行为时，不用将来时，而是用现在时）。例如：

   Mañana te esperaré aquí si **regresas** a tiempo.

   如果你明天准时回来，我就在这儿等你。

   Si no lo **has entendido**, te lo vuelvo a explicar.

   如果你还不明白，我就再跟你解释一遍。

   Si para entonces ella no **ha vuelto**, iré a buscarla.

   要是到那个时候她还没回来，我就去找他。

2. 如果提出的条件不太现实，或者根本不现实（纯属假设），从句谓语用虚拟式过去时态（过去未完成时或过去完成时），而主句动词通常用条件式（简单时或复合时）。例如：

   Si yo **tuviese** alas, **llegaría** a la luna volando.

   假如我有翅膀，就会飞上月亮。

   Si yo **pudiera**, te **traería** la luna, para que te contara historias todas las noches.

   倘若可以，我会摘下月亮给你，让它每天晚上都给你讲故事。

   Si no **hubiera conducido** tan deprisa, ahora no **estaría** en el hospital.

   他开车要不是开得这么快，现在就不会呆在医院里。

   Si yo **supiera** nadar, ya **habría cruzado** el río.

   我要是会游泳，早就已经过河了。

六 短语 como si

在 como si（仿佛）引导的从句里，从句谓语用虚拟式过去时态（过去完成时或过去未完成时）。例如：

Recuerdo ese día como si **fuera** hoy.

那天发生的事我记忆犹新。

Iban saliendo poco a poco las estrellas, como si las **encendiese** alguien. 星星渐渐挂满天空，仿佛有人把它们点亮。

Me miraba sonriendo, como si no **hubiera ocurrido** nada.

他还一副笑脸看着我，仿佛没发生过任何事。

Ejercicios 会话练习

补充词汇

enojado *adj.*（生气的） enojarse *prnl.*（生气） frecuentar *tr.*（经常去） no hacer caso（不理睬） tal vez（也许） desaparecer *intr.*（消失） para siempre（永远） fingir *tr.*（假装） borracho *adj.*（喝醉的） esconderse *prnl.*（躲藏） suceder *intr.*（发生）

A: ¿Dónde estabas cuando te llamó tu vecina anoche?
昨晚你的邻居打电话给你时你在哪里？

B: Estaba en el bar, charlando y bebiendo con mis amigos.
我在酒吧跟我的朋友们喝酒聊天。

A: ¿Por qué te llamó? 她为什么打电话给你？

B: Porque quería decirme que mi mujer se había marchado enojada, dejando un papelito en la puerta.
因为她想告诉我，我妻子留下一张小纸条在门口就生气地走了。

A: ¿Se enojó contigo porque frecuentabas el bar?
你妻子是因为你经常去酒吧而生气吗？

B: Esto podría ser, porque me había dicho que si yo seguía saliendo por la noche, no me haría caso.
这有可能，因为她跟我说过，如果我晚上还继续外出，就再也不理我了。

A: ¿Era cierto que se había marchado? 她真的走了吗？

B: No, no era cierto que se hubiera marchado. De eso yo estaba seguro.
不，她不是真的走了。这一点我可以肯定。

A: ¿Regresaste a casa después de que te llamó?
你的邻居给你完打电话之后你就回家了吗？

B: No. Le dije que tal vez yo regresara tarde, pero que regresaría.
没有。我告诉她我可能会晚一点回去，但我会回去的。

A: ¿Y qué te dijo tu vecina? 你的邻居怎么跟你说？

B: Me dijo que cuando yo regresara, mi mujer ya habría desaparecido para siempre.
我的邻居说，等我回去时，我妻子可能已经永远消失了。

A: ¿Había desaparecido cuando llegaste a casa?
你回到家时你妻子走了吗？

B: Sí, no la encontré cuando llegué. 是的，我回到家时没看见她。

A: ¿Qué hiciste al no encontrarla en casa? 看见她不在家你怎么办？

B: Me acosté, fingiendo estar borracho, porque estaba seguro de que ella se había escondido en la casa de mi vecina.
我躺下来，装作喝醉了，因为我确信她是躲在邻居家里。

A: ¿Y qué sucedió? 那后来又怎么样了？

B: Ella apareció enseguida y muy preocupada.
她马上就出现了，还一副很担心的样子。

2 补充词汇

invertir *tr.*（投资） valores *f.*（证券） convertirse *prnl.*（变成） costa *f.*（海边） muerto *m.*（死者） callar *intr.*（不吭声） mudo *m.*（哑巴） futbolista *m.*（足球运动员） multimillonario *m.*（亿万富翁） jugar *intr.*（玩） fútbol *m.*（足球运动） cancha *f.*（球场） imposible *adj.*（不可能的） fans *m.*（粉丝）

A: ¿Qué harías si tuvieras un millón de euros?
如果你有一百万欧元，你会做什么呢？

B: Los invertiría en el mercado de valores para que se convirtieran en diez millones de euros.
我会把钱投到证券市场，让百万欧元变成千万欧元。

A: ¿Y qué harías cuando tuvieras diez millones de euros?
当你有一千万欧元时，你又会做什么呢？

B: Cuando tuviera diez millones de euros, me buscaría una mujer tan guapa como tú, me casaría con ella, me compraría un chalet en la costa y me jubilaría enseguida.
当我有一千万欧元时，我会找一个像你一样漂亮的女子，跟她结婚，在海边买一幢别墅，然后马上退休。

A: ¿Crees que sin dinero uno no se puede casar?
你认为一个人如果没有钱就不能结婚吗？

B: Creo que sin dinero no se puede hacer nada de nada. ¿Sabes lo que dice la gente? "Con dinero se hace hablar a los muertos; sin dinero no se puede hacer callar a los mudos."
我认为没有钱是什么也做不了的。你知道常言是怎么说的吗？"有钱能使鬼推磨；没钱寸步都难行。"

A: He oído decir que los futbolistas son multimillonarios. ¿Por qué no aprendes a jugar al fútbol para ser una estrella en la cancha?

我听说足球运动员都是亿万富翁。你为什么不学会踢球，成为球场上的明星呢？

B: ¿Yo? ¿aprender a jugar al fútbol a esta edad?
我吗？到这把年龄才学踢足球？

A: ¿Por qué no? Nada es imposible en el mundo.
为什么不行呢？世上没有不可能的事。

B: Si hubiese podido, lo habría aprendido cuando era niño.
如果可以，我小时候就学了。

A: Pero si lo hubieses aprendido cuando eras niño, habrías llegado a ser una gran estrella como Morientes o Raúl , tendrías un montón de fans y no me harías caso.
但是如果你小时候就学，现在就已经是一个像莫伦特斯或劳尔一样的大球星了，这样你就会有一大群粉丝，早就不会理我了。

B: ¡Mira qué tonterías dices! 看你说些什么傻话！

3 补充词汇

boda *f.*（婚礼） invitado *m.*（客人） vestido *adj.*（穿着） ángel *m.*（天使） adornar *tr.*（装饰） palacio *m.*（宫殿） video *m.*（影像） grabar *tr.*（录制） coger *tr.*（牵，拉） ala *f.*（翅膀） volar *intr.*（飞） espacio *m.*（太空） Tierra *f.*（地球） hacerse *prnl.*（变成） medianoche *f.*（半夜） salud *f.*（身体） eterno *adj.*（永恒的）

A: ¿Cuántos años llevas casada? 你结婚几年了？

B: Cinco años, pero hasta hoy recuerdo mi boda como si fuera ayer, ya que la disfruté muchísimo.
五年，但是结婚时的情景我至今记忆犹新，因为那天我太开心了。

A: ¿Fueron muchos invitados? 来了很多宾客吗？

B: Sí, más de doscientos. Ese día yo estaba vestida como si fuera un ángel 是的，来了两百多人。那天我打扮得像一个天使。

A: Y tu casa estaba adornada como si fuera un palacio, ¿no?
你的新房也装饰得像一座宫殿，是吗？

B: Por supuesto. Si en aquel entonces hubiera tenido una cámara de video, habría grabado todo lo que me dijo mi marido esa noche.
那当然。如果当时我有一部摄像机，我一定会把那天晚上我丈夫跟我说的一切都录下来。

A: ¿Te dijo muchas cosas bonitas tu marido?
你丈夫那天晚上跟你说了很多甜言蜜语吗？

B: Sí, me dijo que me acompañaría toda la vida y que me cogería de la mano para contemplar la luna y contar las estrellas todas las noches.
是的，他跟我说他一辈子都会陪伴我，而且每天都会牵着我的手一起看月亮，数星星。

A: ¿Te gusta contemplar la luna y las estrellas?
你喜欢看月亮和星星吗？

B: Claro. Me dijo que si tuviera alas, me llevaría a cuestas volando por el espacio.
当然喜欢。他跟我说如果他有翅膀，就会背着我遨游太空。

A: ¿No tendrías miedo si volaras tan alto? 飞这么高你不会害怕吗？

B: Sí, por eso le dije que preferiría viajar por la Tierra. Y él me dijo que cuando se hiciera multimillonario, me llevaría a viajar por todo el mundo.
害怕，所以我告诉他还是周游世界好了。于是他跟我说，等他成为亿万富翁时就带我周游世界。

A: ¿Se ha hecho multimillonario tu marido?
你丈夫成为亿万富翁了吗？

B: Sí, ahora es el director de una gran empresa, pero todos los días está tan ocupado que no puede regresar hasta la medianoche y no tiene ni tiempo de comer en casa. Ahora entiendo por qué hay quienes dicen que más vale el amor que el dinero.

是的，他现在是一家大公司的总裁，可是他每天都忙到半夜才能回家，也没有时间在家里吃饭。现在我明白为什么有人说爱情胜过金钱了。

A: Claro, porque el dinero se gasta, la salud se pierde, pero el amor puede ser eterno.

没错，因为金钱会耗去，青春会流逝，但爱情可以永恒。

第四章　附录

cuarto capítulo Apéndices

附录 1

西班牙语实用语句300句

附录 2

西班牙语日常生活分类词汇

附录 3

总词汇表

附录 1

西班牙语实用语句300句

1. ¡Hola!
   你好！
2. ¡Hola! ¿Qué tal?
   嗨，你好吗？
3. ¡Buenos días!
   早上好！
4. ¡Buenas tardes!
   下午好！
5. ¡Buenas noches!
   晚上好！（晚安！）
6. ¿Cómo estás?
   你好吗？
7. ¿Qué tal tu familia?
   你家人好吗？
8. ¿Cómo está usted?
   您好吗？
9. ¿Cómo le va?
   您近来怎么样？
10. ¿Cómo andan sus negocios?
    您近来生意怎么样？
11. ¿Cómo ha amanecido usted?
    您昨晚睡得好吗？
12. Bien, gracias. ¿Y tú?
    好，谢谢。你呢？
13. Muy bien, gracias. ¿Y usted?
    很好，谢谢。您呢？
14. Estoy muy bien, gracias.
    我很好，谢谢。
15. ¡Estupendo!
    好极了。
16. Ni bien ni mal.
    不好也不坏。
17. Así, así…
    马马虎虎。
18. Regular…
    还好。
19. ¡Fatal!
    糟糕透了。
20. Salude de mi parte a sus padres.
    请代我向您的父母问好。
21. ¿Se puede?
    可以进来吗？
22. ¡Adelante!
    请进！
23. ¡Pase, por favor!
    请进！
24. ¡Bienvenido!
    欢迎光临！

25. Tome usted asiento.
请坐。

26. ¡Adiós!
再见!

27. ¡Hasta la vista!
再见!

28. ¡Hasta luego!
再见!

29. Te presento al señor López.
我给你介绍一下，这位是洛佩斯先生。

30. Permítame presentarle a mi colega el señor Jorge Ramos.
请允许我向您介绍一下，这位是我同事豪尔赫·拉莫斯先生。

31. Voy a presentarme, soy Juan García.
我来自我介绍,我是胡安·加西亚。

32. Me llamo Manuel González.
我叫曼努埃尔·冈萨雷斯。

33. Mi nombre es Felipe.
我的名字叫费利佩。

34. Éste es el señor Sánchez.
这位是桑切斯先生。

35. Ésta es la señorita María Martínez.
这位是玛丽亚·马丁内斯小姐。

36. ¿Es usted el señor Fernández?
您是费尔南德斯先生吗?

37. Sí, el mismo.
对，我就是。

38. ¿Conoce usted al señor Alfonso?
您认识阿方索先生吗?

39. No, no lo conozco.
不，我不认识他。

40. Lo conozco de vista.
我和他见过面。

41. Lo conozco de nombre.
我知道他的名字。

42. Sí, lo conozco muy bien.
是的，我对他很熟悉。

43. Somos amigos desde hace mucho tiempo.
很久以前我们就是朋友了。

44. Ésta es mi tarjeta.
这是我的名片。

45. Éste es el número de mi móvil.
这是我的手机号码。

46. Ésta es la dirección de mi correo electrónico.
这是我的电子邮箱地址。

47. ¡Es un placer conocerle!
很高兴认识您!

48. ¡Mucho gusto!
幸会!

49. ¡Encantado!
幸会！

50. El gusto es mío.
我也很高兴认识您。

51. ¡Suerte! (¡Buena suerte!)
祝你好运！

52. ¡Que tenga buena salud!
祝您身体健康！

53. ¡Que le vaya bien!
祝您一切顺利！

54. ¡Que lo pase bien!
希望您过得愉快！

55. Gracias, igualmente.
谢谢，彼此一样。

56. ¡Feliz Año Nuevo!
新年快乐！

57. ¡Feliz Navidad!
圣诞快乐！

58. ¡Feliz fiesta!
节日快乐！

59. ¡Feliz cumpleaños!
生日快乐！

60. ¡Buen viaje!
旅途愉快！

61. ¡Enhorabuena!
恭喜！

62. ¡Felicitaciones!
祝贺！

63. ¿Podría usted ayudarme?
您可以帮助我吗？

64. Necesito su ayuda.
我需要您的帮助。

65. ¡Socorro!
救命！

66. ¿Necesita usted ayuda?
您需要帮助吗？

67. ¿En qué puedo ayudarle?
我有什么可以帮您的吗？

68. ¿Me necesita para algo?
您需要我帮忙做点什么吗？

69. Estoy a su disposición.
我听候您的吩咐。

70. Gracias.
谢谢。

71. Muchas gracias.
非常感谢。

72. Gracias por su ayuda.
谢谢您的帮助。

73. Se lo agradezco mucho.
非常感谢您。

74. No sé cómo agradecerle.
我真不知该怎样感谢您才好。

75. Es usted muy amable.
您真热心。

76. Gracias por su amabilidad.
谢谢，您真热心。

77. ¡Perdón!
对不起！

78. Perdóneme.
请原谅！

79. Discúlpeme por haber llegado tarde.
对不起，我迟到了。

80. Lo siento.
很抱歉。

81. Siento mucho lo ocurrido.
我对发生的事深感遗憾。

82. Ha sido sin querer.
这是无意的。

83. No importa.
没关系。

84. No tiene importancia.
不要紧。

85. No se preocupe.
请您别担心。

86. ¿Qué hora es?
现在几点?

87. Es la una.
现在是 1 点。

88. Es la una y media.
现在是一点半。

89. Son las dos menos diez.
现在是 2 点差 10 分。

90. Son las nueve en punto.
现在是 9 点整。

91. Son las ocho de la mañana.
现在是上午 8 点。

92. Es hora de comer.
吃饭的时间到了。

93. ¿A qué hora te levantas?
你几点起床?

94. Me levanto a las siete.
我 7 点起床。

95. ¿A qué hora sales de casa?
你几点出门?

96. Salgo de casa a las siete y media.
我 7 点半出门。

97. ¿A qué hora regresas a casa?
你几点回家?

98. Regreso a casa a las seis de la tarde.
我下午 6 点回家。

99. ¿Cuántas horas trabajas al día?
你每天工作几小时?

100. Trabajo ocho horas al día.
我每天工作 8 小时。

101. ¿Qué día es hoy?
今天星期几?

102. Hoy es lunes.
今天星期一。

103. ¿A cuántos estamos?
今天几号?

104. Estamos a veinte de octubre.
今天是 10 月 20 日。

105. ¿Qué fecha es hoy?
今天几号？

106. Hoy es martes, 31 de marzo de 2009 (dos mil nueve).
今天是 2009 年 3 月 31 日，星期二。

107. Iré a España el 15 de este mes.
我这个月 15 号将去西班牙。

108. Esta mañana no he ido a la oficina.
我今天上午没去办公室。

109. Esta tarde hemos ido al colegio.
我们今天下午去了学校。

110. Esta noche han ido a la discoteca.
他们今天晚上去了舞厅。

111. Mañana por la mañana tendremos una reunión.
我们明天上午要开会。

112. Mañana por la tarde iremos a la playa.
我们明天下午要去海边。

113. El viernes por la noche tendremos una fiesta.
我们星期五晚上有一个聚会。

114. El lunes pasado ellos vinieron a mi casa.
他们上星期一来我家。

115. El mes pasado volvimos de Argentina.
我们上个月从阿根廷回来。

116. El año pasado fuimos a Sudamérica.
我们去年去了南美洲。

117. La semana pasada aprendimos muchas palabras nuevas.
上一周我们学了许多新单词。

118. Ayer me levanté muy temprano.
我昨天很早起床。

119. Anoche me acosté muy tarde.
我昨晚很晚才上床睡觉。

120. Anteayer te llamé varias veces.
我前天给你打过几次电话。

121. Estos días hace buen tiempo.
这几天天气很好。

122. Esta mañana hace mal tiempo.
今天上午天气不好。

123. Hace sol.
太阳明媚。

124. Hace calor.
天气热。

125. Hace frío.
天气冷。

126. Hoy hace mucho viento.
今天很大风。

127. Está nublado.
天阴。

128. Hace un tiempo sofocante.
天气闷热。

129. Hay una densa niebla.
有大雾。

130. Hay mucha humedad.
很潮湿。

131. Hay mucho polvo.
灰尘很大。

132. Ya amanece.
天快亮了。

133. Ya anochece.
天快黑了。

134. El clima de la costa es muy agradable.
海边的气候很宜人。

135. El aire es muy fresco.
空气很清新。

136. En el norte nieva mucho en invierno.
北方冬天常下雪。

137. El invierno ha acabado.
冬天已经过去。

138. La primavera ha llegado.
春天来了。

139. En el sur llueve mucho en primavera.
南方春天常下雨。

140. Ha pasado ya el verano. Estamos en otoño.
夏天已经过去，现在是秋天。

141. Me gusta mucho el otoño porque no hace calor ni frío.
我很喜欢秋天，因为天气不冷也不热。

142. Tengo mucho calor.
我很热。

143. Tengo mucho frío.
我很冷。

144. ¿Qué día quedamos?
我们约好哪天见面？

145. ¿Dónde quedamos?
我们约好在什么地方见面？

146. De acuerdo. Nos veremos a las diez de la mañana en mi oficina.
好，那就上午10点在我的办公室见面。

147. ¡Claro que sí!
当然是！

148. ¡Por supuesto!
那当然！

149. Es verdad.
是真的。

150. No es cierto.
不是真的。

151. Es falso.
是假的。

152. Es mentira.
是骗人的。

153. De eso, nada.
根本没有这回事。

154. ¡Qué va!
没那回事！

155. Eso es lógico.
那是理所当然的。

156. Estoy de acuerdo.
我同意。

157. Eso es.
对，就是这样。

158. No, no es así.
不，不是这样。

159. ¡De ninguna manera!
绝对不是（绝对不行）。

160. Yo pienso justo lo contrario.
我的想法正好相反。

161. Esto no está bien.
这样做不好。

162. Eso no se hace así.
这样做不对。

163. ¡Vale!
好的！

164. Vale, de acuerdo.
好，我同意。

165. Está bien. Acepto tu opinión.
好吧，我接受你的意见。

166. ¿Hablas español?
你会说西班牙语吗？

167. Sí, un poco.
是的，我可以讲一点点。

168. ¿Hablas también inglés?
你也会讲英语吗？

169. No, no sé nada de inglés.
不，英语我一点也不懂。

170. ¿Eres chino?
你是中国人吗？

171. Sí, soy chino.
是，我是中国人。

172. ¿Vives aquí?
你住在这里吗？

173. Sí, mi casa está en la esquina.
对，我家就在拐角处。

174. ¿Qué es esto?
这是什么？

175. Es un ordenador.
这是一台电脑。

176. ¿Es tuyo el ordenador?
这台电脑是你的吗？

177. Sí, es mío.
对，是我的。

178. ¿Es tuyo este coche?
这辆小汽车是你的吗？

179. No, no es mío, es de mi amigo.
不，不是我的，是我朋友的。

180. ¿Qué hay en el coche?
小汽车里有什么？

181. En el coche no hay nada.
小汽车里什么也没有。

182. ¿Qué lees?
你在看（读）什么？

183. Leo un periódico.
我看一份报纸。

184. ¿Qué escuchas?
你在听什么？

185. Escucho la radio.
我听广播。

186. ¿Qué estás escribiendo?
你在写什么？

187. Estoy escribiendo una carta.
我在写一封信。

188. ¿Qué dice ella?
她说什么？

189. Ella dice que tú eres muy simpático.
她说你很可爱。

190. ¿Qué quieres hacer ahora?
你现在想做什么？

191. Ahora no quiero hacer nada. Sólo quiero descansar.
我现在什么也不想做，我只想休息。

192. ¿Por qué no vienes?
你为什么不来？

193. Porque estoy muy ocupado.
因为我很忙。

194. ¿De qué habláis?
你们在谈什么？

195. Hablamos de un plan.
我们在谈一个计划。

196. ¿A qué vienes?
你来干什么？

197. Vengo a hablar contigo.
我来跟你谈谈。

198. ¿Quién es él?
他是谁？

199. El es nuestro jefe.
他是我们上司。

200. ¿A quién esperas?
你在等谁？

201. Espero a mi primo.
我在等我堂兄弟。

202. ¿Con quién bailas?
你跟谁跳舞？

203. Bailo con una chica.
我跟一个女孩子跳舞。

204. ¿Dónde vives?
你住在哪里？

205. Vivo en las afueras.
我住在郊区。

206. ¿Dónde trabajas?
你在哪里工作？

207. Trabajo en una compañía española.
我在一家西班牙公司工作。

208. ¿Dónde está la compañía?
公司在哪里?

209. La compañía está en el centro de la ciudad.
公司在市中心。

210. ¿Cómo vas al trabajo?
你怎样去上班?

211. Voy al trabajo en metro.
我坐地铁去上班。

212. ¿Cómo son tus colegas?
你的同事怎么样?

213. Mis colegas son muy amables.
我的同事很和蔼。

214. ¿Cómo te llamas?
你叫什么名字?

215. Me llamo Pablo.
我叫巴勃罗。

216. ¿Cuántos hermanos tienes?
你有几个兄弟?

217. Tengo dos hermanos.
我有两个兄弟。

218. ¿Cuántos sois en la familia?
你们家有几口人?

219. Somos cinco en la familia.
我们家有 5 口人。

220. ¿Cuántos años tiene tu hermano?
你兄弟今年多大?

221. Mi hermano tiene 18 años.
我的兄弟今年 18 岁。

222. ¿Cuándo regresarás?
你什么时候回来?

223. Regresaré el próximo martes.
我下星期二回来。

224. ¿Cuál es tu dormitorio?
哪一间是你的卧室?

225. Ése es mi dormitorio.
那一间是我的卧室。

226. Ya es muy tarde, me voy.
时候不早，我该走了。

227. Le acompaño a la puerta.
我送您到门口。

228. No se moleste. Quédese usted.
不必麻烦您了。请留步。

229. Úsese el puente de peatones.
请走人行天桥。

230. No hay paso por obra.
前面施工，禁止通行。

231. Este camino es de doble sentido.
这条是双行道。

232. Ese camino sólo tiene un sentido.
这条是单行道。

233. No pase.
请勿通行。

234. Está prohibido el paso.
禁止通行。

235. ¿Desea usted usar taxi?
您要雇出租车吗？

236. ¿Me hace el favor de llamar un taxi?
帮我叫辆出租车，好吗？

237. Ya viene el taxi, señor.
先生，出租车来了。

238. ¿Me puede llevar al aeropuerto?
可以送我到机场吗？

239. Suba por favor.
请上车。

240. ¿Está libre este coche?
这辆车可以用吗？

241. Sí. ¿Adónde quiere usted ir?
可以。您要到哪里去？

242. Al hotel Presidente, por favor.
请送我到总统酒店。

243. ¿Es la primera vez que viene a España?
您是第一次来西班牙吗？

244. No, es la segunda vez que vengo. Es muy bonito este país.
不，我是第二次来。西班牙很漂亮。

245. Habla usted muy bien el español. ¿Dónde lo aprendió?
您西班牙语讲得很好。您是在哪里学的？

246. Gracias. Lo aprendí en China.
谢谢您的夸奖。我是在中国学的。

247. ¿Puede enseñarme estos calcetines?
可以拿这双袜子给我看看吗？

248. Sí, por supuesto. Ahora mismo se los enseño.
当然可以，我马上拿给您看。

249. ¿Puede mostrarme esa falda?
可以拿那条裙子给我看看吗？

250. Muéstreme esto por favor.
请拿这个给我看看。

251. Quisiera ver esta chaqueta.
我想看看这件外衣。

252. Quiero comprar un par de zapatos deportivos.
我想买一双运动鞋。

253. ¿Qué número calza usted?
您穿几号鞋？

254. Deme un kilo de uvas, por favor.
请给我一公斤葡萄。

255. Una cocacola, por favor.
请给我一罐可口可乐。

256. ¿Cuánto cuesta este florero?
这个花瓶卖多少钱？

257. ¿Qué precio tiene esto?
这个要多少钱？

258. Es demasiado caro.
太贵了。

259. ¿Se puede rebajar un poco el precio?
可以降一点价吗？

260. ¿Me hace usted un descuento?
您可以给我一点折扣吗？

261. ¿Cuánto es en total?
一共是多少钱？

262. ¿Cuánto le debo?
我该付多少钱？

263. ¿Puedo pagar con tarjeta de crédito?
我可以用信用卡支付吗？

264. No, usted tiene que pagar en efectivo.
不，您必须付现金。

265. No tengo dinero suelto.
我没有零钱。

266. Aquí está la vuelta.
这是找给您的钱。

267. Ya son las ocho. ¿Quieres cenar ahora?
已经8点了。你想现在吃晚饭吗？

268. ¿Tienes hambre?
你饿吗？

269. Sí, tengo mucha hambre y sed.
是的，我又饿又渴。

270. No he comido nada durante todo el día.
我一整天都没吃过什么东西。

271. Estoy muerto de hambre.
我饿得要命。

272. Parece que tienes mucho apetito.
看来你胃口很好。

273. No tengo hambre, no quiero comer nada.
我不饿，我什么也不想吃。

274. Tengo mucha sed. Deme algo de beber.
我很渴，请给我一点喝的。

275. Quiero un bistec.
我要一份牛排。

276. No lo quiero crudo.
不要煮得太生。

277. Lo quiero bastante hecho.
我要煮熟一点的。

278. ¿Qué hay de postre?
有什么饭后甜点？

279. Hay frutas del tiempo.
有时鲜水果。

280. Deme el menú, por favor.
请把菜单给我。

281. Haga el favor de darme una servilleta limpia.
请给我一块干净的餐巾。

282. Tráigame un vaso de agua fría.
请给我一杯冷水。

283. ¿Quiere usted té o café?
您喝茶还是喝咖啡？

284. Deme una taza de café, por favor.
请给我一杯咖啡。

285. ¿Quiere usted cenar conmigo esta noche?
您今晚愿意跟我一起共进晚餐吗？

286. Con mucho gusto.
我很乐意。

287. ¿Le gusta la comida occidental o la comida china?
您喜欢吃西餐还是中餐？

288. Prefiero la comida china.
我喜欢中餐。

289. Por favor, ¿dónde está el restaurante?
请问，餐厅在哪里？

290. Arriba, en el segundo piso.
在上面，三楼。

291. Sírvase usted sin cumplidos.
您随便吃，不要客气。

292. ¡Salud!
干杯！

293. A la salud de todos.
为大家身体健康干杯。

294. Brindemos por nuestra agradable cooperación.
为我们合作愉快干杯。

295. Bebamos por nuestro brillante futuro.
为我们美好的前程干杯。

296. He comido bastante.
我已经吃了很多。

297. Ya no puedo más.
我不能再吃了。

298. La comida está muy deliciosa.
饭菜做得真可口。

299. Con permiso, voy a hacer una llamada. Buen provecho.
对不起，我去打个电话。您慢慢吃。

300. Camarero, la cuenta por favor.
服务员，请结账。

附录 2

西班牙语日常生活分类词汇

Personas 人

persona	人
hombre *m.*	男人
mujer *f.*	女人
anciano *m.*	老人
joven *m.*	年轻人
niño *m.*	儿童，小孩
bebé *m.*	婴儿
señor *m.*	先生；男士
señora *f.*	太太；女士
señorito *m.*	公子
señorita *f.*	小姐
muchacho *m.*	小伙子
muchacha *f.*	姑娘
chico *m.*	男孩子
chica *f.*	女孩子
amigo *m.*	朋友
vecino *m.*	邻居
invitado *m.*	客人
compañero *m.*	同学；同伴
colega *m., f.*	同事
jefe *m.*	上司，主任
pariente *m.*	亲戚
abuelo *m.*	爷爷；外公
abuela *f.*	奶奶；外婆
suegro *m.*	岳父
suegra *f.*	岳母
padre *m.*	父亲；*(pl.)* 父母
madre *f.*	母亲
tío *m.*	叔，伯，舅，
tía *f.*	姨，婶，嫂子
esposo *m.*	丈夫
esposa *f.*	妻子
hermano *m.*	兄弟
hermana *f.*	姐妹
hijo *m.*	儿子
hija *f.*	女儿
primo *m.*	堂兄弟；表兄弟

prima *f.*	堂姐妹；表姐妹	nieta *f.*	孙女
sobrino *m.*	外甥	novio *m.*	男朋友；未婚夫；新郎
nieto *m.*	孙子	novia *f.*	女朋友；未婚妻；新娘

Cuerpo humano 人体

cabeza *f.*	头，脑袋	garganta *f.*	咽喉
cabello *m.*	头发	hombro *m.*	肩膀
cara *f.*	面，脸	brazo *m.*	胳膊，手臂
rostro *m.*	脸庞	pulsera *f.*	手腕
frente *f.*	额头	mano *f.*	手
mejilla *f.*	脸颊	palma *f.*	手掌
ojo *m.*	眼睛	puño *m.*	拳头
ceja *f.*	眉毛	dedo *m.*	手指；脚趾
pestaña *f.*	睫毛	uña *f.*	指甲
niña *f.*	眼珠	cuerpo *m.*	身躯
nariz *f.*	鼻子	piel *f.*	皮肤
oreja *f.*	耳朵	pelo *m.*	毛
boca *f.*	嘴巴；口	espalda *f.*	背部
labio *m.*	嘴唇	pecho *m.*	胸
diente *m.*	牙齿	vientre *m.*	腹部
lengua *f.*	舌头	pulmón *m.*	肺
mentón *m.*	下巴	hígado *m.*	肝
cuello *m.*	脖子	corazón *m.*	心脏

estómago *m.* 胃
riñón *m.* 肾
pierna *f.* 大腿
rodilla *f.* 膝盖
pie *m.* 脚
tobillo *m.* 脚踝

Vivienda 住宅

chalé (chalet) *m.* 别墅
casa *f.* 屋子，家
habitación *f.* 房间
dormitorio *m.* 卧室
sala *f.* 客厅
estudio *m.* 书房
cocina *f.* 厨房
cuarto de baño 卫生间
bañera *f.* 浴缸
ducha *f.* 莲蓬头，花洒
balcón *m.* 阳台
piso *m.* 楼层；地板；套间
puerta *f.* 门，门口
ventana *f.* 窗
escalera *f.* 楼梯
ascensor *m.* 电梯
pared *f.* 墙壁
techo *m.* 天花板
patio *m.* 院子
garaje *m.* 车库，停车场
chimenea *f.* 烟囱
llave *f.* 钥匙
candado *m.* 锁头
tirador *m.* 拉手
agua *f.* 水
luz *f.* 电；光线
gas *m.* 煤气
lámpara *f.* 灯
timbre *m.* 门铃
basurero *m.* 垃圾筒
florero *m.* 花瓶
cenicero *m.* 烟灰缸
cortina *f.* 窗帘
mueble *m.* 家具
mesa *f.* 桌子
silla *f.* 椅子
armario *m.* 衣柜

escritorio *m.* 办公桌
estante *m.* 书架
cama *f.* 床
mesilla de noche 床头柜
sofá *m.* 长沙发
butaca *f.* 短沙发
sillón *m.* 扶手椅
mesita de té 茶几
caja fuerte 保险柜
alfombra *f.* 地毯
teléfono *m.* 电话
telefax *m.* 传真机
móvil *m.* 手机
ordenador *m.* 电脑
impresora *f.* 打印机
escáner *m.* 扫描仪
ratón *m.* 鼠标
teclado *m.* 键盘
fotocopiadora *f.* 复印机
televisor *m.* 电视机
lavadora *f.* 洗衣机
lavavajillas *m.* (lavaplatos *m.*) 洗碗机
frigorífico *m.* (refrigeradora *f.*) 冰箱
radio *f.* 广播；收音机

acondicionador de aire 空调机
aspirador *m.* 吸尘器
aire acondicionado 冷气，空调
ventilador *m.* 电风扇
vela *f.* 蜡烛
horno *m.* 炉子
olla *f.* 锅
cacerola *f.* 有柄平底锅，炒锅
cafetera *f.* 咖啡壶
tetera *f.* 茶壶
mantel *m.* 桌布
cubierto *m.* 餐具，刀叉
cuchillo *m.* 刀，菜刀
tenedor *m.* 叉
palillo *m.* 筷子；牙签
servilleta *f.* 餐巾
plato *m.* 碟子，盘子
tazón *m.* 碗
cuchara *f.* 勺子
vaso *m.* 水杯
taza *f.* 茶杯
copa *f.* 高脚杯
botella *f.* 瓶子

Objetos de uso diario 日常用品

toalla *f.* 毛巾

toalla de baño 浴巾

pasta de dientes 牙膏

cepillo de dientes 牙刷

peine *m.* 梳子

perfume *m.* 香料，香水

máquina de afeitar (afeitadora) 剃须刀

espejo *m.* 镜子

cubo *m.* 水桶

secador *m.* 吹风机

jabón *m.* 肥皂

jabón de tocador 香皂

gel de ducha 沐浴露

champú *m.* 洗发露

acondicionador *m.* 护发素

crema *f.* 润肤膏

detergente *m.* 洗衣粉

papel higiénico 卫生纸

cortaúñas *m.* 指甲刀

tijera *f.* (tijeras *pl.*) 剪刀

ropa *f.* 衣服

edredón *m.* (manta *f.*) 被子

sábana *f.* 床单

almohada *f.* 枕头

colchón *m.* 床垫

cubrecama *m.* (sobrecama *f.*) 床罩

chaqueta *f.* 外衣

pantalón *m.* 裤子

pantalón vaquero 牛仔裤

camisa *f.* 衬衫

falda *f.* 裙子

ropa interior 内衣

calzoncillo *m.* 内裤

chaleco *m.* 背心

sujetador *m.* (sostén *m.*) 胸罩

abrigo *m.* 大衣

pijama *m.* 睡衣

minifalda *f.* 超短裙

cinturón *m.* 腰带

hebilla *f.* 皮带扣

bufanda *f.* 围巾

corbata	*f.*	领带
guantes	*m.* (*pl.*)	手套
zapatos	*m.* (*pl.*)	鞋子
calcetines	*m.* (*pl.*)	袜子
medias	*f.* (*pl.*)	长统袜
botas	*f.* (*pl.*)	靴子
sandalias	*f.* (*pl.*)	凉鞋
zapatillas	*f.* (*pl.*)	拖鞋
paraguas	*m.*	雨伞
impermeable	*m.*	雨衣
gorra	*f.*	帽子
sombrero	*m.*	太阳帽
casco	*m.*	头盔
gafas	*f.* (*pl.*)	眼镜
gafas de sol		太阳镜，墨镜
abanico	*m.*	扇子
bastón	*m.*	拐杖
catalejo	*m.*	望远镜
bolso de mano		（女式）手提包
mochila	*f.*	背包
cartera	*f.*	皮包；钱包
monedero	*m.*	钱包
cartera escolar		书包
bolsa	*f.*	袋子
bolsillo	*m.*	衣袋，口袋
botón	*m.*	纽扣
maleta	*f.*	旅行箱，皮箱
maletín	*m.*	手提箱
regalo	*m.*	礼物
cuaderno	*m.*	练习本
pluma	*f.*	钢笔
bolígrafo	*m.*	圆珠笔
lápiz	*m.*	铅笔
goma	*f.*	橡皮
regla	*f.*	尺
globo	*m.*	气球
reloj	*m.*	手表，钟
joya	*f.*	首饰
perla	*f.*	珠宝
pendiente	*m.*	耳环
anillo	*m.*	戒指
collar	*m.*	项链
pulsera	*f.*	手镯

Ciudad 城市

calle *f.*	街道
avenida *f.*	大道
paseo *m.*	林阴大道
callejón *m.*	胡同
camino *m.*	道路
sendero *m.*	小路
carretera *f.*	公路
autopista *f.*	高速公路
barrio *m.*	区
plaza *f.*	广场
manzana *f.* (cuadra *f.*)	街区
esquina *f.*	街角
edificio *m.*	楼房
vivienda *f.*	住宅
oficina *f.*	办公室
compañía *f.*	公司
fábrica *f.*	工厂
escuela *m.* (colegio *m.*)	学校
guardería infantil	幼儿园
escuela primaria	小学
escuela secundaria	中学
instituto *m.*	学院
universidad *f.*	大学
ciudad universitaria	大学城
agencia *f.*	办事处
embajada *f.*	大使馆
consulado *m.*	领事馆
banco *m.*	银行
hotel *m.*	宾馆
bar *m.*	酒吧
restaurante *m.*	餐厅
discoteca *f.*	舞厅
mercado *m.*	市场
supermercado *m.*	超市
teatro *m.*	剧院
cine *m.*	电影院
hospital *m.*	医院
correos *m.* (*pl.*)	邮局
tienda *f.*	商店
librería *f.*	书店
panadería *f.*	面包店
carnicería *f.*	肉店
pescadería *f.*	鱼店
florería *f.*	花店

zapatería	*f.*	鞋店	jardín	*m.*	花园
cafetería	*f.*	咖啡店	parque	*m.*	公园
perfumería	*f.*	化妆品店	jardín botánico		植物园
papelería	*f.*	文具店	zoológico	*m.*	动物园

Fauna y flora 动植物

pájaro	*m.*	鸟	gorila	*m.*	大猩猩
abeja	*f.*	蜜蜂	mono	*m.*	猴子
mariposa	*f.*	蝴蝶	camello	*m.*	骆驼
caballo	*m.*	马	pingüino	*m.*	企鹅
toro	*m.*	公牛	tigre	*m.*	老虎
vaca	*f.*	奶牛	elefante	*m.*	大象
búfalo	*m.*	水牛	león	*m.*	狮子
asno	*m.*	驴	leopardo	*m.*	豹子
pollo	*m.*	鸡	serpiente	*f.*	蛇
pato	*m.*	鸭子	águila	*f.*	鹰
ganso	*m.*	鹅	cocodrilo	*m.*	鳄鱼
pavo	*m.*	火鸡	conejo	*m.*	兔子
cabra	*f.*	山羊	perro	*m.*	狗
oveja	*f.*	绵羊	gato	*m.*	猫
cerdo	*m.*	猪	ratón	*m.*	老鼠
animal	*m.*	动物	cucaracha	*f.*	蟑螂
jirafa	*f.*	长颈鹿	mosquito	*m.*	蚊子

mosca	*f.*	苍蝇
insecto	*m.*	昆虫
dinosaurio	*m.*	恐龙
hierba	*f.*	草
césped	*m.*	草地，草坪
árbol	*m.*	树
árbol frutal		果树
tronco	*m.*	树干
rama	*f.*	树枝
hoja	*f.*	叶子
raíz	*f.*	根
sombra	*f.*	树阴
flor	*f.*	花朵
rosa	*f.*	玫瑰花
peonía	*f.*	牡丹
crisantemo	*m.*	菊花
horquídea	*f.*	兰花
narciso	*m.*	水仙花
tulipán	*m.*	郁金香
camelia	*f.*	山茶花
tierra	*f.*	土地
abono	*m.*	肥料

Medio ambiente 环境

montaña	*f.*	山
monte	*m.*	山峰
cordillera	*f.*	山脉
río	*m.*	河
arroyo	*m.* (riachuelo *m.*)	溪
canal	*m.*	运河
puente	*m.*	桥
lago	*m.*	湖泊
estanque	*m.*	水库
mar	*m.*	海
puerto	*m.*	港口
océano	*m.*	大洋
Océano Atlántico		大西洋
Océnao Pacífico		太平洋
Mar Mediterráneo		地中海
bosque	*m.*	树林，森林
selva	*f.*	热带丛林
Tierra	*f.*	地球
continente	*m.*	洲，陆地

península *f.* 半岛
archipiélago *m.* 群岛
golfo *m.* 海湾
estrecho *m.* 海峡
Asia *f.* 亚洲
Europa *f.* 欧洲
África *f.* 非洲
América *f.* 美洲
Oceanía *f.* 大洋洲
mundo *m.* 世界
nación *f.* 民族，国家
país *m.* 国家
España 西班牙
China 中国
Rusia 俄罗斯
Canadá 加拿大
Japón 日本
Corea del norte 朝鲜
Corea del sur 韩国
Estados unidos 美国
Gran Bretaña (Ingleterra) 英国
Alemania 德国
Francia 法国
Italia 意大利
Portugal 葡萄牙
Bélgica 比利时
India 印度
Australia 澳大利亚
México 墨西哥
Argentina 阿根廷
Brasil 巴西
universo *m.* (espacio *m.*) 宇宙
sol *m.* 太阳；阳光
luna *f.* 月亮
estrella *f.* 星星
planeta *m.* 行星
cielo *m.* 天空

Tiempo 时间

calendario *m.* 日历
año *m.* 年，岁
el año que viene 明年
el año pasado 去年

siglo *m.*	世纪
el siglo XXI	21 世纪
mes *m.*	月
enero *m.*	一月
febrero *m.*	二月
marzo *m.*	三月
abril *m.*	四月
mayo *m.*	五月
junio *m.*	六月
julio *m.*	七月
agosto *m.*	八月
septiembre *m.*	九月
octubre *m.*	十月
noviembre *m.*	十一月
diciembre *m.*	十二月
semana *f.*	周，星期
fin de semana	周末
lunes *m.*	星期一
martes *m.*	星期二
miércoles *m.*	星期三
jueves *m.*	星期四
viernes *m.*	星期五
sábado *m.*	星期六
domingo *m.*	星期日
madrugada *f.*	黎明，清晨
mañana *f.*	上午
mediodía *m.*	中午
tarde *f.*	下午
noche *f.*	晚上
medianoche *f.*	半夜
hoy *adv.*	今天
mañana *adv.*	明天
pasado mañana	后天
ayer *adv.*	昨天
anteayer *adv.*	前天
el día siguiente	第二天
esta mañana	今天上午
esta tarde	今天下午
esta noche	今晚
anoche *adv.*	昨晚
día *m.*	日，日子
hora *f.*	小时
minuto *m.*	分钟
segundo *m.*	秒
tiempo *m.*	时间；天气
momento *m.*	时刻
rato *m.*	片刻
antes *adv.*	以前，过去
ahora *adv.*	现在
en el futuro	未来，将来

Clima 气候

estación	*f.*	季节
primavera	*f.*	春天
verano	*m.*	夏天
otoño	*m.*	秋天
invierno	*m.*	冬天
nube	*f.*	云
trueno	*m.*	雷
relámpago	*m.*	闪电
arco iris		彩虹
amanecer	*intr.*	天亮
atardecer	*intr.*	黄昏
anochecer	*intr.*	天黑
salir el sol		日出
ponerse el sol		日落
hacer viento		刮风
llover	*intr.*	下雨
nevar	*intr.*	下雪
helar	*tr., intr.*	结冰
lluvia	*f.*	雨
nevada	*f.*	(一场)雪
niebla	*f.*	雾
viento	*m.*	风
escarcha	*f.*	霜
rocío	*m.*	露水
nieve	*f.*	雪
hielo	*m.*	冰
frío	*m.*	冷
calor	*m.*	热
inundación	*f.*	洪水
sequía	*f.*	干旱

Ubicación 位置

aquí	*adv.*	这里
allí	*adv.*	那里
allá	*adv.*	那里(较远)
dentro	*adv.*	在里面
fuera	*adv.*	在外面
encima	*adv.*	在上面
debajo	*adv.*	在下面
delante	*adv.*	在前面
detrás	*adv.*	在后面
enfrente	*adv.*	在对面

arriba *adv.*	往上面	a lo lejos	在远处
abajo *adv.*	往下面	hacia *prep.*	朝（某处）
adelante *adv.*	往前面	desde *prep.*	从（某处）
atrás *adv.*	往后面	hasta *prep.*	到（某处）
al lado	在旁边	en *prep.*	在（某处）
en medio	在中间	entre *prep.*	在……之间
a la izquierda	在左边	bajo *prep.*	在……下面
a la derecha	在右边	ante *prep.*	在……前面
cerca *adv.*	近，附近	tras *prep.*	在……后面
lejos *adv.*	远		

Dirección 方向

este *m.*	东，东部	sureste *m.*	东南
oeste *m.*	西，西部	suroeste *m.*	西南
sur *m.*	南，南部	noreste *m.*	东北
norte *m.*	北，北部	noroeste *m.*	西北

Profesión 职业

empleado *m.*	职员	soldado *m.*	士兵
obrero *m.*	工人	profesor *m.*	教授
campesino *m.*	农民	maestro *m.*	老师，师傅

alumno	*m.*	学生
estudiante	*m.*	大学生
médico	*m.*	医生
enfermero	*m.*	护士
cocinero	*m.*	厨师
camarero	*m.*	服务员
chófer	*m.*	司机
taxista	*m.*	出租车司机
deportista	*m., f.*	运动员
secretario	*m.*	秘书
presidente	*m.*	董事长
director	*m.*	总经理，厂长，局长
empresario	*m.*	企业家
fabricante	*m.*	生产商，厂家
comerciante	*m.*	商人
suministrador	*m.*	供货商
arquitecto	*m.*	建筑师
juez	*m., f.*	法官
policía	*m., f.*	警察
guardía	m., *f.*	卫兵
periodista	*m., f.*	新闻工作者
reportero	*m.*	记者
fotógrafo	*m.*	摄影师
militar	*m.*	军人
modelo	*m, f.*	模特
abogado	*m.*	律师
bombero	*m.*	消防员
diseñador	*m.*	设计师
jardinero	*m.*	花匠
portero	*m.*	门卫

Política 政治

rey	*m.*	国王
reina	*f.*	王后；女王
princesa	*f.*	公主
príncipe	*m.*	王子
presidente	*m.*	总统
primer ministro		首相
gobierno	*m.*	政府
parlamento	*m.*	议会
partido	*m.*	政党
asociación	*f.*	协会
dirigente	*m.*	领导者
jefe	*m.*	长官

pueblo *m.* 人民

masas *f.* (*pl.*) 群众

elección *f.* 选举

constitución *f.* 宪法

ley *f.* 法律

ejército *m.* 军队

policía *f.* 警察局

tribunal *m.* 法院

alianza *f.* 联盟

ala izquierda (la izquierda) 左派

ala derecha (la derecha) 右派

sociedad *f.* 社会

socialismo *m.* 社会主义

capitalismo *m.* 资本主义

Vida 生活

nacimiento *f.* 出生

infancia *f.* 童年

juventud *f.* 青年时期

estudio *m.* 学习

trabajo *m.* 工作

empleo *m.* 就业

desempleo *m.* (paro *m.*) 失业

servicio militar 兵役

negocio *m.* 生意

amor *m.* 爱情

casamiento *m.* 结婚

divorcio *m.* 离婚

enfermedad *f.* 疾病

jubilación *f.* 退休

muerte *f.* 死亡

cumpleaños *m.* 生日

fiesta *f.* 节日，舞会

navidad *f.* 圣诞

boda *f.* 婚礼

Comida y bebida 餐饮

cena *f.* 晚餐

almuerzo *m.* 午餐

desayuno *m.* 早餐
merienda *f.* 下午茶
menú *m.* 菜单
cuenta *f.* 账单
mostrador *m.* 服务台
propina *f.* 小费
recibo *m.* (comprobante *m.*) 收据
gastronomía *f.* 烹调
verdura *f.* 蔬菜
tomate *m.* 西红柿
patata *f.* 土豆
col *f.* 洋白菜
pimiento *m.* 辣椒
cebolla *f.* 洋葱
cebollita *f.* 葱
legumbre *f.* 豆
ajo *m.* 大蒜
ensalada *f.* 色拉
carne *f.* 肉
carne de cerdo 猪肉
pollo *m.* 鸡肉
ternera *f.* 牛肉
cordero *m.* 羊肉
pescado *m.* 鱼

jamón *m.* 火腿
salchicha *f.* 香肠
huevo *m.* 蛋，鸡蛋
fruta *f.* 水果
sandía *f.* 西瓜
fresa *f.* 草莓
melocotón *m.* 桃
uva *f.* 葡萄
plátano *m.* 香蕉
limón *m.* 柠檬
manzana *f.* 苹果
naranja *f.* 橙子，柑橘
mango *m.* 芒果
pera *f.* 梨子
cereza *f.* 樱桃
aceite *m.* 油
aceite de oliva 橄榄油
salsa de soja (salsa de soya) 酱油
harina *f.* 面粉
arroz *m.* 大米，米饭
tallarín *m.* 面条
miel *f.* 蜂蜜
mermelada *f.* 果酱
mantequilla *f.* 奶油

queso *m.*	奶酪
azúcar *m., f.*	蔗糖，白糖
sal *f.*	盐
torta *f.*	糕点，饼
galleta *f.*	饼；饼干
tostada *f.*	烤面包片
pan *m.*	面包
pastel *m.*	蛋糕
chocolate *m.*	巧克力
bebida *f.*	饮料
vino *m.*	葡萄酒
licor *m.*	白酒
helado *m.*	冰淇淋
leche *f.*	牛奶
yogur *m.*	酸奶
café *m.*	咖啡
té *m.*	茶
zumo *m.* (jugo *m.*)	果汁
cerveza *f.*	啤酒
agua *f.*	水
sopa *f.*	汤

Viaje *m.* 出行

coche *m.*	小汽车
taxi *m.*	的士
autobús *m.*	公交车
metro *m.*	地铁
trolebús *m.*	无轨电车
autocar *m.*	旅游大巴
moto *f.*	摩托车
bicicleta *f.*	自行车
tren *m.*	火车
avión *m.*	飞机
barco *m.*	轮船
aeropuerto *m.*	飞机场
puerto *m.*	码头
aduana *f.*	海关
vuelo *m.*	航班
sala de espera	候车室
horario *m.*	时间表
taquilla *f.*	售票处
billete de ida y vuelta	往返票
pasaporte *m.*	护照

coche-comedor (coche-restaurante)	餐车
coche cama	卧铺车厢
andén *m.*	站台
azafata *f.*	空姐，礼仪小姐
línea *f.*	线路
itinerario *m.*	线路图，旅行指南
equipaje *m.*	行李
transbordo *m.*	换乘，转车

Educación 教育

aula *f.* (salón *m.*)	教室
clase *f.*	课
rector *m.*	校长
pizarra *f.*	黑板
tiza *f.*	粉笔
curso (año escolar)	学年
semestre *m.*	学期
fin de semestre	期末
asignatura *f.*	课程
español *m.*	西班牙语
chino *m.*	汉语
francés *m.*	法语
inglés *m.*	英语
alemán *m.*	德语
ruso *m.*	俄语
árabe *m.*	阿拉伯语
japonés *m.*	日语
coreano *m.*	韩语
matemáticas *f.* (*pl.*)	数学
física *f.*	物理
química *f.*	化学
biología *f.*	生物
historia *f.*	历史
geografía *f.*	地理
música *f.*	音乐
educación física	体育
gramática *f.*	语法
mayúscula *f.*	大写
minúscula *f.*	小写
letra *f.*	字母

palabra	*f.*	单词	punto	*m.*	点；句号
oración	*f.*	句子	coma	*f.*	逗号
caracteres chinos		汉字	examen	*m.*	考试
artículo	*m.*	文章	nota	*f.*	成绩

Diversión 娱乐

escenario	*m.*	舞台	poesía	*f.*	诗歌
ópera	*f.*	歌剧	director	*m.*	指挥家；导演
película	*f.*	电影	deporte	*m.*	体育运动
actor	*m.*	男演员	gimnasia	*f.*	体操
actriz	*f.*	女演员	estadio	*m.*	体育馆
público	*m.*	观众	piscina	*f.*	游泳池
danza	*f.*	舞蹈	fútbol	*m.*	足球运动
ballet	*m.*	芭蕾舞	baloncesto	*m.*	篮球运动
concierto	*m.*	音乐会	voleibol	*m.*	排球运动
programa	*m.*	节目，节目表	bádminton	*m.*	羽毛球运动
periódico	*m.*	报纸	tenis	*m.*	网球运动
novela	*f.*	小说	cancha	*f.*	球场
revista	*f.*	杂志	equipo	*m.*	队

Sustantivos de materia 物质名词

metal	*m.*	金属	oro	*m.*	金

plata *f.*	银	madera *f.*	木头
cobre *m.*	铜	piedra *f.*	石头
acero *m.*	钢	plástico *m.*	塑料
hierro *m.*	铁	algodón *m.*	棉花
aluminio *m.*	铝	seda *f.*	丝绸

Sustantivos abstractos 抽象名词

accidente *m.*	事故	charla *f.*	聊天
alegría *f.*	喜悦，高兴	cita *f.*	约会
amabilidad *f.*	和蔼，热情	comercio *m.*	贸易
ambiente *m.*	气氛，环境	comienzo *m.*	开始
amistad *f.*	友谊	condición *f.*	本质；条件
apellido *m.*	姓	conocimiento *m.*	知识
atasco *m.*	堵车	contaminación *f.*	污染
atención *f.*	注意，关心，照顾	conversación *f.*	会话，交谈
auxilio *m.*	救助	costumbre *f.*	习惯；风俗
belleza *f.*	美丽	cuestión *f.*	问题
bienvenida *f.*	欢迎	cuidado *m.*	注意，小心
broma *f.*	玩笑	culpa *f.*	罪过，过失
calidad *f.*	质量	daño *m.*	损害，损伤
cambio *m.*	变化，改变	derecho *m.*	权利
cantidad *f.*	数量	descuento *m.*	折扣
caso *m.*	个案；情况	desgracia *f.*	不幸

despedida	*f.*	离别，告别
destino	*m.*	目的地；命运
dificultad	*f.*	困难
disgusto	*m.*	不高兴，不快
distancia	*f.*	距离
dolor	*m.*	疼痛
eficacia	*f.*	效果
ejemplo	*m.*	例子，榜样
entusiasmo	*m.*	热情；起劲
envidia	*f.*	羡慕；妒忌
escena	*f.*	场面
esfuerzo	*m.*	努力
espanto	*m.*	恐惧
especie	*f.*	种类，品种
espera	*f.*	等候，等待
esperanza	*f.*	希望
espíritu	*m.*	精神
estilo	*f.*	样式，风格
éxito	*m.*	成绩，成功
experiencia	*f.*	经历；经验
expresión	*f.*	表情
facilidad	*f.*	方便，容易
fama	*f.*	名声
familia	*f.*	家庭
felicidad	*f.*	幸福
fin	*m.*	末尾
forma	*f.*	形式，方式，方法
fracaso	*m.*	失败
fuerza	*f.*	力量
gusto	*m.*	愉快，高兴
hambre	*f.*	饥饿
hecho	*m.*	事实
hogar	*m.*	家园，家
honor	*m.*	光荣，荣幸
humedad	*f.*	潮湿
idea	*f.*	思想，想法
idioma	*m.*	语言
importancia	*f.*	重要
impresión	*f.*	印象
información	*f.*	情报，信息
intención	*f.*	意图，打算
intercambio	*m.*	交往，交流
invitación	*f.*	邀请
lástima	*f.*	遗憾，可惜
leyenda	*f.*	传说
límite	*m.*	界限
limosna	*f.*	施舍
limpieza	*f.*	打扫，清除
llamada	*f.*	呼唤，（打）电话

llegada	*f.*	到达，到来	perdón	*m.*	对不起
lugar	*m.*	地方	permiso	*m.*	允许，批准
manejo	*m.*	操纵	peso	*m.*	重量
manera	*f.*	方式，方法	piropo	*m.*	恭维；（向女人）献媚
maravilla	*f.*	奇迹	plan	*m.*	计划
mayoría	*f.*	大部分	población	*f.*	人口
medicina	*f.*	医学；医药	precio	*m.*	价格
medio	*m.*	办法	pregunta	*f.*	问题
mentira	*f.*	谎言	preocupación	*f.*	担忧，操心
minoría	*f.*	小部分	prisa	*f.*	急，急事
modo	*m.*	方法，方式	problema	*m.*	问题
molestia	*f.*	麻烦	producción	*f.*	生产，产量
nacionalidad	*f.*	国籍	promesa	*f.*	许诺，诺言
nivel	*m.*	水平	puesto	*m.*	岗位，摊位
nombre	*m.*	名字	quehacer	*m.*	事务
noticia	*f.*	消息，新闻	rato	*m.*	片刻
obligación	*f.*	义务，责任	razón	*f.*	道理
ocasión	*f.*	时机	recuerdo	*m.*	记忆，问候；纪念品
olor	*m.*	气味	relación	*f.*	关系
oportunidad	*f.*	机会	remedio	*m.*	办法
orden	*f.*	命令	respuesta	*f.*	回答，答复
paciencia	*f.*	耐心	resultado	*m.*	结果
paisaje	*m.*	风景，景色	risa	*f.*	笑，笑声
peligro	*m.*	危险	ruido	*m.*	噪音
pena	*f.*	难过，伤心			

sabor	*m.*	味道
salud	*f.*	健康；身体
secreto	*m.*	秘密
sed	*f.*	口渴
servicio	*m.*	服务
siesta	*f.*	午觉
sitio	*m.*	地方，位置
sobra	*f.*	剩余
socorro	*m.*	援助，救济
solicitud	*f.*	申请，申请书
sonrisa	*f.*	微笑
sorpresa	*f.*	惊讶
suceso	*m.*	事件
sueño	*m.*	睡意；睡梦；梦想
suerte	*f.*	运气
susto	*m.*	惊吓，受惊
trabajo	*m.*	工作
tradición	*f.*	传统
tráfico	*m.*	交通
tristeza	*f.*	悲伤
ultramar	*m.*	海外
vacación	*f.*	假期
valor	*m.*	价值
variedad	*f.*	多样化，花样
ventaja	*f.*	优势，好处
verdad	*f.*	真实
vez	*f.*	次
victoria	*f.*	胜利
visita	*f.*	参观，访问
vista	*f.*	目光，视线
vocabulario	*m.*	词汇表，词汇量
voz	*f.*	声音
vuelo	*m.*	飞行
zona	*f.*	地区，区域

Adjetivos usuales 常用形容词

abundante	*adj.*	丰富的
aburrido	*adj.*	无聊的
agradable	*adj.*	惬意的，愉快的
alegre	*adj.*	高兴的，快乐的，开朗的
alto	*adj.*	高的
amable	*adj.*	和蔼的

amplio	*adj.*	宽敞的，广阔的
ancho	*adj.*	宽的
animado	*adj.*	热闹的，繁华的
antiguo	*adj.*	古老的
atractivo	*adj.*	引人注目的，迷人的
avanzado	*adj.*	先进的，高级的
bajo	*adj.*	矮的，下面的
barato	*adj.*	便宜的
bastante	*adj.*	相当；足够的
bello	*adj.*	美的
bonito	*adj.*	漂亮的
brillante	*adj.*	闪亮的，灿烂的
bueno	*adj.*	好的
caliente	*adj.*	热的
cansado	*adj.*	累的，疲劳的
caro	*adj.*	贵的
cercano	*adj.*	附近的
chistoso	*adj.*	搞笑的
cierto	*adj.*	真实的
claro	*adj.*	明亮的；浅色的
cómodo	*adj.*	舒适的
complicado	*adj.*	复杂的
contento	*adj.*	高兴
conveniente	*adj.*	适合的，适宜的
correcto	*adj.*	正确的
cruel	*adj.*	残忍的，残酷的
débil	*adj.*	弱的，软弱的
delgado	*adj.*	苗条的；薄的
delicioso	*adj.*	美味的
demasiado	*adj.*	过分的
diferente	*adj.*	不同的
difícil	*adj.*	困难的
dulce	*adj.*	甜的，甜蜜的
duro	*adj.*	硬的，艰苦的
eficaz	*adj.*	有效的
enorme	*adj.*	巨大的
exacto	*adj.*	准确的
excelente	*adj.*	出色的，优秀的
extraño	*adj.*	奇怪的
fácil	*adj.*	容易的
famoso	*adj.*	著名的
fantástico	*adj.*	神奇的；极好的
feliz	*adj.*	幸福的，快乐的

feo *adj.* 丑的，难看的

fino *adj.* 精致，精细

fresco *adj.* 清凉的

fuerte *adj.* 强壮的；坚固的；猛烈的

gordo *adj.* 胖的

grande *adj.* 大的

grave *adj.* 严重的

grueso *adj.* 粗大的

guapo *adj.* 英俊的，漂亮的

hermoso *adj.* 美丽的

honrado *adj.* 诚实的，正直的

hospitalario *adj.* 殷勤好客的

húmedo *adj.* 潮湿的

igual *adj.* 一样的

importante *adj.* 重要的

imposible *adj.* 不可能的

impresionante *adj.* 令人印象深刻的

innumerable *adj.* 无数的

inolvidable *adj.* 令人难忘的

insignificante *adj.* 无关紧要的

inteligente *adj.* 聪明的

interesante *adj.* 有趣的

íntimo *adj.* 亲密的

inútil *adj.* 无用的

joven *adj.* 年轻的

largo *adj.* 长的

lejano *adj.* 遥远的

lento *adj.* 缓慢的

libre *adj.* 自由的，空闲的

ligero *adj.* 轻的，轻快的，轻微的

limpio *adj.* 干净的

lindo *adj.* 漂亮的

listo *adj.* 准备好的

llano *adj.* 平坦的

lleno *adj.* 满的

loco *adj.* 发疯的

lógico *adj.* 合符逻辑的

lujoso *adj.* 豪华的

maravilloso *adj.* 神奇的，美妙的

mayor *adj.* 大的，更大的

medio *adj.* 一半的，平均的

mejor *adj.* 更好的；最好的

menor *adj.* 更小的

mucho *adj.* 很多

muerto *adj.* 死的

necesario *adj.* 必要的

notable *adj.* 明显的

numeroso *adj.* 众多的

obediente *adj.* 顺从的，听话的

optimista *adj.* 乐观的

original *adj.* 原始的；正宗的

oscuro *adj.* 阴暗的；深色的

parecido *adj.* 相似的

peor *adj.* 更糟糕的

pequeño *adj.* 小的

pesado *adj.* 重的

pesimista *adj.* 悲观的

pintoresco *adj.* 似画的，秀丽的

plano *adj.* 平的

pobre *adj.* 贫穷的

poco *adj.* 少的

poderoso *adj.* 强大的

posible *adj.* 可能的

precioso *adj.* 珍贵的；漂亮的

preferible *adj.* 更好的，更可取的

principal *adj.* 主要的

profundo *adj.* 深的

propio *adj.* 自己的

público *adj.* 公共的

puro *adj.* 纯的，纯粹的

querido *adj.* 亲爱的

rápido *adj.* 快的

raro *adj.* 奇怪的

razonable *adj.* 有道理的

redondo *adj.* 圆的

resistente *adj.* 坚固的，耐用的

rico *adj.* 丰富的；美味的

romántico *adj.* 浪漫的

sabroso *adj.* 美味的

satisfecho *adj.* 满意的，满足的

seco *adj.* 干燥的

seguro *adj.* 有把握的，肯定的

sencillo *adj.* 朴素的，简单的

serio *adj.* 严肃的，认真的

simpático *adj.* 可爱的

simple *adj.* 简单的

solo *adj.*	单独的，孤单的
sorprendente *adj.*	令人吃惊的
suficiente *adj.*	足够的
tanto *adj.*	如此多的
terrible *adj.*	可怕的
típico *adj.*	典型的
tonto *adj.*	愚蠢的
tranquilo *adj.*	安静的，幽静的，安心的
travieso *adj.*	调皮的
triste *adj.*	悲伤的
urgente *adj.*	紧急的
vacío *adj.*	空的
variado *adj.*	多样的
viejo *adj.*	旧的
vivo *adj.*	活的

Verbos usuales 常用动词

abandoner *tr.*	放弃，丢弃；离开
abrir *tr., intr.*	打开；开门
acabar *tr.*	结束，吃(喝)光
aceptar *tr.*	收受，接受
acercarse *prnl.*	走近，靠近
acompañar *tr.*	陪同，陪伴
aconsejar *tr.*	劝告
acordarse *prnl.*	想起，记得
acostarse *prnl.*	躺下，就寝
afeitarse *prnl.*	刮胡子
afirmar *tr.*	肯定
agradecer *tr.*	感谢
ahorrar *tr.*	节约，节省
alcanzar *tr., intr.*	赶上
alegrarse *prnl.*	高兴，开心
alejarse *prnl.*	远离，走开
almorzar *tr., intr.*	吃午餐
alojarse *prnl.*	住宿
amanecer *intr.*	天亮
amar *tr.*	爱
andar *intr.*	行走
anochecer *intr.*	天黑，入夜
añadir *tr.*	添加；补充

apagar	*tr.*	关（电器）
aparecer	*intr.*	出现
aplicar	*tr.*	实行
apreciar	*tr.*	珍惜
aprender	*tr., intr.*	学习；学会；学（做某事）
aprobar	*tr.*	认可，通过
aprovechar	*tr.*	利用
apuntar	*tr.*	记下，记录
asearse	*prnl.*	盥洗
asistir	*intr.*	出席
asombrar	*intr.*	使（某人）惊讶
asustar	*tr.*	使害怕，惊吓
atar	*tr.*	捆绑
atender	*tr.*	照料；接待
atreverse	*prnl.*	敢，敢于
averiguar	*tr.*	调查，了解
avisar	*tr.*	通知
ayudar	*tr.*	帮助
bailar	*intr.*	跳舞
bajar	*tr., intr.*	拿下去；下去
barrer	*tr.*	打扫
bastar	*intr.*	足够
beber	*tr., intr.*	饮，喝
brindar	*intr.*	祝酒，干杯
bromear	*intr.*	开玩笑
buscar	*tr.*	寻找
caer	*intr., prnl.*	掉下，摔倒
callar	*intr.*	沉默，不吭声
cambiar	*tr., intr.*	改变；变
caminar	*intr.*	走路，行走
cantar	*tr., intr.*	唱歌
casarse	*prnl.*	结婚
castigar	*tr.*	惩罚，处罚
celebrar	*tr.*	举行，举办
cenar	*tr., intr.*	吃晚饭
cerrar	*tr., intr.*	关闭；关门
cocinar	*tr., intr.*	煮，烹调
coger	*tr.*	拿，取；乘坐
colgar	*tr.*	挂
colocar	*tr.*	摆放，安放
comentar	*tr.*	评论
comenzar	*tr., intr.*	开始
comer	*tr., intr.*	吃，吃饭
cometer	*tr.*	犯（错误），做（错事）
comprar	*tr.*	购买
comprender	*tr.*	理解
conducir	*tr.*	引导；开车
conocer	*tr.*	认识；了解

conseguir	*tr.*	取得，能够
consolar	*tr.*	安慰
construir	*tr.*	建设
consultar	*tr.*	查阅；请教
consumir	*tr.*	消费；食用
contar	*tr.*	讲述
contestar	*tr.*	回答
continuar	*tr., intr.*	继续
convenir	*intr.*	适合，适宜
conversar	*intr.*	交谈
convertir	*tr.*	使……变成
correr	*intr.*	跑步；流淌
costar	*intr.*	价值；花费
crecer	*intr.*	成长；生长
creer	*tr.*	认为；相信
cruzar	*tr.*	穿越，穿过
cuidar	*tr.*	照顾；看管
cumplir	*tr.*	完成，满（周岁）
curar	*tr., prnl.*	医治；治愈
charlar	*intr.*	聊天
chocar	*intr.*	碰撞
dañar	*tr.*	损害，损坏
dar	*tr.*	给
deber	*tr.*	应该
decidir	*tr.*	决定
decir	*tr.*	说，告诉
dedicarse	*prnl.*	致力于，投身
dejar	*tr.*	放下；让，允许
depender	*intr.*	取决于
desaparecer	*intr.*	消失
desayunar	*tr., intr.*	吃早餐
descansar	*intr.*	休息
desear	*tr.*	希望
despedir	*tr., prnl.*	送别；告别
despertar	*tr., prnl.*	叫醒；睡醒
detener	*tr.*	使……停下，拦住
devolver	*tr.*	归还，退回
dirigir	*tr., prnl.*	领导；向（某地）走去
disculpar	*tr.*	原谅
discutir	*tr.*	讨论，争论
disfrutar	*tr., intr.*	享受，享有
distinguir	*tr.*	辨别，认出
divertirse	*prnl.*	娱乐
doblar	*tr., intr.*	折叠；拐弯
doler	*intr.*	使……感觉痛
dormir	*intr., prnl.*	睡觉；入睡
ducharse	*prnl.*	淋浴

dudar	*tr., intr.*	怀疑；犹豫
durar	*intr.*	持续
echar	*tr.*	扔，抛，投
elevar	*tr.*	提高
empezar	*tr., intr.*	开始
enamorarse	*prnl.*	恋爱，相爱
encender	*tr.*	点燃,开（灯、电器等）
encontrarse	*tr., prnl.*	找到，遇见；位于，处于
enfadarse	*prnl.*	生气，发火
engañar	*tr.*	欺骗
enseñar	*tr.*	教；拿出来看
entender	*tr.*	明白，听懂
entrar	*intr.*	进入
entregar	*tr.*	递交，交给
enviar	*tr.*	寄；派
envolver	*tr.*	包，裹
escribir	*tr., intr.*	写，写信
escuchar	*tr.*	听
esperar	*tr.*	等候，期待
estar	*intr.*	在；处于（某种状态）
estudiar	*tr., intr.*	学习
evitar	*tr.*	避免
exagerar	*tr., intr.*	夸大，夸张
exigir	*tr.*	要求
explicar	*tr.*	解释，讲解
fabricar	*tr.*	生产
faltar	*intr.*	缺，缺少
felicitar	*tr.*	祝贺，恭喜
firmar	*tr.*	签字，签名
fumar	*tr., intr.*	吸烟
ganar	*tr.*	挣，赢
gastar	*tr.*	花费，支出
girar	*intr.*	转，拐弯
gritar	*intr.*	叫，叫喊
guardar	*tr.*	存放，保存
gustar	*intr.*	令(某人)喜欢
haber	*tr.*	（某处）有
hablar	*tr., intr.*	讲(某语言)；讲话
hacer	*tr.*	做
huir	*intr.*	逃跑，躲避
imaginar	*tr., prnl.*	想象
imitar	*tr.*	模仿
impedir	*tr.*	阻止
importar	*intr.*	进口；要紧
impresionar	*intr.*	（给人）留下深刻印象

indicar	*tr.*	指出
insistir	*intr.*	坚持（要做某事）
intentar	*tr.*	试图，打算
interesar	*intr.*	使……感兴趣
invitar	*tr.*	邀请
ir	*intr., prnl.*	去；离开
jugar	*tr., intr.*	玩
lanzar	*tr., prnl.*	投掷，扔；冲向，扑向
lavar	*tr., prnl.*	洗；洗（脸、手等）
leer	*tr.*	读，阅读
levantar	*tr., prnl.*	使起来；起床
limpiar	*tr.*	弄干净，洗，擦
lograr	*tr.*	获得；得以
luchar	*intr.*	斗争
llamar	*tr., prnl.*	叫；打电话；名字是……
llegar	*intr.*	到，到达
llenar	*tr.*	填满；填写
llevar	*tr.*	携带，带
llorar	*intr.*	哭
llover	*intr.*	下雨
mandar	*tr.*	命令，吩咐
manejar	*tr.*	操作，使用
marcar	*tr.*	拨号
marchar	*intr., prnl.*	行走；进行；离开
matar	*tr.*	杀
mejorar	*tr., intr.*	改善
mentir	*intr.*	撒谎，骗人
merendar	*tr., intr.*	吃午后点心，用下午茶
meter	*tr., prnl.*	插入，塞进；躲进，钻进
mirar	*tr.*	瞧，看
molestar	*tr.*	打扰；使……讨厌
morir	*intr.*	死
mostrar	*tr.*	出示，展示
mover	*tr.*	动，移动
nacer	*intr.*	出生
nadar	*intr.*	游泳
necesitar	*tr.*	需要
negar	*tr.*	否定
notar	*tr.*	发觉，看出
observar	*tr.*	观察
ocultar	*tr.*	隐藏，隐瞒
ocupar	*tr., prnl.*	占用；忙于
ocurrir	*intr.*	发生

ofrecer	*tr.*	提供，给予
oír	*tr.*	听，听见
olvidar	*tr.*	忘记
ordenar	*tr.*	整理；命令
pagar	*tr., intr.*	付，支付
parar	*intr.*	停止，停下
parecer	*intr., prnl.*	显得，（使人）觉得
partir	*intr., tr.*	出发，起程；切开，劈开
pasar	*tr., intr.*	递给；度过，经过；发生
pasear	*intr.*	散步
pedir	*tr.*	请求，向（某人）要
pegar	*tr.*	打，揍
peinarse	*prnl.*	梳头
pensar	*tr., intr.*	思考，考虑，想
perder	*tr., intr.*	丢失；失利，输
perdonar	*tr.*	原谅
permanecer	*intr.*	一直（处于某种状态）
permitir	*tr.*	允许，批准
pintar	*tr.*	涂，画
poder	*tr.*	能够，可以
poner	*tr., prnl.*	摆放；穿，戴
poseer	*tr.*	拥有
practicar	*tr.*	实践，练习
preferir	*tr.*	更喜欢，宁可
preguntar	*tr.*	问，提问
preocupar	*tr., prnl.*	使……担心；担心
preparar	*tr., prnl.*	准备；做好准备
presentar	*tr.*	介绍；呈上，递交
probar	*tr.*	品尝；尝试
prohibir	*tr.*	禁止
prometer	*tr.*	承诺，答应
quedar	*intr., prnl.*	坐落在；留在（某地）
querer	*tr.*	想(做某事)；想（要某物）
quitar	*tr.*	拿走；抢，夺
realizar	*tr.*	实现
recibir	*tr.*	收到；接待
recoger	*tr.*	捡；收；接；收容
reconocer	*tr.*	认出；承认
recordar	*tr.*	记住，想起
regalar	*tr.*	赠送
regañar	*tr.*	责骂
regresar	*intr.*	返回，回

reír	*intr., prnl.*	笑；嘲笑
reparar	*tr.*	修理
repetir	*tr.*	重复
reservar	*tr.*	预订
resultar	*intr.*	结果是
reunirse	*prnl.*	聚会，团聚
robar	*tr.*	偷
saber	*tr.*	知道；会；懂
sacar	*tr.*	取出，拿出
salir	*intr.*	出来，出去，离开
saludar	*tr.*	问候
secar	*tr.*	弄干，擦干
seguir	*tr., intr.*	继续
sentarse	*prnl.*	坐下
sentir	*tr.*	感觉；感到遗憾
señalar	*tr.*	指出
ser	*intr.*	是
servir	*tr., intr.*	为（某人）服务；起作用
significar	*tr.*	意思是
solicitar	*tr.*	申请，索取
soltar	*tr.*	松开，放开
sonreír	*intr.*	微笑
soñar	*intr., tr.*	做梦；梦见
soportar	*tr.*	承受，忍受
sorprender	*tr.*	使……吃惊
subir	*tr., intr.*	拿上去；上去
suceder	*intr.*	发生
suponer	*tr.*	猜想
tardar	*intr.*	需要（……时间）
temer	*tr.*	害怕，担心
tener	*tr.*	有
terminar	*tr., intr.*	结束
tirar	*tr., intr.*	扔，抛，丢；拖，拉
tocar	*tr.*	敲，摸，按
tomar	*tr.*	拿；喝，吃；乘坐
torear	*intr.*	斗牛
toser	*intr.*	咳嗽
trabajar	*intr.*	工作
traducir	*tr.*	翻译
traer	*tr.*	带来，拿来
tratar	*tr.*	对待
usar	*tr.*	使用
utilizar	*tr.*	使用；利用
vender	*tr.*	卖，销售
venir	*intr.*	来

ver *tr.* 看，看见

vestirse *prnl.* 穿衣服

viajar *intr.* 旅游，旅行

visitar *tr.* 参观，游览

vivir *intr.* 生活；居住

volar *intr.* 飞翔

volver *intr., prnl.* 返回，再次；转身

附录 3

总词汇表

（行末编号表示单词所在的课文）

a *prep.*	（前置词）	2
a eso de	大约（在某钟点）	13
a la brasa	炭烧，火烤	28
a pie	步行	17
¿a qué hora?	几点钟？	9
a ver	看一看，试一试	14
abajo *adv.*	在下面	19
abandonar *tr.*	放弃，丢弃；离开	32
abierto *p.p.*	打开的	22
abrir *tr., intr.*	打开；开门	13
acabar de	刚刚	12
acaso *adv.*	难道	34
acceso *m.*	进入	29
accidente *m.*	事故	34
aceituna *f.*	橄榄	28
acompañar *tr.*	陪伴	7
acostarse *prnl.*	躺下，就寝	30
además *adv.*	此外	14
además de	除……之外	18
¡Adiós!	再见	7

adónde *adv.*	往哪里	5
advertencia *f.*	提醒	25
advertir *tr.*	提醒	26
aéreo *adj.*	航空的	35
aeropuerto *m.*	飞机场	30
afeitarse *prnl.*	刮胡子	12
afortunado *adj.*	幸运的	33
afueras *f. (pl.)*	郊外	32
agencia *f.*	代办处	20
agradable *adj.*	令人愉快的	15
agua *f.*	水	12
ahora mismo	立刻，马上	12
ahora *adv.*	现在	5
aire acondicionado	空调	23
al día siguiente	第二天	30
al fondo	最里面	28
al lado de	在……旁边	11
al mismo tiempo	同时	19
alegrarse *prnl.*	高兴	31
algo *pron.*	某物，一点东西	7
alguno *adj.*	某个；某些	3
almorzar *tr., intr.*	吃午餐	6
almuerzo *m.*	午餐	16
altavoz *m.*	扩音器	35
allí *adv.*	那里	2

amable *adj.*	和蔼的	10
amanecer *intr.*	天亮	12
ambiente *m.*	气氛，环境	15
ambos *adj.*	两，双	18
amigo *m.*	朋友	12
amistad *f.*	友谊	31
andar *intr.*	行走	24
anfitrión *m.*	主人	31
animado *p.p.*	热闹的，繁华的	14
animal *m.*	动物	35
anoche *adv.*	昨晚	30
anochecer *intr.*	天黑	31
ante *prep.*	在……前面	30
anteanoche *adv.*	前天晚上	30
anteayer *adv.*	前天	31
antes de	在……之前	9
antiguo *adj.*	古老的	4
anunciar *tr.*	通告，宣布	35
año *m.*	年	15
apagar *tr.*	熄灭	22
aparecer *intr.*	出现	32
apellido *m.*	姓	21
apetecer *intr.*	想（做某事）	16
aplicar *tr.*	实行	15
aprender *tr.*	学，学会	8

aproximado *adj.*	大约的	20
aquí *adv.*	这里	2
árbol *m.*	树	3
área *f.*	区域	22
arriba *adv.*	在上面	19
arroz *m.*	大米	13
asaltar *tr.*	袭击，打劫	33
asalto *m.*	袭击，打劫	32
ascensor *m.*	电梯	10
asearse *prnl.*	盥洗	12
así *adv.*	这样	28
así que	因此，所以	24
asiático *adj.*	亚洲的	20
asiento *m.*	座位	14
asustar *tr.*	吓唬	35
atasco *m.*	堵车	26
atractivo *adj.*	有吸引力的	27
aula *f.*	教室	3
aunque *conj.*	虽然	12
autobús *m.*	公交车	7
autocar *m.*	旅游大巴，长途汽车	32
avenida *f.*	大道	17
avión *m.*	飞机	34
avisar *tr.*	通知	29
aviso *m.*	通知	29

azúcar *m., f.*	蔗糖，白糖	14
bailar *intr.*	跳舞	11
bajar *tr., intr.*	拿下去；下去	13
bajo *adj.*	矮的	11
banco *m.*	银行	19
bar *m.*	酒吧	3
barato *adj.*	便宜的	27
Barcelona	巴塞罗那	30
barrio *m.*	区	17
bastante *adv., adj.*	相当；足够的	8
beber *tr.*	喝	12
bebida *f.*	饮料	7
biblioteca *f.*	图书馆	5
billete *m.*	票，钞票	22
bistec (bisté) *m.*	牛排	16
boca *f.*	嘴巴；口	26
bocacalle *f.*	街口，路口	26
bolso *m.*	（女式）提包	26
bomba *f.*	炸弹	35
bonito *adj.*	漂亮的	4
botella *f.*	瓶子，瓶	30
brazo *m.*	胳膊	33
brindar *intr.*	祝酒，干杯	31
broma *f.*	玩笑	35
bromear *intr.*	开玩笑	35

bronce *m.*	青铜	34
bueno *adj.*	好的	6
buenos días	早上好	6
búfalo *m.*	水牛	2
buscar *tr.*	寻找	32
cabeza *f.*	头部，头	33
cable *m.*	线，电线，网线	29
cada *adj.*	每，每个	20
cada uno	每一个人	13
café *m.*	咖啡	12
caja *f.*	柜台	27
calamar *m.*	鱿鱼	28
calidad *f.*	质量	27
calor *m.*	热	18
calzar *tr.*	穿（鞋、袜）	27
cama *f.*	床	21
cámara *f.*	相机	25
camarero *m.*	服务员	10
camarón *m.*	虾	28
cambiar *tr., intr.*	改变；变化	15
cambio *m.*	改变；兑换	22
caminar *intr.*	走路	13
cancelar *tr.*	取消	35
cangrejo *m.*	螃蟹	28
cantar *tr., intr.*	唱歌	11

capital *f.*	首都	15
cara *f.*	脸	33
caracteres chinos	汉字	29
carne *f.*	肉	16
carné (carnet) *m.*	证件，身份证	26
caro *adj.*	贵的	27
carta *f.*	菜单，菜牌	28
casa de cambio	兑换所	22
casi *adv.*	几乎	12
caso *m.*	情况	22
causar *tr.*	产生，引起	15
cena *f.*	晚餐	11
cenar *tr., intr.*	吃晚餐	6
centro *m.*	市中心	5
cerca *adv.*	近，附近	17
cercano *adj.*	附近的	26
cero *adj.*	零	10
cerrado *p.p.*	关闭的，封闭的	22
cerveza *f.*	啤酒	12
césped *m.*	草坪	18
cierto *adj.*	真实的	13
cigarrillo *m.*	香烟	22
cine *m.*	电影院	19
circuito *m.*	电路	23
cita *f.*	约会	9

ciudad *f.*	城市	15
claro *adv.*	当然	11
clase *f.*	种类	28
cliente *m., f.*	顾客，客户	9
clima *m.*	气候	18
club *m.*	俱乐部	5
cobrar *tr.*	收钱	30
cocinar *tr., intr.*	煮；烹调	31
cocinero *m.*	厨师，炊事员	28
coche *m.*	小汽车	3
coger *tr.*	拿，取；乘坐	17
comercial *adj.*	商业的	19
comida *f.*	食品	7
comisaría *f.*	警察局	32
como *conj.*	由于	20
como *conj.*	如同，和……一样	27
cómo *adv.*	怎么样	3
Cómo no!	当然可以！	22
como si	仿佛	35
cómodo *adj.*	舒适的	26
compañero *m.*	同伴，同学	4
compañía *f.*	公司	6
compañía *f.*	陪伴	25
complicado *adj.*	复杂的	26
comprar *tr.*	购买	7

comprobante *m.*	票据	34
con tanta prisa	如此匆忙	7
condición *f.*	条件	20
conectar *tr., prnl.*	连接；联系	29
conmigo	和我一起	21
conocer *tr.*	认识；了解	10
conocimiento *m.*	知识；知觉	33
construcción *f.*	建设；建筑物	19
construir *tr.*	建设	11
consulado *m.*	领事馆	32
consumir *tr.*	消费；食用	16
contacto *m.*	联系	32
contar *tr.*	讲述	32
contemplar *tr.*	观看	25
contento *adj.*	高兴的	35
conveniente *adj.*	适合的，适宜的	25
convenir *intr.*	适合，适宜	21
Corea	朝鲜	20
coreano *m.*	朝鲜人，朝鲜语	8
correcto *adj.*	正确的	17
correo *m.*	邮政；邮件，邮箱	29
cosa *f.*	东西	35
costar *intr.*	价值；花费	21
costero *adj.*	沿海的	18
costumbre *f.*	习惯	13

crecer *intr.*	成长；生长	17
crédito *m.*	信用	30
creer *tr.*	认为；相信	16
Cristina	克里斯蒂娜	5
cruzar *tr.*	穿越，穿过	17
cuál *pron.*	哪一个	20
cualquiera *pron.*	任何一个	25
cuánto *adj., pron.*	多少	5
cuarto *m.*	一刻钟	9
cuatro *adj.*	四	5
cubierto *m.*	(西餐）餐具，刀叉	14
cuenta *f.*	账目	16
cuero *m.*	(牛羊等动物的）皮	27
cuerpo *m.*	身躯	33
cuidado *m.*	注意，小心	24
cuidar *tr.*	照顾；看管	7
charlar *intr.*	聊天	7
chico *m.*	男孩	4
chichón *m.*	肿块，疙瘩	33
chino *m.*	中国人；汉语	6
dar *tr.*	给	10
dato *m.*	资料	29
de *prep.*	(表示从属）……的	4
de *prep.*	从（某地）	10
de acuerdo	同意	11

de compras	购物	27
de momento	暂时	22
de nada	不用谢	10
de postre	饭后甜点	28
de primero	第一道菜	28
de repente	突然	32
de segundo	第二道菜	28
de todo	应有尽有	13
deber *tr.*	应该	7
deber de	大概	23
decir *tr.*	说	14
dejar *tr.*	丢下，留下	30
dejar *tr.*	允许，让	33
delante de	在……前面	21
dentro *adv.*	在里面	19
denuncia *f.*	检举，报案	32
denunciar *tr.*	告发；报（案）	32
depender *intr.*	取决于	13
derecha *f.*	右边	19
derecho *m.*	权利	34
desayunar *tr., intr.*	吃早餐	6
desayuno *m.*	早餐	13
descansar *intr.*	休息	7
descuento *m.*	折扣	27
desde *prep.*	从……起，自从	28

desear *tr.*	希望	21
despedida *f.*	告辞，分手	31
despertador *m.*	闹钟	30
despertar *tr., prnl.*	叫醒；睡醒	12
después *adv.*	然后	5
después de	在……之后	11
detrás de	在……后面	19
devolver *tr.*	退还	30
día *m.*	日子	6
diario *adj.*	每日的	21
dibujo *m.*	图画；图案	2
diez *adj.*	十	9
difícil *adj.*	困难的	8
dinero *m.*	钱	22
dirigirse *prnl.*	走向	32
discoteca *f.*	舞厅	19
disculpar *tr.*	原谅	22
disfrutar *tr., intr.*	享受	35
disponer *tr., intr.*	安排；可支配，拥有	23
disponible *adj.*	可支配的	23
distancia *f.*	距离	25
divertirse *prnl.*	娱乐	19
divisa *f.*	外币	22
doble *adj., m.*	双的；双倍	21
doctor *m.*	博士；大夫	33

dólar americano	美元	22
doler *intr.*	使（某人）感觉痛	33
dónde *adv.*	哪里	2
dormir *intr.*	睡觉	12
duda *f.*	疑问	33
durante *prep.*	在……期间	15
edad *f.*	年龄	32
edificio *m.*	楼房	4
efectivamente *adv.*	果然	31
ejercicio *m.*	练习	8
el *art.*	(阳性单数定冠词)	1
electricidad *f.*	电	23
electrónico *adj.*	电子的	29
elevar *tr.*	提高	15
ella *pron.*	她	4
empanada *f.*	包子	13
empezar *tr., intr.*	开始	31
empleado *m.*	职员	6
empresa *f.*	公司，企业	8
empujón *m.*	用力推一下	33
en *prep.*	在	1
en clase	课堂上	8
en cuanto a	至于，关于	32
en efectivo	用现金	30
en fin	总而言之	33

en seguida	随后，马上	10
en total	一共，总共	16
encantado *adj.*	很高兴	6
encargar *tr., prnl.*	委托；负责	29
encender *tr.*	点燃，开（电器等）	23
encima *adv.*	在上面；身上	33
encontrar *tr.*	找到，遇到	24
encontrarse *prnl.*	遇见；位于	19
enchufe *m.*	插座	23
enfrente *adv.*	在对面	19
enseñar *tr.*	教	8
entender *tr.*	懂，明白	8
entero *adj.*	整个的，完全的	24
entonces *adv.*	那么；当时	7
entrada *f.*	入口	26
equipaje *m.*	行李	34
es	是，这是（第三人称单数）	1
escalera *f.*	楼梯	13
escaparate *m.*	橱窗	27
escoger *tr.*	选择	35
escuela *f.*	学校	4
ese *adj.*	那个	4
España	西班牙	10
español *m.*	西班牙人；西班牙语	6

especial *adj.*	特别的，专门的	28
especialidad *f.*	特色，特色菜	28
esperar *tr.*	等待	14
esta *adj.*	这个	3
está	在	2
estación *f.*	季节；车站	18
estancia *f.*	逗留	31
estar *intr.*	在	5
estatua *f.*	雕像	25
estatura *f.*	身材	32
este *adj.*	这个	4
este *m.*	东，东部	17
esto *pron.*	这个，这	1
estrechar *tr.*	握住	31
estrella *f.*	星星	17
estudiante *m., f.*	大学生	6
estudiar *tr., intr.*	学习	6
etcétera *f.*	等等	12
etiqueta *f.*	标签	34
euro *m.*	欧元	21
exacto *adj.*	准确的	14
examinar *tr.*	检查	33
excelente *adj.*	出色的，优秀的	15
exceso *m.*	过份；超重	34
exigir *tr.*	要求	34

expuesto *p.p.*	陈列的，展出的	27
extranjero *m.*	国外；外国人	20
fácil *adj.*	容易的	8
facilitar *tr.*	使便利；提供	29
factura *f.*	发票	30
facturación *f.*	托运；登机手续	34
facturar *tr., intr.*	托运；办理登机手续	34
faltar *intr.*	缺乏	29
famoso *adj.*	著名的	3
farmacia *f.*	药房，药店	33
fecha *f.*	日期	35
ferroviario *adj.*	铁路的	19
fideo *m.*	米粉	13
fiebre *f.*	发烧	33
fila *f.*	排，行	34
firmar *tr.*	签字，签名	22
flaco *adj.*	消瘦的	32
flor *f.*	花	18
forma *f.*	方式	35
formulario *m.*	表格	21
foto *f.*	相片	2
fotocopia *f.*	复印件	32
Francia	法国	20
fresco *adj.*	清凉的	18
frío *m., adj.*	冷；冷的	18

fruta *f.*	水果	28
fuente *f.*	喷泉	25
fuerte *adj.*	健壮的	3
fumar *tr., intr.*	吸烟	22
función *f.*	功能，作用	29
funcionar *intr.*	运转，运作	23
galleta *f.*	饼；饼干	16
garaje *m.*	车库，停车场	19
gente *f.*	人	3
girar *intr.*	转，拐弯	25
golpe *m.*	敲打，打击，撞击	33
golpear *tr.*	打，敲打	32
gordo *adj.*	肥胖的	32
gracias *m. (pl.)*	谢谢	7
Gran Muralla	长城	31
grande *adj.*	大的	11
gratis *adv.*	免费	29
grave *adj.*	严重的	33
grupo *m.*	小组，班	5
guapo *adj.*	漂亮的	3
guardar *tr.*	存放，保管	29
guardar cama	卧床休息	33
guía *m., f.*	导游	20
gustar *intr.*	喜欢	11
gusto *m.*	喜欢，高兴	6

haber *tr.*	（某处）有	23
habitación *f.*	房间	10
habitante *m.*	居民	17
hablar *intr., tr.*	说话；讲（……语言）	8
hace poco tiempo	不久；不久前	11
hacer compras	购物	19
hacer el favor de	劳驾，请（做某事）	22
hacer falta	需要	17
hacer *tr.*	做	8
hacia *prep.*	朝向	32
hasta *prep.*	至；到……为止	7
hay	有	1
hermano *m.*	兄弟	35
hervidor *m.*	电热壶	23
hijo *m.*	儿子，孩子	15
historia *f.*	历史	19
¡Hola! *interj.*	喂；你好！	6
hombre *m.*	男人；好家伙	25
hora punta	高峰时段	26
hora *f.*	小时	9
horror *m.*	恐怖	35
hospital *m.*	医院	33
hotel *m.*	旅馆	3
hoy *adv.*	今天	9
huelga *f.*	罢工	35

húmedo *adj.*	潮湿的	18
identidad *f.*	身份	26
idioma *m.*	语言	6
igual *adj.*	一样的	21
impaciente *adj.*	着急的，迫不及待的	34
importado *p.p.*	进口的	27
importar *intr.*	重要；要紧	11
impresión *f.*	印象	15
impresionar *intr.*	（给人）留下印象	31
incluido *p.p.*	包括在内的	21
incluso *adv.*	甚至	35
indicar *tr.*	指出	25
individual *adj.*	个人的，单人的	21
información *f.*	情报，信息	24
instalar *tr.*	安装	29
intentar *tr.*	试图，打算	23
interesante *adj.*	有趣的	24
Internet *m.*	互联网	29
intérprete *m.,f.*	翻译	10
interruptor *m.*	开关	23
introducir *tr.*	引进；插入	23
invierno *m.*	冬天	18
invitar *tr.*	邀请	31
inyección *f.*	针	33
ir *intr.*	去	9

irse *prnl.*	离开	30
Italia	意大利	20
izquierda *f.*	左边	19
japonés *m.*	日本人；日语	8
jazmín *m.*	茉莉花	14
jefe *m.*	队长，主任，老板	35
Juana	胡安娜	4
Juegos Olímpicos	奥运会	15
jueves *m.*	星期四	18
junto a	在……旁边	34
la art.	（阴性单数定冠词）	1
lado *m.*	旁边	2
ladrón *m.*	小偷	24
largo *adj.*	长的	11
lástima *f.*	可惜，遗憾	31
lata *f.*	罐子，罐	30
lavar *tr., prnl.*	冲洗；洗（脸、手等）	12
leche *f.*	牛奶	12
leer *tr.*	读，阅读	8
lejos *adv.*	远	17
león *m.*	狮子	1
levantar *tr., prnl.*	使起来；起床	12
libre *adj.*	自由的，空闲的	14
libro *m.*	书	8
licor *m.*	白酒	31

línea *f.*	线路	26
liquidación *f.*	大甩卖，清仓	27
lo mejor es que	最好是……	25
López	洛佩斯	10
luego *adv.*	之后，然后	7
lugar *m.*	地方	24
Luis	路易斯	4
lujoso *adj.*	豪华的	3
luz *f.*	光；灯；电	23
llamar *tr.*	打电话	29
llave *f.*	钥匙	23
llegar *intr.*	到达	7
llenar *tr.*	填满；填写	21
lleno *adj.*	满的	13
llevar *tr.*	带，带上；已经有(……时间)	18
llover *intr.*	下雨	18
madre *f.*	母亲	7
Madrid	马德里	24
madrileño *adj., m.*	马德里的；马德里人	31
mal *adv.*	糟糕，不好	7
¡Maldita sea!	真是活见鬼！	35
maleta *f.*	行李箱	10
manejar *tr.*	操作，使用	14
mano *f.*	手	26

manzana *f.*	街区	17
mañana *f.*	上午	9
mapa *m.*	地图	24
marchar *intr., prnl.*	行走；离开	30
marisco *m.*	海鲜	28
marrón *adj.*	棕色的	27
más *adv.*	更；更多	16
matrimonio *m.*	夫妇	15
me llamo	我叫（……名字）	6
mediano *adj.*	中等的	32
medicina *f.*	医学，医药	33
medio *adj.*	一半的，平均的	20
mediodía *m.*	中午	30
mejor *adj.*	更好	24
mejorar *tr., intr.*	改善	20
mercado *m.*	市场	7
mermelada *f.*	果酱	16
mesa *f.*	桌子	1
metro *m.*	地铁	12
mi *adj.*	我的	4
millón *m.*	百万	17
minibar *m.*	迷你冰箱	12
minuto *m.*	分钟	30
mío *adj.*	我的	10
mismo *adj.*	同样的，同一个	26

modelo	*m.*	款式；(*m., f.*) 模特	27
MODEM	*m.*	调制解调器	29
moderno	*adj.*	现代的	4
momento	*m.*	时刻；片刻	14
moneda	*f.*	硬币	22
mono	*m.*	猴子	1
montaña	*f.*	山	2
mostrador	*m.*	柜台	30
móvil	*m.*	手机	24
muchacho	*m.*	小伙子	3
mucho	*adj.*	很多	3
multa	*f.*	罚款	22
mundo	*m.*	世界	35
museo	*m.*	博物馆	16
Museo del Prado		普拉多博物馆	24
muy	*adv.*	非常	4
nada	*pron.*	（没有）任何东西	2
nadar	*intr.*	游泳	11
naranja	*f.*	橙子	30
navegar	*intr.*	航行；上网	29
necesario	*adj.*	必须的	17
necesitar	*tr.*	需要	14
negro	*adj.*	黑色的	27
ni	*conj.*	也不	7
ninguno	*adj.*	（没有）任何一个	20

niño *m.*	孩子，小孩	2
nivel *m.*	水平	15
no *adv.*	不，不是	1
no es para tanto	问题没那么严重	25
¡No me diga!	真有这种事?	26
nocturno *adj.*	夜间的	8
noche *f.*	晚上	5
nombre *m.*	名字	18
normalmente *adv.*	一般情况下	16
norte *m.*	北，北部	17
notable *adj.*	明显的	15
notar *tr.*	发觉，看出	19
novela *f.*	小说	8
novio *m.*	情侣	4
nuestro *adj.*	我们的	5
nueve *adj.*	九	9
nuevo *adj.*	新的	11
número *m.*	号码，数字	10
o *conj.*	或者	8
o sea	也就是说	21
objeto *m.*	物品	25
octubre *m.*	十月	18
ocupar *tr., prnl.*	占用，用；忙碌	21
ocurrir *intr.*	发生	32
ocho *adj.*	八	9

oeste *m.*	西，西部	17
oficina *f.*	办公室	3
oír *tr.*	听见，听	24
ojalá *adv.*	但愿	35
olvidar *tr.*	忘记	28
oportunidad *f.*	机会	20
ordenador *m.*	电脑	24
organizar *tr.*	组织	24
orientarse *prnl.*	辨认方向	25
original *adj.*	原始的；正宗的	27
orilla *f.*	岸边	17
oso *m.*	熊	1
otoño *m.*	秋天	18
otra vez	再次	31
otro día	改天	7
otro *adj.*	另外的；另一个	15
oye	喂	14
Pablo	巴勃罗	5
padre *m.*	父亲	7
paella *f.*	海鲜饭	28
pagar *tr.*	支付，付款	27
paisaje *m.*	风景，景色	11
Palacio Imperial	故宫	31
Palacio Real	王宫	24
pálido *adj.*	苍白的	33

palillo *m.*	筷子；牙签	14
panecillo *m.*	馒头	13
par *m.*	双，对	27
para *prep.*	为了	7
parada *f.*	中途站	26
parecer *intr.*	使（某人）觉得	14
parecido *adj.*	相似的	18
pared *f.*	墙壁	23
pareja *f.*	一对	15
parte *f.*	部分	17
pasado *adj.*	过去的	31
pasajero *m.*	旅客	34
pasaporte *m.*	护照	25
pasar *tr., intr.*	度过；进入，经过	14
pasar *tr., intr.*	传递；发生	29
pasear *intr.*	散步	25
paseo *m.*	林阴大道	25
pasillo *m.*	过道，走廊	34
pastilla *f.*	药片	33
patio *m.*	院子	1
pato *m.*	鸭子	1
pedir *tr.*	请求；向（某人）要	14
Pedro	佩德罗	5
pegar *tr.*	粘帖	34
peinarse *prnl.*	梳头	12

peligroso *adj.*	危险的	25
pequeño *adj.*	小的	4
perder *tr.*	失去，丢失	26
permitir *tr.*	允许	15
pero *conj.*	但是	6
persona *f.*	人	20
pesar *intr.*	有……重量	34
pescado *m.*	鱼	16
piel *f.*	皮	27
pierna *f.*	大腿	33
piscina *f.*	游泳池	11
piso *m.*	楼层；地板；套间	10
plan *m.*	计划	20
plano *m.*	图纸；地图	26
planta *f.*	层	11
plato *m.*	碟子	14
playa *f.*	海滩	5
plaza de toros	斗牛场	25
Plaza Mayor	大广场	24
población *f.*	人口	17
poder *tr.*	能够，可以；可能，也许	17
política *f.*	政策；政治	15
pollo *m.*	鸡	16
poner *tr.*	摆放；写上	21

ponerse a la cola	排队	22
por ejemplo	例如	25
por eso	所以	8
por favor	劳驾，请	16
por fin	终于	11
¿Por qué?	为什么?	9
por supuesto	当然	21
por todas partes	到处	18
porque *conj.*	因为	9
portátil *adj.*	手提的	24
posible *adj.*	可能的	34
precio *m.*	价格	21
preferible *adj.*	更好的，更可取的	26
preferir *tr.*	更喜欢，宁可	13
pregunta *f.*	问题	30
preguntar *tr.*	问	14
preocupar *tr.*	使（某人）担心	32
preparar *tr.*	准备	30
primavera *f.*	春天	18
primero *adj.*	第一	10
principal *adj.*	主要的	17
probar *tr.*	品尝；尝试	13
problema *m.*	问题	23
producto *m.*	产品	27
profesor *m.*	教师，教授	8

profundo *adj.*	深的	15
prohibir *tr.*	禁止	22
pronto *adv.*	很快；早	33
proporcionar *tr.*	提供，供给	29
próximo *adj.*	临近的，下一个	26
público *adj.*	公共的	22
pueblo *m.*	人民	15
puerta *f.*	门，门口	23
pues *conj.*	那么；因为	11
pulpo *m.*	章鱼	28
qué *pron.*	什么	1
qué tal	怎么样	7
quedar *intr.*	处于；转入（某状态）	28
quedarse *prnl.*	留在（某地）	21
queja *f.*	怨言，牢骚	35
querer *tr.*	想（做某事）	14
quién *pron.*	谁	4
quinientos *adj.*	五百	22
quinto *adj.*	第五	10
quitar *tr.*	拿走；抢，夺	26
quizá *adv.*	也许	9
rápido *adj., adv.*	快的；快	17
raviol *m.*	饺子	13
razón *f.*	道理	25
recepción *f.*	接待，接待处	29

receta *f.*	药方，处方	33
recetar *tr.*	开药	33
recibir *tr.*	收，接；遭受	33
recibo *m.*	收据	22
recomendar *tr.*	推荐	28
recuperar *tr., prnl.*	恢复；找回；康复	32
red *f.*	网，网络	29
reflejar *tr.*	反映	27
regalo *m.*	礼物	27
regresar *intr.*	返回	30
relación *f.*	关系	27
reloj *m.*	钟，表	19
rellenar *tr.*	填充，填写	32
reservar *tr.*	预订	28
resistente *adj.*	坚固的，耐用的	27
restaurante *m.*	餐厅	3
retrasar *tr., prnl.*	延误；晚点	34
retraso *m.*	延误，晚点	34
reunirse *prnl.*	聚会，集合	31
revista *f.*	杂志	8
rico *adj.*	丰富的；富有的	14
río *m.*	河流	17
robar *tr.*	偷窃	24
ruido *m.*	噪音	23
ruso *adj., m.*	俄罗斯的；俄国人	26

saber *tr.*	知道	9
sacar *tr.*	取出；拍摄	25
salario *m.*	工资	20
salida *f.*	离开，起飞	34
salir *intr.*	出去	9
sano y salvo	安然无恙	35
satisfecho *adj.*	满意的，满足的	16
se llama	（他、她）叫……名字	4
seco *adj.*	干燥的	18
seguir *tr., intr.*	继续	25
según *prep.*	依据，根据	29
seguro *adj.*	肯定的	23
semana *f.*	周，星期	15
semejante *adj.*	类似的	35
sentarse a la mesa	入席	31
sentir *tr.*	感觉；感到遗憾	21
señor *m.*	先生	10
señorita *f.*	小姐	30
ser *intr.*	是	5
servicio *m.*	服务	15
servilleta *f.*	餐巾	28
servir *tr., intr.*	为……服务；起作用	23
sí *adv.*	是的，对	1
si *conj.*	如果	14
significar *tr.*	意味，意思是……	35

sin embargo	然而	29
sin *prep.*	无，没有	19
sino *conj.*	而是	11
sistema *m.*	体系，系统	29
sobre *prep.*	在……之上	27
sol *m.*	太阳；阳光	13
soler *intr.*	惯于	13
solicitar *tr.*	申请，索取	26
sólo *adv.*	仅仅	8
son	(他们) 是	3
sopa *f.*	汤	13
su *adj.*	他（她、您）的	2
subir *tr., intr.*	拿上去；上去	10
subterráneo *adj.*	地下的	19
suerte *f.*	运气	35
sugerir *tr.*	建议；提示	24
supermercado *m.*	超市	19
sur *m.*	南，南部	17
suyo *adj.*	您（他、她）的	10
tallarín *m.*	面条	13
también *adv.*	也	7
tampoco *adv.*	也不	23
tan *adv.*	如此	19
tanto *adj.,pron.*	如此多	34
taquilla *f.*	售票窗	26

tardar *intr.*	花费（时间）	25
tarde *f.*	下午	5
tarde *adv.*	迟，晚	9
tarjeta *f.*	名片	10
taxi *m.*	的士	12
taxista *m., f.*	出租车司机	32
taza *f.*	茶杯	16
te llamas	你叫（……名字）	6
té *m.*	茶	13
teatro *m.*	剧院	5
técnico *adj., m.*	技术的；技术员	23
teléfono *m.*	电话	23
televisor *m.*	电视机	23
temer *tr.*	害怕	35
temporada *f.*	季节，时期	28
temprano *adv.*	早	8
tener *tr.*	有	9
tener ganas de	想（做某事）	20
tener que	必须	9
terminal *f.*	终点站	32
terraza *f.*	露台	28
texto *m.*	课文	8
tiempo *m.*	时间；天气	18
tienda *f.*	商店	19
tipo *m.*	种类	21

todavía *adv.*	仍然	12
todo recto	径直	25
todo *adj.*	所有的；整个	17
todos los días	每天	7
tomar asiento	坐下	14
tomar parte	参加	24
tomar *tr.*	拿，取；吃，喝	13
tomate *m.*	西红柿	1
torre *f.*	塔	19
torta *f.*	糕点	13
toser *intr.*	咳嗽	33
tostada *f.*	烤面包片	16
tour *m.*	专线游	24
trabajar *intr.*	工作	6
trabajo *m.*	工作	5
traer *tr.*	带来，拿来	14
tráfico *m.*	交通	12
trago *m.*	一口	31
trámite *m.*	手续	34
tranquilo *adj.*	安静的，平静的	28
transbordo *m.*	换乘，转车	26
tratar *tr.*	对待	35
triple *adj., m.*	三重的；三倍	21
tu *adj.*	你的	4
túnel *m.*	隧道	34

turismo *m.*	旅游；旅游业	20
turista *f.*	游客	20
turístico *adj.*	旅游的	24
último *adj.*	最后的，最近的	15
un *art.*	一个	1
un poco	一点儿	26
una *art.*	一个	1
universidad *f.*	大学	3
unos	（用于数字前）大约	21
urbano *adj.*	城市的	25
urgente *adj.*	紧急的	29
usar *tr.*	使用	23
usted *pron.*	您	10
vacación *f.*	假期	20
¡vale!	好！	11
valer la pena	值得	34
valor *m.*	价值	25
varios *adj.*	好几个	4
vaso *m.*	杯子	12
vender *tr.*	卖，销售	27
venir *intr.*	来	10
ventanilla *f.*	售票窗；车窗	22
veo	我看见	2
ver *tr.*	看，看见	14
verano *m.*	夏天	18

verdad *f.*	真实	24
ves	你看见	2
vez *f.*	次	15
viajar *intr.*	旅行，出行	20
viaje *m.*	旅行	11
vida *f.*	生活	15
vino *m.*	葡萄酒	30
visitar *tr.*	参观；拜访	16
vivir *intr.*	生活；居住	18
volver *intr.*	返回	9
vomitar *tr., intr.*	呕；呕吐	33
vuelo *m.*	航班	34
vuelta *f.*	转一圈，翻转	28
vuestro *adj.*	你们的	5
y *conj.*	和	2
ya que	因为	31
ya *adv.*	已经	7
yo *pron.*	我	5
zapato *m.*	鞋子	27
zona *f.*	地区	3
zumo *m.*	果汁	30

循序渐进 西班牙语系列

外研社“循序渐进西班牙语系列”是一套西班牙语学习丛书。该系列按主题编写，囊括了听说、语法、词汇等几大板块，以满足学习者对语言的各项基本技能进行训练和提高的需求。同时，遵从将知识讲解和配套练习相结合的原则，内容涵盖了语言学习的方方面面，旨在为广大西班牙语学习者提供一套语言学习与实际操作完美结合的实用教程，同时系统全面，重点突出。

- 循序渐进西班牙语听说 1册（已出版）
- 循序渐进西班牙语听说 2册（2012年出版）

- 循序渐进西班牙语语法 初级（已出版）
- 循序渐进西班牙语语法 中级（2012年出版）
- 循序渐进西班牙语语法 高级（2012年出版）

- 循序渐进西班牙语词汇 初级（2012年出版）
- 循序渐进西班牙语词汇 中级（2012年出版）
- 循序渐进西班牙语词汇 高级（2013年出版）

- 循序渐进西班牙语写作 初级（2013年出版）
- 循序渐进西班牙语写作 中级（2013年出版）
- 循序渐进西班牙语写作 高级（2013年出版）